이기는 선택

최고의 선택을 이끌어내는 8가지 생각 도구

이기는 선택

How to make a good choice

권오상 지음

카시오페아
Cassiopeia

사랑하고 존경하는 부모님께 이 책을 바칩니다.

 파티에 온 한 남자가 주위를 둘러보다 숨이 막힐 듯한 미모의 소유자를 발견한다. '오, 완전히 내 스타일인데. 저런 미인을 여자 친구로 둔 녀석은 전생에 무슨 덕을 쌓았길래.' 일이 바쁘다며 혼자 파티에 오게 한 우리 자기와 비교돼 입맛이 영 쓰다. 그런데 이게 웬일. 전지현 저리 가라 할 그 미녀가 내게로 다가오는 것이 아닌가. 유혹하는 듯 수줍게 웃으며 전화번호를 묻는 그녀. 마음속 검은 악마가 속삭인다. '얼른 가르쳐 줘, 이 바보야. 이번 기회에 새로운 여자 친구를 만드는 거야!' 날개를 단 하얀 천사도 끼어든다. '그녀를 두고 바람을 피우다니, 그러면 안 돼. 후회하게 될 거야!' 두 가능성 사이에서 어쩔 줄 몰라 하던 그가 드디어 주먹을 불끈 쥐며 맘속으로 외친다. "그래, 결심했어!"

 1990년대 초반 개그맨 이휘재를 스타로 만든 프로그램 〈TV 인생극장〉을 기억하는 이는 드물지만, 내 아내는 그로부터 20여 년이 지난 지금도 그가 외친 "그래, 결심했어!"라는 대사를 기억하고 좋아한다. 각각의 선택지에 따른 두 가지 결과를 보여준다는 설정이 너무나 맘에 든단다. 〈TV 인생극장〉처럼 미리 확인하고 결정할 수 있으면 얼마나 좋으랴. 그럴 수 없기에 이 프로그램이 그토록 인기를 얻은 것이 아니었을까.

삶은 언제나 선택의 연속이다. 전공을 택하고, 직업을 정하고, 재산을 불리는 경제적 문제는 물론, 친구를 사귀고, 애인을 만들고, 결혼하는 사랑의 문제, 하다못해 오늘 점심 메뉴를 무엇으로 할까 하는 사소한 문제까지 삶은 우리에게 선택을 강요한다. 살면서 선택의 순간에 놓이지 않는 경우란 태어날 때와 죽을 때 외엔 없다는 말도 있지 않은가. 사실, 죽을 때조차도 선택은 우리 곁을 떠나지 않는다. 죽음을 담담히 받아들이느냐, 구차하게 목숨을 구걸하느냐의 결정은 오롯이 개인의 몫.

매 순간 선택은 결국 그 사람의 인생을 결정짓는다. '내가 그때 그 자리에 나가지만 않았더라면…' 하는 후회를 하지 않은 사람이 과연 있을까. 마흔 줄을 넘긴 여자들에게 결혼을 결심하던 순간은, '내가 미쳤지, 이런 인간이 뭐가 좋다고…' 하는 회오를 불러일으키는 기억이다. 그때 나 좋다고 쫓아다니던 뿔테 안경을 택하기만 했어도 지금 떵떵거리면서 사모님으로 살고 있었을 것을. 어디 아줌마뿐이랴. 세르비아 청년이 암살 시도를 그만두거나 오스트리아 황태자가 사라예보 방문을 포기했더라면 제1차 세계대전은 발발하지 않았을지도 모른다. 그래서 제1차 세계대전이 존재하지 않았다면 제2차 세계대전은 아예 벌어지지 않았을 수도 있다. 그러면 1945년의 8.15광복은 다른 해, 다른 날로 기념되고 있을지도 모른다.

물론, 역사학자들은 이와 같은 가정을 치를 떨 정도로 혐오한다. 왜냐하면 이를 인정하면 그들이 추구하는 역사의 법칙 따위는 설 땅이 없어지기에. 개인적으로 나는 법칙을 찾는다는 혹은 발견했다는 사람들을 경계하는 편이지만, 역사에서 "만약 ~했더라면" 하는 가정이 무의미하다는 주장에는 동의한다. 왜냐하면, 지나간 일이 그렇다고 달라질 수는 없기 때문에. 즉, 그런 생각은 쓸모없는 탁상공론이라는 것.

그럼에도 불구하고, 그런 생각이 갖는 매력 자체를 부인하기는 어렵다. 거창한 역사적 사건은 역사적 법칙을 따르더라도, 일개 시민의 개인사야 얼마든지 상상 속에서 되돌려볼 수 있는 것이 아닐까. 다른 전공을 택했더라면 지금쯤 완전히 다른 삶을 살고 있을 것이란 생각을 안 해본 이 또 누구랴. 또한, 현재 시점에서 진로에 대한 나의 선택이 장래에 어떠한 결과로 나타날 것인지 궁금하지 않은 사람이 누가 있겠는가.

그런 관점에서 아무나 갈 수 없다는 투자은행의 이코노미스트라는 한 직군을 예로 들어보겠다. 보통 이코노미스트를 경제학자라고 번역하지만, 투자은행에서 근무하는 경우 경제분석가로 옮기는 것이 더 적합한 듯싶다. '~학자'라고 하면 무위도식하는 느낌이 드는데, 투자은행의 이코노미스트들은 결코 그럴 수 없다. 해야하는 임무는 글자 그대로 경제 전반에 대한 분석과 예측이다. 그러려면 당연히 경제학에 대한 지식은 필수다. 또한, 자신들이 한 전망이 실제로 맞았는지 틀렸는지가 실제 시장에서 검증되기에 스트레스도 많고 퇴출당할 수도 있다. 대신, 반대급부로서 실력을 인정받으면 경제학 교수 연봉의 수 배 이상 수입을 거둔다. 물론 보통의 경제학자, 즉 경제학 교수가 되는 것도 쉬운 일은 아니다. 하지만 투자은행의 관점으로 보자면 경제학 교수 중에 이코노미스트로 뽑을 만한 사람은 극소수에 불과하다.

실제로 최고의 이코노미스트는 어떤 사람들일까? 얼핏 생각하면, 학부 때부터 경제학을 공부해서 나중에 경제학으로 박사학위를 받은 사람들일 것 같다. 그런데 그게 그렇게 간단하지 않다. 그런 사람들도 있지만, 정말로 눈에 띄는 이코노미스트는 그런 천편일률적인 경력을 갖고 있지 않다.

몇 사람 구체적인 예를 들어보자. 첫 번째 인물은 한때 한국을 대표하는 'The economist'라고 불렀던 한국SG증권의 오석태다. 고등학교 때부터 동네에서 공부 잘하는 거로 유명했던 그는 1986년 대입학력고사에서 전국 수석을 차지했다. 그런데 웬걸, 당시 문과 전국 수석이 으레 택하던 서울대 법대가 아닌 서울대 경제학과를 택해 경제학과 교수를 포함한 모두를 놀라게 했다. 이후 상대 교수의 길을 걸을 것으로 예상했지만, 하버드대 박사과정을 중도에 그만두고 씨티은행 서울지점에 합류하여 사람들을 한 번 더 놀라게 했다. 말하자면 그는 박사학위가 없다. 하지만 2000년대 초반 강렬한 주장과 깊이 있는 분석을 담은 보고서를 내면서 해외에서 더 알아주는 이코노미스트로 자리매김하게 되었다.

다른 한 명의 이코노미스트는 제이피모건은행 서울지점의 임지원이다. 그녀는 IMF 위기가 한창이던 1998년 가을, 다음 해 우리나라의 경기회복을 나 홀로 제대로 예측하면서 명성을 얻었다. 이코노미스트로서의 실력도 실력이지만, 세간의 관심을 끄는 또 다른 이유는 그녀의 흔하지 않은 이력. 미국 노스캐롤라이나 주립대에서 경제학 박사를 받긴 했지만, 원래 서울예고에서 피아노를 전공했고 또 학부는 피아노가 아닌 영문학으로 서울대를 졸업한 그녀다.

음악과 경제 사이의 관련성을 찾기란 '밧줄*'이 바늘귀에 들어가는 것보다 어려워 보인다. 어렸을 때 피아노 전공을 작정했을 그녀가 이후 영문학을 거쳐 경제학을 공부하게 되리라고 스스로 한 번이라도 생각해봤을까? 그런데 좋은 이코노미스트가 되기 위해선 음악을 공부할 필요가 있다고 얘기하면 억지 부린다고 생각할는지? 실제로 미국의 연방준비제도 의장을 지낸 앨런 그린스펀은 원래 음대생이었다. 미국의 줄리아드스쿨에서 클라리넷을 전공한 것이다. 그러다 나중에 진로를 바꿔 다시 경제학을 공부했다. 그린스펀은 박사학위도 이코노미스트로서 확고한 명성을 얻은 후인 50대에 받았다. 삶에서의 선택은 이처럼 미묘하기 짝이 없다.

그렇다면 삶의 중차대한 선택을 할 때, 우리는 의사결정을 어떻게 하고 있을까? 별로 신통치 못한 상황이라는 것을 어렵지 않게 짐작할 수 있다. 이자 조금 더 받겠다고 후순위 채권이나 기업 어음을 사들이고, 사교육 시키느라 월급 이상의 빚을 내고, 별 고민 없이 "못 먹어도 고!"를 외치는 모습들. 우리의 안타까운 자화상이다. 특히 요즘은 남들이 가본 길만을, 남들이 좋다는 것만을 따라가는 것이 더 큰 문제인 듯하다. 뒤의 어느 장에선가 다시 얘기하겠지만, 모두가 떼 지어 몰려다니면 결국 뒷북을 칠 수밖에 없

---

* 낙타가 아닌 웬 밧줄이냐고 반문할 이들을 위해 설명하자면, 신약성경은 원래 헬라어(현대의 그리스어)로 쓰였고, 헬라어로 밧줄은 kamilos인데 하필이면 낙타가 kamelos라, 이 둘이 혼동되어 오늘날에 이르렀다고 한다. 어느 책에서는 이를 두고 히브리어(현대의 이스라엘어)로 낙타인 gamla와 밧줄인 gamta가 혼동되어 밧줄이 아닌 낙타가 돼 버렸다고 주장한다. 신약이 원래 히브리어로 쓰인 것이 아님을 감안컨대 전자가 더 타당해보인다.

다. 직업 선택의 갈림길에서도 마찬가지다.

금융시장에서 잔뼈가 굵은 내가 보기에 금융 분야라고 해서 다르지 않다. '구두닦이와 임산부가 주식 얘기를 하면 이제는 팔고 나올 때다.'라는 주식시장의 격언이 바로 그 예다. 상투 잡은 줄 모르고 본인은 과학적인 의사결정을 내렸다고 착각할 때, 제대로 뒤통수를 맞게 된다. 게다가 금융 분야에는 알아들을 수 없는 어려운 용어가 너무 많다.

쉬운 말로 할 수도 있는 것을 굳이 어려운 용어로 하는 이유가 궁금한가? 학문 한다는 사람들의 권위와 기득권을 지키기 위해서라면? 그래서일까, 사람들의 금융 문제에 대한 의사결정은 오히려 더 엉망이다. 그동안 나는 이걸 지식의 문제로 봤다. 사람들이 충분한 금융 지식을 갖추면 해결되지 않을까 생각한 것이다. 그래서 쉬운 말로 금융 이론을 설명하고 현실과 동떨어진 이론의 폐해를 알리기 위해 몇 권의 책을 써왔다.

그런데 그보다 더 근본적인 문제가 도사리고 있음을 깨닫게 되었다. 아는 것이 많아진다 해도 그걸 제대로 쓸 줄 모르면 무슨 소용이겠는가. 바로 취사선택과 의사결정의 문제가 그것. 구슬이 서 말이라도 꿰어야 보배라는 옛말처럼, 제대로 된 선택과 결정을 내리는 데 필요한 기술이 없으면 어떠한 지식도 무용지물일 수밖에 없다. 서술적이거나 규범적인 지식이 아닌 처방적 지식이 필요하다는 얘기다. 그래서 우리가 살면서 매 순간 내리는, 행동을 수반하는 여러 선택법을 다양한 얘기들과 함께 모았다.

모든 선택은 소중하다. 우리 개개인이 모두 소중한 것처럼 말이다. 하지만 그중 몇몇 선택은 특히 더 중요하다. 이를테면, 연애, 결혼, 전공, 직업, 사업 등과 같은 것들이 그 예다. 자본주의 사회에서 살아가는 우리로서는 돈에 대한 선택도 빼놓을 수 없다. 선택의 결과가 가장 첨예하게 드러나기로는 전쟁도 있다. 어떤 선택이 더 중요하냐는 전적으로 개인의 몫이다. 그것이 무엇이건 간에 그 선택만큼은 이기고 싶은 사람들을 위해 이 책을 썼다. 이기는 선택이란 게 꼭 다른 사람들과의 경쟁 구도 속에서 남을 이기는 것만을 의미하지는 않는다. 인생의 승부처에서 적어도 자신에게 지지 않으려면 가져야 할 최소한의 지식을 이 책에 담았다.

　마지막으로 한 가지 얘기를 덧붙이면서 들어가는 말을 마칠까 한다. 삶에서의 이기는 선택은 비단 이 책에 나와 있는 지식만으로 해결될 문제는 아니다. 어찌 보면 여러분 각자의 가치관, 세계관, 인생관과 같은 주관적인 부분이 더 중요할지 모른다. 그건 온전히 여러분의 몫이다.

　또다시 봄이다. 여러분의 이기는 선택과 의사결정에 조그마한 도움이라도 되길 바라마지 않으며.

2016년 3월
용산 자택 서재에서
권오상

3장 금융시장에서 옵션 행사하기

4장 당신의 상대방이 이성적, 합리적이라면

이기는
선택 ....

7장 동물적 야성과 이씨네의 기득권 지키기

8장 신과 게임을 해야 한다면

1장

평균적으로
좋으면
만사형통이라는
생각

압구정동에서 광명시까지
출퇴근하기

1990년대에 약 6년 간 압구정동 집에서 광명시까지 난 출퇴근을 해야 했다. 석사과정 때 한국과학기술원에 진학하면서 처음으로 집 떠나 혼자 살아보니 쉽지 않았다. 공부야 원 없이 할 수 있었지만 생활이 불편한 건 어찌할 수가 없었다. 단적인 예로, 1992년 대전에 켄터키 프라이드 치킨이 처음 생겼을 때 학교 연구실에서 멀리 떨어진 곳까지 찾아가 먹던 그 황홀한 맛이란. 박사과정에 진학하지 않겠느냐는 지도 교수의 제안을 정중히 거절하고 연구원 자리를 알아본 데에는 켄터키 프라이드 치킨 탓도 어느 정도 있었다. 2년간 박탈당한 서울 생활의 편리함을 되찾고 싶었던 것.

그렇게 해서 기아자동차와 인연을 맺게 됐다. 사실, 그 회사를 고른 이유는 단순하기 짝이 없었다. 위치가 서울은 아니지만 서울 바로 옆이라는 것. 기아자동차 중앙기술연구소는 경기도 광명시 소하리에 위치해 있었는데, 지도를 펼쳐놓고 보면 서울과 시 경계를 공유할 정도로 가까워 보였다.

그걸로 충분했다. 현대자동차도, 대우자동차도, 삼성전자도 아닌 기아자동차를 택한 이유는 단지 그게 다였다. 현대자동차 연구소는 용인, 대우자동차 연구소는 인천, 삼성전자 연구소는 수원이었고, 광명이 그곳들보다 가까운 건 틀림 없는 사실이니까. '집에서 출퇴근하고 싶어. 그 외에 다른 건 중요하지 않아.' 하고 생각했다.

눈치 빠른 독자라면 이미 "아하!" 했을 것 같다. 지금 생각해보면 그때의 내 결정은 1차원적이고 단순했다. 그리고 그 후 6년 동안 톡톡히 그 대가를 지불해야 했다. 내가 괜히 선택과 의사결정에 관심을 갖게 된 게 아니란 얘기다.

집에서 소하리 연구소까지의 거리가 물리적으로 그렇게까지 멀지는 않았다. 직선 거리로는 16킬로미터에 불과했으니까. 그렇지만, 대중교통편으로 다닐 곳은 아니었다. 버스든 지하철이든 세 번 이상 갈아타야 했고, 어떻게 하더라도 편도로 거의 두 시간 가까이 걸렸다. 처음엔 이 방법, 저 방법 시도해보다가 결국 포기하고 차를 끌고 나올 수밖에 없었다. 그렇게 된 데에는 삼성의 공도 적지 않았다. 1993년 신경영을 들고 나오면서 당시로서는 충격적인 7시 출근, 4시 퇴근을 표방하자 기아자동차는 이를 따라 한다고 모든 직원이 7시 출근, 5시 퇴근하도록 했기 때문이다.

그런데 연구소 근처 주차 공간이 넉넉지 않은 탓에 주차하다 10분, 20분을 허비해 지각하기 십상이었다. 남들보다 단 5분이라도 먼저 도착하는 게 중요했다. 5시 반에 눈을 떠서 5시 50분에는 차의 시동을 걸어야 했고, 당시 주6일제 근무였기 때문에 토요일에도 꼬박 출근해야 했다. 그렇게 6년 가까이 다녔는데, 지금 생각해보면 어떻게 했을까 싶기도 하다. 그래도 그 시간 대에는 차가 많지 않아서 총 한 시간 정도 운전하면 될 일이었다. 다른 회사들처럼 8시 혹은 8시 반 출근이었다면 길에 버리는 시간이 더 길었으리라. 전날 아무리 술을 많이 먹어도 5시 반이면 어김 없이 눈을 뜨는 내 자신이 신기했다. '습관과 의무의 힘은 무섭다'는 생각을 했다. 어쨌거나 한 시간 정도의 아침 출근길을 못 견딜 정도는 아니었다.

문제는 퇴근이었다. 내 퇴근 시간은 남들의 퇴근 시간이기도 했다. 그리고 서울로 진입하여 집 방향으로 갈수록 더 많은 사람이 퇴근 행렬에 합류했다. 도로는 추석 귀성길과 다를 바 없었다. 집에 가고 싶으나 길이 막혀 빨리 갈 수 없는 신세인 것도 같았다.

그리고 이 얘기를 빼놓을 수 없다. 그때는 1990년대였다는 사실 말이다. 길 가던 여자들에게 창문을 내리고 "야, 타." 하거나 오렌지를 던졌다는 야타족과 오렌지족에 대한 전설이 생긴 때 아니겠는가. 야타족과 오렌지족이 출몰한다는 주 활동 무대는 바로 내가 살던 압구정동이었다. 시중의 논다 하는 젊은이들은 저녁때가 되면 이유 불문하고 압구정동으로 몰려들었다. 물이 좋다는 소문이 나자 아저씨들도 떼로 나타났다. 집에 가까울수록 정말이지 차는 꼼짝도 하지 않았다. 동호대교 남단의 현대백화점에서 성수대교 남단의 한양파출소까지 한 블록을 가는데 50분 이상 소요되는 일이 비일비재했다. 진저리가 나서 중도에 포기하고 골목에 차를 버렸다가 10시 넘어 다시 차를 찾아 오기를 반복하기도 했다.

그래서 광명시에서 집까지 운전해갈 수 있는 모든 경로를 시도해봤다. 안양을 경유해 과천을 지나 서울로 진입하는 남쪽 우회로도 시도해봤고, 올림픽대로가 너무 막혀서 그 대신 강북강변도로나 심지어 시내로 우회하는 길도 시도해봤다. 시흥 쪽에 있는 산길도 혹시나 하는 마음으로 가보기도 했다. 거리만 멀 뿐 시간상으로는 매일반이었다. 결국 두 가지 경로로 귀착되었다.

하나는 동쪽 방향으로 꾸준히 운행하여 남부순환도로를 경유해 가는 길이었다. 22킬로미터여서 거리상으로는 이쪽이 짧았다. 하지만 남부순환도로는 꾸준하게 막혔다. 그 결과, 대략 두 시간 정도 소요됐다. 5시에 퇴근하면 7시 넘어서 집에 도착했고 6시에 퇴근하면 8시를 넘겨서야 집에 들어갈 수 있었다.

다른 하나는 좀 더 먼 거리를 감수하면서 우회하는 방법이었다. 서부간선도로를 경유해 여의도를 지나 올림픽대로를 타고 성수대교 남단까지 가는 길이었다. 이렇게 가면 32킬로미터 정도가 나왔다. 아무래도 남부순환도로는 자동차 전용도로가 아니다 보니 늘 비슷하게 막혔다. 반면, 서부간선도로나 특히 올림픽대로는 그날그날 막히는 정도가 큰 폭으로 변했다. 잘 뚫리는 날에는 한 시간 반 만에 집에 도착하는 경우도 있었다. 대신 막히면 더 끔찍하게 막혀서 두 시간 반을 넘기기도 했다. 가깝다는 이유로 아무 생각 없이 기아자동차를 선택했을 때 운전대를 잡고 이토록 긴 시간을 보내게 될 줄은 추호도 생각하지 못했다. 다 지쳐서 집에 오면 잠만 잘 뿐 내가 생각한 서울 생활은 그림의 떡에 불과했다.

그게 다가 아니었다. 연구원이 되었을 때 난 연구를 하게 될 줄 알았다. 그런데 입사 첫해 대전에서 엑스포가 열렸고, 기아자동차는 자동차관을 운영하게 됐다. 관 운영을 맡은 이벤트 대행사는 총 예순다섯 명의 도우미가 필요하다고 요청했지만, 회사는 쪼잔하게도 쉰다섯 명에 대한 인건비만 지불하겠노라고 우겼다. 그 인원 갖고는 전시관 운영을 못 하겠노라고 대행사가 버텼다. 그러자 회사는 열 명은 본사에서 지원하겠다는 복안을 들고 나왔다. 즉, 남자직원 열 명을 보낼 테니 대행사 편의대로 활용하라는 얘기였다.

도우미에 대한 설명을 좀 해보자. 도우미는 1993년 대전 엑스포 때 영어의 컴패니언을 번역하여 만든 말이다. 유니폼을 입고 시설을 안내하고 소개하는 진행 요원들로, 항공사 스튜어디스를 상상하면 크게 틀리지는 않는다. 당시 도우미로 20대 초중반의 여대생을 엄청나게 뽑았다. 도우미에는 엑스포 조직위원회 소속과 10대 그룹 등이 각각 운영하는 개별관 소속이 있었고, 전자를 '정부미', 후자를 '일반미'라고 불렀다.* 아무튼 기아자동차의 계획이 실현되지 않았다면, 엑스포장을 누빌 수천 명의 도우미 중 남자는 한 명도 없을 일이었다.

대행사는 어이가 없었지만, 결국 받아들일 수밖에 없었다. 대신 지원 인력에 대한 키와 몸무게, 나이 조건을 단서로 달았다. 도우미로서 최소한의 신체적 조건은 충족되도록 했다. 회사는 도우미가 될 열 명을 본사, 공장, 연구소, 생산기술본부, 영업 등 부문별로 할당했다. 그런데 2천 명이 넘는 연구소 연구원 중에 대행사의 자격 조건을 충족시키는 사람은 딱 두 명뿐이었고, 하필이면 내가 그 두 명 중 하나에 해당됐다. 둘 중 자원자가 나오질

---

* 20년 넘게 지나고 나니 이제는 이 말이 본래의 의미와 다른 의미로 쓰이는 듯하다. 가령, 집안 일을 도와주는 가사 도우미라든지, 운동에서 어시스트를 잘한다는 특급 도우미와 같은 파생어가 요즘은 눈에 띈다.

않자, 회사는 결국 사다리를 타게 했다. 얄궂게도 내가 걸렸다.

그리하여 난 기아자동차 전 부문에서 끌려 온 아홉 명의 남자 직원들과 대행사가 뽑아 온 쉰다섯 명의 젊은 여자들과 함께 강도 높은 훈련을 받아야 했다. 훈련은 물론 전문적인 도우미 양성 교육을 받는 거였다. 허리를 30도, 45도, 90도로 굽혀서 인사하는 방법, 자연스럽게 웃는 방법, 쇼 진행 멘트를 하는 방법 등을 지겨울 정도로 반복했다. 반복 효과는 놀라웠다. 처음엔 어색한 썩소밖에 짓지 못하던 열 명의 특공대는 지옥 훈련 끝에 홈쇼핑 호스트처럼 싱그러운 미소를 자연스럽게 날릴 수 있게 되었으니까. 잠깐 짬이 나자, 과기원 석사 때 지도 교수를 찾아가 인사를 드렸다.

"오상아, 너 웬일이냐? 회사 안 가고?"

"교수님, 대전 엑스포 도우미로 차출됐어요."

"…"

지도 교수는 기가 막혔는지 아무런 말도 하지 못했다. 몇 달 전에 기계공학 석사학위를 받고 나간 제자가 엑스포 도우미가 되어 다시 대전에 오게 될 줄 상상이나 했겠는가. 서울 집에서 출퇴근하면서 연구하고 싶다는 단순한 생각으로 기아자동차 연구원이 되는 선택을 했다. 그 결과 연구와 무관한 일로 대전에 다시 오리란 것을 난들 알았겠는가.

그래서 내가 퇴근 때 어느 길을 선택했는지 궁금한가? 꾸준하게 두 시간 걸리는 남부순환로 길을 택했을까, 아니면 최소 한 시간 반, 최대 두 시간 반이 소요되는 올림픽대로 길을 택했을까? 올림픽대로 길에서 한 시간 반이 걸릴 확률과 두 시간 반이 걸릴 확률이 얼마냐에 따라 선택이 달라진다고? 내 선택은 이랬다. 길에서 그 시간을 날마다 쓰는 것은 미친 짓이라고 결정하고, 서강대 어학당의 영어회화 수업에 등록했다. 서강대까지는 한 시간만 운전하면 충분했으니까. 주4일 저녁 7시부터 10시까지 3년을 꼬박 다녔는데, 이게 아니었으면 미국 유학은 생각지도 못했으리라. 그렇게 보면, 기아자동차를 선택한 것이 결과적으로 미국 유학을 가게 만든 잘한 결정이었을까?

합리적인 결정에 대한
합리적 정의

절 제목을 위와 같이 달아 놓고 나니 고민스럽다. 딱딱하고 어렵다고 느낄 독자들이 있을 것 같아서다. 심하면 재미없다고 읽기를 그만둘 것도 같다. 그렇지만 한 번은 이에 대해 얘기하지 않을 수 없다. 대신 약속하겠다. 대학 교재나 이론서에 흔히 나타나는 고답적, 현학적 표현은 쓰지 않겠노라고. 그런 표현을 쓰는 사람 중에는 본인이 무슨 소리를 하는지도 모르고 쓰는 사람도 적지 않다. 그런 이론서라면 대개 이런 식으로 나올 게다.

"합리성은 일반적으로 논리 혹은 이성의 적합성을 가리키는 개념으로, 합리적인 결정이란 합리성이 목표나 결정 과정에 투영되어 나타나는…"

무슨 말인지 마음에 와 닿는가? 위 표현은 어느 이론서에서 가져온 말로 내가 보기엔 동어 반복이자 순환논법에 불과하다. 합리성을 정의하려면 이성을 얘기해야 하는데, 이성은 개념적, 합리적 사유 능력으로 정의되기 때문이다. 이렇게 되는 순간 더이상 읽고 싶은 의욕이 싹 사라지기 마련. 좀 더 구체적, 입체적으로 합리적인 의사결정이 무엇인지 얘기할 필요가 있다.

그 전에 우선 이걸 좀 분명히 하자. 사람들의 의사결정이 항상 합리적이지는 않다는 점이다. 사람들이 언제나 비합리적이라고 얘기한다고 오해하지 마시길. 합리적인 선택을 하는 경우도 물론 있다. 다만, 모든 결정이 그렇지는 않단 얘기다. 우리가 완벽하게 합리적인 존재는 아니라는 얘기다.

이 말은 조금만 생각해보면 너무나 자명한 말이다. 증명해보라면 할 수도 있다. 어느 한 사람이 한 순간에 합리적이지 않은 결정을 내렸다는 사실을 보이면 그걸로 끝. 왜냐하면 그 경우 논리적으로 앞의 문장은 참이 되기 때문. 그런데 넘쳐 나는 사례 중 무얼 언급해야 할지 조금은 난감하기도 하다. 알고 보면 그것도 합리적인 결정이었다는 식으로 억지를 부리는 사람들이 있을 수 있어서다. 그래서 가장 논란이 없을 것 같은, 통상 '에어 장'이라고 불리는 사람의 사례를 얘기하자. 못 들어본 사람은 조금만 검색해보시길. 장씨가 문제의 오피스텔에 가기로 한 결정과 도망친다고 에어컨 실외기에 매달린 결정, 그리고 결국 속옷 바람으로 공중에 몸을 던져 '에어'라는 호칭을 얻게 한 결정 중 최소한 하나는 합리적이지 않았다고 할 만하지 않겠는가.

또 다른 한 가지를 분명히 하자. 의사결정의 우열을 가릴 때 발생된 결과를 가지고 판단해서는 안 된다는 점이다. 나쁜 결정을 내렸지만 우연히 좋은 결과가 발생할 수도 있고, 반대로 좋은 결정을 내렸지만 행운의 여신의 변덕에 의해 좋지 않은 결과가 벌어질 수도 있다. 우리에게는 특히 결과만을 갖고 옳고 그름을 예단하는 좋지 못한 습성이 있다. 바꾸어 말하자면, 지금 당장 아무런 문제가 없어 보인다고 해서 그 선택이 옳았다고 주장할 수 없다는 얘기기도 하다.

이를 분명히 이해하기 위해서는 다음의 용어 정리가 도움이 된다. 즉, 의사결정에서 세 가지를 분리해서 볼 필요가 있다는 뜻이다. 첫째는 바로 의사결정 혹은 선택행위 그 자체다. 선택행위는 여러 대안 중 하나를 고르는 것으로 이해할 수 있다. 둘째는 선택행위와 무관하게 실현 혹은 발생되는 미래의 상태다. 미래는 불확실하기에 어떤 상태가 우리 앞에 나타날지 알 수가 없다. 셋째는 우리의 선택과 미래의 상태가 조합됨으로써 나타나는 최종적인 결과다. 앞에서 일어난 결과만을 놓고 의사결정의 우열을 판가름해서는 안 된다고 했을 때의 그 결과 얘기다.

예를 들어보자. 오늘 점심때 무얼 먹어야 할지 고민스럽다. 선택할 수 있는 대상은 김치찌개와 파스타 두 가지라고 하자. 여기서 '김치찌개를 먹으러 간다.'와 '파스타를 먹으러 간다.'가 내가 행하게 되는 결정행위다. 그 다음 미래상태는 다음의 둘 중 하나다. 즉 '요리사가 요리를 잘한다.'와 '요리사의 요리 실력이 별로다.'가 불확실한 미래의 상태들이다. 마지막으로, 결과에는 '만족스러운 식사였다.'와 '불만족스러운 식사였다.' 두 가지가 존재할 수 있다.

사람에 따라서는 두 번째의 미래상태와 세 번째의 결과를 뭉뚱그려 생각하는 이도 있다. 그렇지만 분리하는 게 더 안전하다. 왜냐하면 미래의 상태와 최종 결과 사이에 일대일의 대응관계가 없는 경우도 생각해볼 수 있기 때문이다. 이를 테면, '요리사의 요리 실력은 별로'였지만, '만족스러운 식사'를 했을 가능성을 완전히 배제할 수 없다. 아무튼 둘을 나눠서 생각한다고 해서 잃을 것은 별로 없다.

여기서 중요한 점은 내 관점에서 의미가 있는 건 여러 대안에 대한 선택행위뿐이라는 점이다. 왜냐하면 선택행위만이 우리가 직접 제어할 수 있는 대상이기 때문이다. 나머지 두 가지, 즉 미래상태와 최종 결과는 내 직접적인 영향력 바깥에 있다. 그 두 가지는 의사결정할 때 반드시 고려해야 하는 중요한 사항들이다. 하지만 그 자체를 내가 선택할 수 없음에 주목하자. 나는 내 선택행위에 대해 책임을 진다. 내가 바꿀 수 있는 것도 오직 내 결정행위뿐이다.

그렇게 보면, 거의 모든 의사결정에는 빼놓을 수 없는 두 가지 측면이 있음을 알 수 있다. 한 가지 측면은 의사결정은 본질적으로 미래를 위한 것이라는 점이다. 과거에 이미 벌어진 일에 대해 결정할 일이란 없다. 과거에 행해진 결정과 선택에 대해 옳고 그름을 논하는 것도 별로 소득이 없는 일이다. 왜냐하면 그런 논의는 사후적 합리화에 불과하기 때문. 미래란 과거와 전혀 다른 것이고 현재와도 다를 것이라는 생각을 하는 데에서 의사결정에 대한 고민이 시작되는 쪽이 바람직하다.

다른 한 가지 측면은 의사결정이 거의 필연적으로 불확실성을 다룬다는 점이다. 왜냐하면 미래는 본질적으로 불확실하기 때문이다. 여기서의 불확실성은 선택할 수 있는 대안이 여러 가지라는 것과는 별개의 일이다. 내가 얘기하는 불확실성은 미래의 상태에 대한 얘기다. 앞의 예를 갖고 얘기하자면, 식당 요리사의 실력이 어떠할지가 불확실한 대상이다.

미래의 상태가 불확실하지 않고 확실하다면 의사결정과 선택에서 고민할 게 아예 없다. 하지만 실제의 삶이 그렇지 않기 때문에 모든 희·비극이 비롯된다. 또한, 복수의 대안이 존재하지 않는 경우에도 의사결정은 무의미해진다. 선택할 것이 없고 한 가지 행위만이 주어져 있다면 결정할 것도 없으니까. 그런 상황은 인간의 것이기 보다는 노예가 처한 상황이리라.

합리성이 무엇인지 깨닫기 위해, 어느 때 합리적이지 않다고 얘기하는지를 살펴보면 어떨까? 감정에 휩싸여 내리는 결정, 혹은 임의로 아무렇게나 내리는 선택에 대해서 보통 비합리적이라고 얘기한다. 한마디로 기준 없이 내리는 결정은 합리적일 수 없다는 얘기다.

그렇다면 합리적인 의사결정이란 어떤 기준을 미리 세우고 그 기준에 따라 내리는 결정이라고 볼 수 있지 않을까? 앞에서도 말했지만, 눈에 보이는 사람들의 행동 자체는 합리성을 보장하지 않는다. 그렇게 되면, 살인이나 자살, 혹은 범죄 등도 합리적이지 말란 법이 없게 된다. 보여지는 행동을 정당화하는 방식으로 합리성을 정의해버리면 살인도 합리성을 가질 수 있다. 실제로 그런 주장을 하는 사람들도 일부 있다. 하지만 모든 기준이 보편적인 합리성을 갖는다고 주장하는 건 아무리 생각해보아도 너무 멀리 나간 얘기다.

합리적인 선택의 기준은 어느 수준 이상 타당성을 갖고 있어야 한다. 타당한 기준을 미리 정립하고 이를 논리적으로 일관되게 적용하여 결정을 내리는 것, 그것이 바로 합리적인 의사결정이라고 볼 수 있다. 이렇게만 말하면, 합리적인 의사결정이란 참 쉬운 일인 것처럼 보인다. '타당한 기준을 세우고 그에 따라 초지일관 결정하는 게 뭐가 어려워?' 할지도 모르겠다. 그런데 그걸 있는 그대로 행하는 사람이 별로 없다. 어렸을 때 방학계획을 수립한 대로 방학을 보내는 사람이 얼마나 있을까? 그때마다 편의와 이익에 맞춰 기준을 저버리는 일이 어디 한두 번이었겠는가. 이 글을 쓰고 있는 나

또한 마찬가지다.

그렇다고 '이래도 그만, 저래도 그만.' 하고 포기할 일도 아니다. 기준조차 없다면 기준을 세우기 위해 애를 쓰고, 기준이 별로 타당하지 않았다면 타당하게 만들고, 기준을 지키지 않았다면 일관되게 지키려고 노력할 필요가 있다는 얘기다. 철학을 행하는 것, 즉 지혜를 사랑함은 소크라테스의 "너 자신의 무지를 알라."라는 일갈에서 비롯되었다. 모르는 게 많다는 걸 인정하는 게 지혜의 첫 번째 출발점이듯, 우리의 의사결정이 합리적이지 않을 수 있음을 인식하는 게 합리적 의사결정의 출발점이 아닐까 싶다.

《블링크: 첫 2초의 힘》이라는 책을 본 적이 있는지? 말콤 글래드웰이라는 베스트셀러 작가가 쓴 책으로, 무의식적으로 내리는 순간적 판단이 몇 달간의 분석에 의한 결정보다 정확하다는 메시지를 전하는 책이다. 다시 말해, 본능과 직관의 힘이 합리적 선택을 능가한다고 얘기한다. 여기에도 일리가 없지는 않으리라. 그렇다고 모든 결정과 선택을 다 직관적으로 2초 만에 내릴 건 아니지 않겠는가? 그리고 그 책에도 나오지만, 직관적인 결정이 항상 옳다는 보장도 없다. 여전히 원칙과 기준에 따라 일관된 의사결정을 해야만 하는 많은 일이 우리 삶에 있다고 나는 생각한다. 직관이 뭐라고 하건, 1 더하기 1은 2일뿐이다.

이쯤에서 한번 정리를 해보자. 불확실한 미래를 마주한 채로 여러 대안 중 한 가지를 타당한 원칙과 기준에 따라 선택하는 것, 그게 바로 합리적인 결정이다. 그렇다면 이제는 본격적으로 그 타당한 원칙과 기준에 대해 알아봐야 할 때다.

무소불위의 기대값
극대화 원칙

다음의 상황을 가정하자. 당신은 자동차 세일즈맨이다. 주말을 제외한 주5일 동안 매일 자동차를 팔러 나가야 한다. 팔러 나갈 수 있는 지역에는 동부 지역과 서부 지역의 두 곳이 있다. 의사결정 용어로 말하자면 두 개의 대안 중 하나를 골라야 하는 상황이다. 과거 경험 상 각 지역마다 고유한 특징이 있었다. 동부 지역으로 가면 날마다 한 대는 어떻게든 팔 수 있었다. 대신 비싼 차는 안 팔리고 정가 2천만 원인 준중형차만 팔렸다. 한편, 서부 지역은 사뭇 다른 특성을 보였다. 여기 사람들은 상대하기 영 까다로웠고 이틀에 한 대 정도를 평균적으로 겨우 팔 수 있었다. 대신, 팔렸다 하면 5천만 원 하는 프리미엄 세단이 팔렸다. 앞으로 1년 동안 세일즈를 나가야 할 때, 어느 지역으로 가는 것이 더 나을까?

이 문제를 보면서, '아, 이럴 땐 이렇게 해야 해.' 하고 생각한 독자들이 있을지도 모르겠다. 그중 적지 않은 사람들이 본능적으로 혹은 후천적인 교육에 의해서 이 경우 서부 지역을 택해야 한다고 느낀다. 왜 그런지 감이 안 잡히더라도 너무 걱정하지 마시길. 그렇게 하는 게 왜 타당한지에 대해서 쉽고 자세하게 설명할 예정이니.

혹시 자동차 세일즈 분야가 별로 마음에 들지 않는가? 그게 마음에 들지 않는다면 여러분 입장에서 가장 실감나는 상황을 골라도 된다. 보석에 관심이 있다면 보석 세일즈를 상상해도 좋고, 부동산 중개업자라면 부동산 중개업으로 봐도 전혀 무리가 없다. 세일즈가 맘에 안 드는가? 그렇다면 세일즈 대신 투자라고 생각해도 된다. 동부 지역에 나가면 확실한 2천만 원의 수익을 거둘 수 있고, 서부 지역에 나가면 반반의 확률로 0원 아니면 5천만 원의 수익을 거둔다고 말이다.

지금부터 얘기할 이른바 '기대값 극대화'의 원칙은 이 책에서 첫 번째로 등장할 만큼 광범위하게 사용되는 의사결정 원칙이다. 그리고 이 원칙에 의하면, 위와 같은 상황에서 우리는 여러 대안 중 결과의 기대값이 극대화되는 대안을 선택해야 한다. 그러려면 우선 기대값이 무엇인지를 알아야 하고, 이를 위해서는 약간의 확률 얘기를 하지 않을 수 없다. '어려운 숫자 얘기 아니야?' 하고 물러설 독자들을 위해, 최대한 쉽게 설명해보겠다.

상당수의 통계 전문가들에게 확률이란 과거에 발생한 통계자료를 요약해서 보여주는 것과 다르지 않다. 가령, 지난 1년 동안 10만 명의 아이가 태어났는데 남자아이가 5만2천 명이었다면, 이들은 남자아이가 태어날 확률은 52%라고 이야기한다. 즉 확률은 특정한 상태가 발생한 횟수를 전체 발생 횟수로 나눈 값이다. 다른 예로 주사위를 300번 던져서 1이 50번 나왔다면, 주사위를 던질 때 1이 나올 확률은 50 나누기 300인, 6분의 1이 된다. 여러분이 고등학교 때 배운 바로 그 확률이다.

'확률이 원래 그런 거 아니야?' 하고 생각할지도 모르겠다. 그러나 이 개념은 사실 확률의 한 단면에 불과하다. 자세한 이야기는 뒤에서 더 하기로 하고, 확률을 이처럼 정의하기 위해 무엇이 필요한지를 이야기해보자.

제일 먼저, 확률의 대상이 되는 미래상태의 불확실성을 직접 관찰할 수 있어야 한다. 가령, 태어나는 아기들의 성별에는 두 종류의 상태가 있을 수 있다. 즉 남자아이 아니면 여자아이이다. 둘 중 어느 쪽이 발생할지는 미리 알 수가 없다. 그렇기 때문에 불확실성이 있다고 얘기한다. 그러면 앞에서 얘기한 것처럼 태어난 아기의 성별을 확인하는 게 가능할까? 물론 가능하다. 그렇기 때문에 신생아의 성별은 이 조건을 만족시킬 수 있다.

둘째로, 확률의 대상이 반복적으로 발생하고 또한 독립적이어야 한다. 반복적으로 발생한다는 의미는 우리가 관찰할 수 있는 경우가 한두 번으로 그치지 않는다는 뜻이다. 1년에 10만 명의 아기가 태어났다면 충분히 여러 번 관찰할 수 있으니 이는 문제가 되지 않는다. 주사위를 던지는 경우는 말할 나위도 없다. 필요한 만큼 계속 던져서 관찰하면 되니까 말이다. 한편, 독립적이라는 의미는 이전에 발생된 상태가 이후에 발생될 상태에 영향을 미치지 않아야 한다는 뜻이다. 옆집에 태어난 아기가 여자아이였다고 해서 우리 집에 태어날 아기의 성별이 영향을 받을까? 그렇지는 않다. 주사위를 던지는 경우도 마찬가지다.

독립적이라는 게 왜 중요할까? 독립적이지 않다면 반복적으로 관찰하는 것이 유명무실해질 수 있기 때문이다. 다음과 같은 상황을 생각해보면 쉽게 이해할 수 있다. 동전이 하나 있는데, 바로 전에 앞면이 나오면 그다음에도 앞면이 나오고, 바로 전에 뒷면이 나오면 그다음에도 뒷면이 나오는 성질이 있다고 가정해보자. 다만, 제일 첫 번째 던질 때 앞면이 나올지 뒷면이 나올지에 대해서는 반반의 가능성이 있다고 하자. 그러면 처음 던졌을 때의 결과에 따라 앞면만 계속 관찰되거나 뒷면만 계속 관찰되게 된다. 어느 쪽이 관찰되느냐는 오직 운의 소관이다. 그런데 관찰에만 의존하면 "이 동전은 원래 앞면만 나오는 동전이다."라거나 "이 동전은 원래 뒷면만 나오는 동전이다."라는 잘못된 결론을 내리게 된다.

마지막으로, 과거에 관찰한 대로 미래에도 반복될 거라는 믿음이 있어야 한다. 이 조건은 명시적으로 잘 언급되지 않는 편이다. 보통은 이를 그냥 당연시 한다. 그런데 이 조건이 만족된다고 확신할 만한 경우가 생각보다 그렇게 많지는 않다. 이게 흔들리면 앞의 두 조건의 만족 여부는 그렇게 중요하지 않다. 과거를 관찰하여 얻은 확률이 무용지물이란 얘기다. 그런 가능성이 두려워서일까, 통계학자들은 이런 조건 자체를 잘 언급하지 않으려 든다. 그렇지만 적어도 앞에서처럼 구한 확률에 한계가 있다는 사실과 통계학자들이 이런 얘기를 하지 않으려 한다는 사실은 새겨둘 만하다.

위와 같이 확률을 구한다면, 자동적으로 확률은 다음의 두 가지 성질을 갖게 된다. 하나는 확률이 0보다 작아질 수 없고, 1보다 커질 수 없다는 점이다. 이유는 단순하다. 특정 상태가 제일 적게 발생했으면 발생 빈도가 0이기 때문에 그때의 확률은 0이 될 테다. 또한 특정 상태가 제일 많이 발생될 경우란 전체 발생 횟수와 같은 때니, 그때의 확률은 1이 된다. 다시 말해 확률은 음수가 될 수 없고, 제일 큰 경우 1이라는 얘기다.

또다른 성질은 불확실한 미래상태들이 모두 나열됐을 경우, 각각의 상태들의 확률을 다 더하면 1이 된다는 점이다. 신생아의 성별로 예를 들어보자. 이 경우, 남자아이 아니면 여자아이의 두 가지 상태만 있다. 그래서 10만 명 중 5만2천 명이 남자아이라면 여자아이는 4만8천 명일 수밖에 없다. 따라서, 남자아이가 태어날 확률과 여자아이가 태어날 확률을 합하면 당연히 1이 나온다.

첫 번째의 성질은 별로 실수할 일이 없지만, 두 번째의 성질은 간혹 실수하는 경우가 있다. 이를 테면 내일 비가 올 확률이 10%라고 얘기했다면, 그 말은 내일 비가 오지 않을 확률이 90%라고 얘기하는 것과 같다. 그런데 이 둘을 더해서 1이 되어야 한다는 사실을 망각하고 내일 비가 오지 않을 확률을 85%라고 얘기하면 틀린 얘기가 되어버린다.

확률에 대한 얘기는 이 정도 하고 이제 기대값이 무엇인지 얘기해보자. 기대값은 각각의 미래상태에 대응되는 결과를 숫자로 표현할 수 있을 때, 그 숫자에 각각의 확률을 곱해서 다 더한 값이다. 말로만 써 놓으면 막연하게 느껴지니, 예를 들어 설명해보자. 이 절의 맨 앞에 나온 자동차 세일즈맨 문제에서, 서부 지역에 가면 하루 종일 허탕을 치거나 또는 5천만 원짜리 차를 팔 수 있었다. 평균적으로 이틀에 한 대 꼴로 판다고 했으니, 팔 확률이 50%, 팔지 못할 확률도 50%라고 볼 수 있다. 그렇다면 서부 지역에 갔을 때 판매 금액의 기대값은,

$$기대값_{(서부\ 지역의\ 판매\ 금액)} = 5천만\ 원 \times 50\% + 0원 \times 50\%$$
$$= 2천500만\ 원$$

반면, 동부 지역에 갔을 때 판매 금액 기대값은,

$$기대값(동부\ 지역의\ 판매\ 금액) = 2천만\ 원 \times 100\% = 2천만\ 원$$

이다. 즉 서부 지역 매출의 기대값이 동부 지역 매출의 기대값보다 500만 원 높게 나타난다. 이런 경우, 기대값 극대화의 원칙을 따르려면 동부 지역으로 가지 말고 서부 지역으로 가는 선택을 해야 한다. 여러 대안 중에서 가장 높은 기대값을 갖는 대안을 선택하는 게 합리적이라는 주장이다. 극대화라고 했지만, 경우에 따라서는 극소화하는 게 필요한 경우도 있다. 가령 미래상태의 결과가 손실인 경우, 그때는 당연히 가장 작은 기대값을 갖는 대안을 선택하는 게 합리적이다. 극대화 혹은 극소화는 상황에 맞게 택할 문제다.

이 방법은 일견 참으로 강력해 보인다. 극대화하는 대상이 숫자로만 표현될 수만 있다면 원칙적으로 적용하지 못할 것이 없다. 물론 각각의 미래상태에 대한 확률도 알아야 한다. 만약 그 확률을 잘 모르겠다면, 과거의 사례를 볼 수 있으면 보고 또 직접 실험할 수 있으면 실험해서 구하면 된다. 미래상태가 하나만 존재하는 경우도 아무런 문제가 없다. 앞에서 동부 지역을 처리한 것처럼 기대값을 구하면 된다. 이 경우 동부 지역에서처럼 결과값 자체가 기대값이다. 또한 기대값을 구하는 방식이 산술적 평균을 구하는 방식과 동일함에 주목하자. 기대값을 극대화한다는 말은 평균적으로 최선의 결과를 추구한다는 말과 같다.

이러한 기대값 극대화 원칙을 가장 쉽게 적용할 수 있는 대상은 돈이다.

보통 돈에 대한 이론을 재무론이라고 부른다. 조금 단순화시켜서 얘기하자면, 재무론은 기대값 극대화 원칙을 여러 방식으로 돈에 적용한 것에 지나지 않는다. 실제로 투자, 보험 등 일련의 금융 분야들은 어떤 식으로든 기대값 극대화의 원칙에 의존하고 있다.

기대값이라는 말에 대해 조금 더 설명하면서 이 절을 마치도록 하자. 기대값은 사실 수학적 기대값(mathematical expectation)을 줄여서 부르는 말이다. 경제학 이론 중에 기대효용 이론이라는 게 있다. 원리는 기대값 극대화 원칙과 같지만, 경제학자들은 둘 사이에 큰 차이가 있다고 주장한다. 이들에 의하면, 효용(utility)은 사람들이 느끼는 실제적 가치라고 한다. 경제학자들은 100만 원이라는 돈의 효용이 부자냐 빈자냐에 따라 달라진다고 얘기하기를 좋아한다. 그건 그럴 수도 있어 보인다. 그렇지만 부자와 빈자가 실제로 느끼는 효용을 관찰하기란 쉽지 않다. 어쨌거나 효용이 관찰 가능한 대상이라고 생각하는 사람이라면 기대효용 이론을 쓰면 될 일이다. 기대효용 이론을 세운 폰 노이만은 자신의 이론을 도덕적 기대값(moral expectation)이라고 불렀다. 관찰 가능한 확률과 관찰 불가능한 효용을 결합시켜 얻은 기대값이라는 의미다. 효용이라는 개념이 객관적일 수 없음을 이를 통해 짐작할 수 있다.

결혼 상대에 대해
언제까지 튕겨야 할까

기대값 극대화의 원칙이 이해됐다면, 이제 이를 삶의 중요한 문제 한 가지에 적용해보자. 귀가 번쩍 뜨일만한 주제, 바로 결혼 상대를 찾는 문제다. '천생연분을 어떻게 찾는가?', '내 잃어버린 반쪽을 찾는 방법', '나는 소울 메이트를 이렇게 찾았다.' 등, 이 주제에 대한 책은 많다. 동원하는 방법과 이론도 다양하기 그지 없다. 그 스펙트럼의 제일 왼쪽에 점성술, 혈액형, 사주궁합 등이 있고, 오른쪽 끝에는 고차원적인 정신분석학이나 심리학 이론들이 난무한다. 아예 결혼하지 말라는 '틀을 깨는 사고'를 조언하는 책들도 있다. 그렇지만, 왼쪽이든 오른쪽이든 실제로 그 방법들이 얼마나 효과가 있을지는 미지수다.

결혼 상대를 고르는 문제에 대해 기대값 극대화 원칙을 있는 그대로 적용하면 다음과 같다. 먼저, 대안을 선정해야 한다. 여기서 대안이란 결혼 상대가 될 수 있는 잠재적 후보자들을 말한다. 현재 공식적으로 사귀고 있는 상대(들), 썸 타고 있는 후배, 주변의 이른바 이성 친구, 친한 오빠, 아는 동생, 직장 동료, 거기에 헤어진 옛날 파트너까지 눈에 보이는 모든 이가 대상이 될 수 있다.

그다음 미래상태를 규정해야 한다. 내가 아무리 맘에 들어도 상대방이 싫다고 하면 말짱 도루묵이다. 그러니까 미래상태에는 '상대방도 의사 있음'과 '상대방이 거절함'의 두 가지가 있다. 그리고 그 두 상태에 대해 확률을 부여해야 한다. 여기가 어려운 부분인데, 경험적으로 확률을 부여할 수 있다고 가정하자. 현재 이성 친구의 결혼 가능 확률이 80%, 결혼 불가능의 확률이 20%라면, 친한 오빠(혹은 아는 동생)의 결혼 가능 확률은 30%, 결혼 불가능 확률은 70%, 이런 식으로 말이다.

마지막으로, 각 미래상태에 대한 결과값을 수치화해야 한다. 그러려면 무엇을 극대화하고 싶은지를 정해야 한다. 이건 오롯이 개인의 선택에 달린 문제다. 어떤 사람들은 사랑이나 행복과 같은 추상적인 개념을 숫자로 만들어 극대화하려고 할 것 같다. 연봉이나 재산 등과 같은 경제력에 집중하는 사람들도 분명 있을 것이다. 하나만 고르는 건 너무하다고? 그렇다면 보고 싶은 것들을 각각 수치화한 후 그 숫자들을 합친 대상*을 극대화하는 방법을 쓸 수도 있다.

복수의 성질에 대한 결과값을 합치는 경우를 좀 더 구체적으로 살펴보자. 다음에 나오는 방법은 한 예에 불과할 뿐, 반드시 이렇게 하라는 건 아

＊　목적 함수(objective function)라는 용어를 쓰기도 한다.

님을 미리 밝힌다. 성격과 경제력 두 가지를 모두 보고 싶다고 하자. 우선, 이 둘 사이의 상대적인 가중치를 결정해야 한다. 성격과 경제력이 각기 얼마나 중요한 요소인지를 정하라는 얘기다. 예를 들어, 성격과 경제력의 비중이 3대 2라면, 이때는 가중치를 각각 60%, 40%로 주면 된다. 그다음 성격과 경제력 자체에 대해 수치화한다. 한 가지 방법은, 최소 1점에서 최대 10점으로 하여 점수를 부여하는 거다. 이런 경우 최종 결과값은,

$$결과값 = 0.6 \times 성격\ 점수 + 0.4 \times 경제력\ 점수$$

가 된다. 또는 다음처럼 할 수도 있다.

$$결과값 = (성격\ 점수)^3 \times (경제력\ 점수)^2$$

여기까지 됐다면, 각 후보자에 대해서 먼저 결과값을 계산하고, 후보자들에 대한 확률을 감안하여 결과값에 대한 기대값을 구하고, 마지막으로 그 기대값이 제일 높은 후보자를 고르면 기대값 극대화 원칙에 따라 결혼 상대를 고르게 되는 것이다. 어떤가? 그럴 듯하게 느껴지는가?

이 방법이 모든 사람이 공감할 만한 방법은 아닐 듯싶다. 바람직한 방법이라고 생각해서 얘기를 하는 것도 아니다. 다만 기대값 극대화의 원칙을 적용하려고 하면 할 수는 있다는 얘기를 하고 싶은 거다. 특히, 1) 유일한 관심사가 객관적으로 확인 가능한 경제력이고, 2) 각 후보자와의 결혼 확률을 충분히 합리적으로 정할 수 있다고 믿고, 3) 기대값 극대화 원칙이 이 경

우에 적용될 수 있다고 믿는 사람이라면, 적어도 그 사람은 이 방식으로 결혼 상대를 정하는 게 합리적이다. 나아가 1)부터 3)까지의 조건을 모두 충족하는 사람이 이 같은 방식으로 결정하지 않는다면, 그게 오히려 비합리적인 행위라고 얘기할 수 있지 않을까.

관점을 조금 달리해서, 이 접근법이 갖고 있는 또 다른 한계를 지적해보자. 수치화가 가능한지, 그리고 확률을 제대로 계산할 수 있는지 하는 고질적인 문제는 차치하고서라도, 결혼 상대 후보가 될 만한 사람을 빠트리지 않고 나열할 수 있을까? 내가 새내기 대학생 때 첫 미팅에서 만난 상대방을 사귀는 직장인이라고 하자. 지금 상대방이 싫은 건 아니지만, 왠지 더 괜찮은 사람을 만날 수도 있을 것 같아 결혼까지는 결심이 서지 않는다. 미래에 만날 모든 상대방을 미리 알 수 있다면, 앞에서 말한 방식으로 접근해볼 수 있겠지만 그럴 수는 없다. 미래가 왜 미래겠는가. 알 수 없고 불확실하기 때문에 미래인 것 아니겠는가?

작전연구라는 분야에 의하면, 흥미롭게도 이에 대한 한 가지 해결책이 나와 있다. 기댓값 극대화의 원칙을 다른 방식으로 적용해서 얻은 결과다. 유도 과정을 이 책에서 다루진 않겠지만, 그 결과는 충분히 알아둘 만하다. 그걸 한번 알아보자.

상황은 이렇다. 첫 번째 상대방을 만나서 몇 번의 데이트를 통해 어떤 사람인지 평가한다. 수치화한 그 사람의 매력도가 15라고 하자. 이 15라는 수치가 높은 것인지 낮은 것인지는 미리 알 재간이 없다. 내 목표는 적정 연령까지 만날 수 있는 모든 사람 중에 제일 매력도가 높을 것으로 생각되는 사람을 만났을 때, '이제 됐다'고 생각하고 그 사람과 결혼하는 것이다.

만약 매력도 15가 내가 만날 수 있는 모든 사람 중에 제일 높다고 판단한다면 첫 번째 상대방과 결혼하기로 결심한다. 반면 확인할 수는 없으나 뒤에 만날 수 있는 사람 중에 15보다 높은 사람이 있을 걸로 생각한다면, 첫 번째 사람은 차버리고 두 번째 사람을 만나본다. 만났더니 매력도가 8이다. 첫 번째 사람만도 못한 두 번째 사람을 택하기는 너무 억울하다. 그래서 다시 차버리고 세 번째 사람을 만났더니 이번엔 매력도가 3이다. 다시 버리고, 네 번째 사람을 만났더니 매력도가 14다. 완전히 만족스럽진 않지만, 지금까지의 경험으로 보건대, 앞으로 만날 수 있는 사람 중에 이보다 더 높은 사람은 없을 것 같은 느낌이 든다. 그래서 이 사람한테 정착하기로 결심한다. 이렇게 해서, 드디어 행복한 한 쌍의 부부가 탄생한다.

여기서 중요한 점은, 한 번 지나가 버린 사람과 다시는 맺어질 수 없다는 점이다. '이 정도 사람이 내가 만날 수 있는 사람 중 제일 나은 사람일까?'를 계속 고민하면서 결정해야 한다. 그 판단이 100% 맞는다는 보장은 물론 없다. 그런 보장은 없지만, 제일 나은 사람을 선택할 가능성, 즉 확률을 극대화하는 방식으로 결정을 해볼 수 있지 않겠느냐 하는 것이 이 접근의 핵심이다.

이제 어떻게 결정하는 것이 그 확률을 극대화하는지 알아보자. 그러려면 우선 적정 연령까지 결혼 상대가 될 만한 사람을 몇 사람이나 만날 수 있을지를 짐작해야 한다. 개인차가 클 수 있겠지만, 스무 명이라고 가정해보자. 스무 명을 e로 나누면 약 7.36명으로 계산된다. 여기서, e는 자연로그의 밑으로서, 대략적인 값은 2.718 정도다. 당신이 준수해야 할 첫 번째 규칙은, 7.36보다 작은 첫 번째 자연수인 일곱 명까지는 섣불리 결정하지 말고 매력도를 관찰만 해야 한다는 점이다. 그 일곱 명의 매력도가 다음과 같다고 해보자.

순서	1번째	2번째	3번째	4번째	5번째	6번째	7번째
매력도	8	5	11	6	17	15	2

그 일곱 명중에서 가장 매력도가 높았던 상대방은 다섯 번째로 매력도는 17이다. 당신이 준수해야 할 두 번째 규칙은, 여덟 번째부터 차례로 만나보되, 17보다 높은 매력도를 갖는 사람이 나타나는 순간, 더이상 재지 말고 그 사람과 결혼해야 한다는 거다. 이런 방식으로 고르면 당신이 만나볼 수 있는 모든 상대 중에 가장 매력도가 높은 사람과 결혼하게 될 확률이 가장 높다는 것이 수학적으로 증명되어 있다. 그리고 그때의 확률은 1을 e로 나눈 값, 약 37%가 된다.

만약 내가 만나볼 수 있는 사람이 별로 많지 않다고 생각한다면 어떻게 될까? 열 명 미만일 경우, 앞에서 말한 규칙대로 하는 게 최선은 아니다. 이때는 조금 다른 방식으로 답을 얻는데, 그 결과는 다음과 같다.

명수	1명	2명	3명	4명	5명	6명	7명	8명	9명
관찰	0명	0명	1명	1명	2명	2명	2명	3명	3명

내가 여섯 명까지 만날 것 같다고 생각한다면, 우선 앞의 두 명까지는

만나서 매력도만 파악하고 지나 보내고, 앞의 두 사람 중 더 매력적이었던 사람보다 더 매력적인 사람을 만나는 순간 결혼을 하라는 얘기다.

이와 같은 접근법에 문제는 없을까? 한 가지 있다. 바로, 내가 앞으로 만날 사람의 수를 어떻게 알 수 있느냐는 점이다. 100명을 만난다고 생각하면 36명까지, 천 명을 만난다고 생각하면 367명까지는 관찰만 해야 한다. 만날 수 있는 상대방 수에 대한 추측이 빗나가 버리면 이 규칙은 사실상 무용지물이 된다. 즉, 100명은 만날 수 있을 거라 생각하고 36명까지 차버렸는데, 실제로 내가 만날 수 있는 사람이 40명에 불과하다면 완전히 바보짓한 게 된다.

실제로 사람들은 어떻게 결정을 할까? 실험 심리 전문가들에 의하면, 지나치게 일찍 멈추는 경향이 있다고 한다. 모을 수 있는 정보를 충분히 축적한 후에 결정을 내려도 늦지 않음에도 서둘러 결정한다는 거다. 어르신들이 자주 하시는 "충분히 여러 사람 만나보고 결정해도 늦지 않다."라는 말은 그분들이 한평생 살면서 쌓은 경험적 지혜를 들려주는 게 아닐까? 이른바 날라리나 좀 놀아본 언니들이 결혼하면 잘 산다는 말도 같은 맥락에서 이해할 수 있지 않을까.

결혼을 앞둔 신랑, 신부에게 물어보면, "제 진정한 첫사랑이랑 결혼하게 됐어요."라고 말하는 사람이 적지 않다. 여기서 '진정한'이라는 형용사가 포인트다. 세 번째 결혼식을 올리면서도 이 멘트를 날리는 사람도 봤다. 결국, 감성이 개입되는 결혼과 같은 문제에서 합리적 선택이란 도달할 수 없는 꿈과 같은 것일지도.

확률에 대한 직관이
당신을 배신한다면

기대값 극대화 원칙은 절대로 나쁜 원칙이 아니다. 이 원칙을 적용할 수 있는 분야가 매우 많음에도 충분히 사용되지 않는다는 게 문제라면 문제다. 물론, 어느 분야든 아무 문제없이 적용될 수 있다고 얘기하는 것도 지나친 말이다. 무릇 모든 이론은 만병통치약이 아니니까.

그럼에도 훌륭한 원칙이라고 믿는 사람들에게 한 가지 좋지 않은 소식을 전하게 돼서 마음이 무겁다. 이 원칙이 유효하려면 미래상태들에 대한 확률을 신뢰할 만하게 구할 수 있어야 한다. 그런데, 확률에 대한 우리의 직관이 신통치 않다면, 그건 큰 문제다. 여기서 얘기하는 확률은 뒤에서 다룰, 발생 가능성에 대한 주관적 견해가 아니다. 정답이 주어져 있고 모든 사람이 동의하는 확률에 대한 얘기다. 실제로 우리의 확률에 대한 능력은 한마디로 꽝에 가깝다.

'나는 해당 사항 없어.' 하고 생각할 독자들의 이해를 돕기 위해 몇 가지 간단한 사례를 들어보겠다.[*] 테스트로 생각하지 마시길. 사람들이 이와 같은 질문에 보통 잘못된 대답을 하는구나 하고 편하게 받아들이는 정도로 충분하다.

제일 먼저, 복원 추출과 비복원 추출에 대한 질문이다. 주머니 안에 50개의 흰 공과 50개의 검은 공이 들어 있다. 첫 번째 공을 꺼냈을 때 흰 공을 꺼낼 확률은 물론 말할 것도 없이 50%다. 앞에서 얘기한 확률의 정의에 따라, 분모는 모든 공의 수인 100이고 분자는 흰 공의 수인 50이니까. 그렇게 꺼낸 공을 다시 주머니에 집어 넣고 꺼내는 걸 복원 추출, 집어 넣지 않고 남은 공 중에서 꺼내는 걸 비복원 추출이라고 한다. 복원 추출을 할 때, 두 번째 꺼낸 공이 흰 색일 확률은 그럼 얼마일까? 그것도 역시나 50%다. 꺼낸 공을 다시 집어 넣고 나면 다시 맨 처음 상태로 돌아가 버리니까. 여기까지 잘못 대답하는 경우란 별로 없다.

이제 본격적인 문제가 나간다. 비복원 추출을 할 때, 두 번째 뽑은 공이 흰 공일 확률과 여덟 번째 뽑은 공이 검은 색일 확률은 각각 얼마일까? 3초 안에 대답하라고 하면, 50%보다 작다, 50%보다 크다, 시간이 너무 짧아서 구할 수 없다 등의 대답이 흔히 나온다. 정답을 말하자면, 두 문제의 답 모두 50%다. 비복원 추출을 하더라도 복원 추출의 경우와 같은 확률인 것이다. 왜 그렇게 되는지 개념적으로 보면 이렇다. 첫 번째 뽑은 공은 50%의 확률로 흰 공이거나 50%의 확률로 검은 공이다. 첫 번째 공이 흰 공인 상

---

* 폴 J. 나힌,《당신이 10년 후에 살아 있을 확률은?》(2014)을 참조하여 재구성했다.

태에서, 두 번째에 흰 공을 뽑을 확률은 49/99다. 반면, 첫 번째 공이 검은 공인 상태에서 두 번째에 흰 공을 뽑을 확률은 50/99이다. 그래서 두 번째에 흰 공을 뽑을 확률은 50%다.

$$P(두 번째에 흰 공) = \frac{50}{100} \times \frac{49}{99} + \frac{50}{100} \times \frac{50}{99}$$

$$= \frac{4950}{9900} = 0.5$$

이 과정을 반복하면 여덟 번째에 뽑은 공이 검은 공일 확률도 50%임을 확인할 수 있다. 여기서 말하고 싶은 건, 구해보면 50%라는 확률이 틀림없는 이 상황이 직관적으론 별로 50%로 느껴지지 않는다는 점이다. 왠지 비복원 추출시의 확률이 복원 추출과는 달라야 할 것 같은 느낌을 지울 수 없다.

'사례가 별로 마음에 와 닿지 않는 걸!' 하고 생각하는가? 좋다, 그러면 좀 더 그럴 듯한 문제를 내보겠다. 많은 팬을 확보하고 있는 스포츠 경기, 야구에 대한 얘기다.

두 명의 훌륭한 타자가 있다. 편의 상 첫 번째 타자를 이병균, 두 번째 타자를 이승연이라고 부르자. 작년 이병균의 타율은 2할5푼6리, 이승연의 타율은 2할7푼3리로 이승연이 높았다. 금년 이병균은 작년의 슬럼프에서 벗어나면서 3할1푼을 쳤지만, 이승연은 그를 능가하는 3할4푼6리라는 고타율을 기록했다. 그렇다면 이승연이 이병균보다 더 좋은 타자라고 봐야 하지 않을까? 누구라도 "그건 당연해!" 하고 대답할 만하다.

그런데 그게 그렇지가 않을 수도 있다. 아니, 2년 연속 더 높은 타율을 거뒀는데 그게 무슨 소리인가 싶다. 매년 더 높은 시즌 타율을 기록했지만, 결과적으로는 타율이 낮을 수 있다는 게 이 사례의 핵심이다.* 아래 표를 한 번 보자.

	이병균			이승연		
	타수	안타	타율	타수	안타	타율
작년	82	21	0.256	418	114	0.273
금년	462	143	0.310	52	18	0.346
통산	544	164	0.301	470	132	0.281

이병균의 타율이 매년 이승연보다 낮았음은 틀림없는 사실이다. 그런데 2년간 통산 타율을 내보면 이병균의 타율은 3할1리, 이승연은 2할8푼1리로 이승연이 2푼 낮다. 즉, 이병균이 더 좋은 타자라고 볼 수 있다는 것. 여기에 계산상의 실수가 있지 않다는 것을 표를 보고 직접 확인해보시길.

이 같은 결과가 나온 이유는 두 선수의 작년과 금년 타수 차이가 크기 때문이다. 이병균은 부상으로 작년 82타수에 불과했고 그때 타율이 저조했다가, 금년에 제 실력을 발휘하면서 462타수에 나서서 3할을 넘겼다. 그렇

---

* 제2차 세계대전 때 독일의 암호를 해독한 영국의 블레츨리 파크에서 일했고 후에 공무원으로 오래 일한 통계전문가 에드워드 심슨의 이름을 따, 심슨의 역설(Simpson's paradox)이라고도 부른다.

기 때문에 3할이 넘는 통산타율이 가능했다. 즉, 2할5푼대의 작년 타율은 별로 영향을 미치지 못한다는 것. 반면, 이승연은 작년에 418타수라는 풀 시즌을 보내면서 2할7푼대에 그쳤고, 금년의 고타율은 고작 52타수를 통해 얻은 거였다. 따라서 통산 타율은 작년 기록에 지배될 수밖에 없다.

이래도 전적으로 수긍이 가지 않을 독자를 위해 다른 사례를 들어보자. 이 사례는 루이스 캐럴이 1895년에 쓴 책, 《베개 문제들》**에서 그 근원을 찾을 수 있다. 루이스 캐럴은 작가, 수학자, 영국 성공회 사제, 논리학자, 사진가로 활동한 사람으로 본명은 찰스 럿위지 도지슨이다. 하지만 그를 가장 쉽게 설명할 수 있는 방법은 《이상한 나라의 앨리스》의 작가임을 얘기하는 거다.

사례는 이렇다. 안이 보이지 않는 방이 하나 있고, 북쪽과 남쪽에 문이 하나씩 있다. 여러분은 남쪽 문 옆에 서 있고, 문이 열려도 방 안은 볼 수 없다. 그리고 처음부터 방 안에 한 여성이 앉아 있다. 그 여성이 눈이 휘둥그래질 미인일 가능성과 그저 그런 미모의 여성일 가능성은 각각 반반이다. 이제 북쪽 문을 통해 모든 사람이 미인이라고 인정한 한 여자가 새로 방에 들어간다. 그 여자 얼굴을 여러분이 직접 본 적은 없지만, 보면 예쁘다고 생각할 거라고 가정하자. 이걸로 준비는 끝이다.

이제 남쪽 문이 열리고 한 명의 여자가 나온다. 보니, 아름답기 그지없

** 루이스 캐럴이 1895년에 《Pillow Problems(베개 문제들)》이라는 책을 냈고, 1880년부터 1885년 사이에 〈A Tangled Tale〉이라는 글을 시리즈로 냈다. 이 두 가지가 나중에 합본이 되어 《Pillow Problems and a Tangled Tale》라고 나왔지만 한국에는 아직 출간되지 않았다.

다. 문제는 이거다. 현재 방 안에 남은 여성이 미인일지 아닐지 그 확률을 알고 싶다. 간단하기 짝이 없는 상황이다.

사람들에게 물어보면, 적지 않은 사람들이 미인일 확률은 50%라고 대답한다. 이유는 이렇다. 미녀가 북쪽 문으로 방에 들어가기 전까지 원래 방에 미녀가 있을 확률은 50%였다. 그리고 미녀가 한 명 들어가고, 미녀가 한 명 나왔으니, 변한 게 아무것도 없다. 따라서 방에 미녀가 있을 확률은 여전히 50%다. 그럴싸하다.

그러나 이 대답은 아쉽게도 정답이 아니다. 왜 그렇냐고? 원래 방 안의 상황을 표로 나타내면 다음과 같다.

경우	방 안
1	미녀 A
2	미녀 아님

이제 북쪽 문으로 한 명의 미녀가 들어가면, 상황은 아래처럼 바뀐다.

경우	방 안
1	미녀 A, 미녀 B
2	미녀 아님, 미녀 B

그 후 한 명의 미녀가 방 밖으로 나왔는데, 그 미녀가 미녀 A일지 미녀 B일지는 알 수 없다. 이를 감안하여, 방 안과 방 밖 상황의 가능한 경우를

생각해보면 다음과 같다.

경우	방 안	방 밖
1	미녀 A	미녀 B
2	미녀 B	미녀 A
3	미녀 아님	미녀 B

각각의 경우가 발생할 가능성은 동일하므로, 방 안에 미녀가 남아 있을 확률은 50%가 아니고 2/3다. 믿기지 않겠지만, 이는 틀림없는 사실이다.

그래도 긴가민가한가? 좋다, 마지막으로 하나만 더 얘기해보겠다. 세 개의 독립된 확률변수가 있다고 하자. 이 말은 무슨 결과가 나올지 알 수 없는 세 가지 사건이 있는데, 그 결과들 사이에 연관 관계가 없다는 얘기다. 이를 각각 A, B, C라고 부르자. 그리고 A가 B보다 클 확률이 50%보다 크고, B가 C보다 클 확률도 50%보다 크다고 할 때, C가 A보다 클 확률이 50%보다 클 수 있을까?

직관적으로 생각하면 그럴 수 없을 것 같다. 나도 '그런 일이 가능해?' 하고 자신에게 물어보았을 정도다. 가령 A, B, C를 세 개의 프로야구팀이 매 경기에 올릴 수 있는 평균 득점으로 생각해볼 수 있다. 그러면 A가 B보다 클 확률이 50%라는 얘기는 A팀이 B팀보다 실력이 좋을 확률로 이해할 수 있다. 그러니까 A팀이 B팀보다 실력이 좋고, B팀이 C팀보다 실력이 좋은데, C팀이 A팀보다 실력이 좋을 수 있냐는 질문일 수도 있다.

정답은 그럴 수 있다가 되겠다.[*] 믿기지 않는다고? 다음의 세 주사위를 한번 보자.

주사위	눈
A	6, 7, 8, 9, 10, 18
B	3, 4, 5, 15, 16, 17
C	1, 2, 11, 12, 13, 14

각 주사위는 여섯 개의 숫자를 갖고 있고, 각각의 숫자가 발생될 가능성은 같다. 먼저 A가 B보다 높은 경우의 수는 전부 스물한 가지다. A에 18이 나오면 B에 무슨 숫자가 나오던 A가 크므로 여섯 가지가 있다. 10부터 6까지는 어느 숫자가 나오던 B가 3, 4, 5가 나올 때 A가 크며, 따라서 5 곱하기 3인 총 열다섯 가지가 있다. 따라서 A가 B보다 큰 경우의 수는 6 더하기 15인 21이 되고, 확률은 21/36로 50%보다 크다.

B가 C보다 큰 경우의 수도 마찬가지 방식으로 구해볼 수 있다. C가 15, 16 또는 17이 나오면 C에 무슨 숫자가 나오든 C가 크며, 경우의 수는 3 곱하기 6인 열여덟 가지다. 그리고 B가 3, 4 또는 5가 나오면 C가 1이나 2가

---

[*] 1959년에 이게 가능하다고 밝혀지자 세계 수학계는 큰 충격을 받았다. 이를 밝힌 폴란드의 수학자 휴고 스타인하우스(Hugo Steinhaus)와 스타니슬라브 트리부와(Stanisław Trybuła)의 이름을 따서, 스타인하우스와 트리부와의 역설이라고도 부른다.

나올 때만 B가 크며, 이때 경우의 수는 3 곱하기 2 하여 여섯 가지가 나온다. 결국, 총 경우의 수는 18 더하기 6인 24가 되고, 확률은 24/36으로 50%보다 크다.

마지막 C가 A보다 큰 경우의 수를 구해보자. C가 11에서 14사이의 값이 나올 때, A가 18만 나오지 않는다면 C가 크며, 따라서 4 곱하기 5인 스무 가지가 경우의 수다. C가 1이나 2가 나오면 A가 어느 값이 나오든 C가 A보다 클 수는 없다. 따라서 총 경우의 수는 스무 가지가 되고, 확률은 20/36으로 역시 50%보다 크다.

앞의 사례들에 대해 직관적으로건 혹은 계산 후건 틀린 답을 한 걸 부끄러워할 필요는 없다. 제대로 된 답을 할 수 있는 사람은 사실 소수에 불과하기 때문이다. 그렇지만 이것 한 가지조차 기억하지 않는다면 그건 곤란한 일이다. 바로 우리 모두가 확률에 대해 젬병이란 사실이다. 그걸 부인한다면, 당신의 의사결정에 따라 영향을 받게 될 사람들에게 죄를 범하는 것과 진배없다. 만약 젬병이라는 걸 인정한다면? 그 말은 확률에 크게 의존할 수밖에 없는 기대값 극대화 원칙을 구사할 때, 매우 신중해야 한다는 의미다. 이 말에 공감할 수 없다면 기대값 극대화 원칙을 안 쓰느니만 못하다.

합리적 선택에 필요한
그 외의 것들

합리적인 결정에서 가장 기본이 되는 원칙 중 한 가지인 기대값 극대화를 이번 장에서 다뤄봤다. 비단 기대값 극대화가 아니더라도, 제대로 된 의사결정을 하려면 몇 가지 기본적인 전제 조건이 충족될 필요가 있다. 이 장을 마무리하면서 그러한 조건들을 언급하겠다.

좋은 의사결정의 성패는 크게 보면 두 가지에 달려 있다. 하나는 대안을 잘 발굴하는 것이고, 다른 하나는 미래상태를 잘 망라하는 것이다. 이 두 가지가 갖춰졌다고 하더라도 의사결정을 망칠 수 있다. 발생 가능한 미래상태를 잘 열거하긴 했지만, 상태마다 확률 부여하는 데 실패하면 잘못된 결정을 내리게 된다. 또한 각 미래상태에 대응되는 결과의 수치화에 오류가 있으면, 여전히 선택은 빗나가버린다. 대안의 모색과 미래상태의 상상에 부족함이 있다면, 이후의 과정과 무관하게 그 결정은 하나마나다.

여러 대안들과 각 대안에 해당되는 미래상태를 그림으로 나타내는 방법이 있다. 이를 의사결정나무라고 부르며, 자세한 방법을 여기에서 설명하지는 않겠다. 관심 있는 독자들은 직접 이에 대한 내용을 담은 책을 찾아 보시길. 참고로 말하자면, 의사결정나무의 사용이 필수적이지는 않다. 이는 단지 대안과 미래상태를 나타내는 방법상의 문제이기 때문에, 이를 사용하지 않더라도 얼마든지 좋은 의사결정을 내릴 수 있다. 다만 이를 사용하게 되면 좀 더 일목요연하게 상황을 볼 수 있다는 장점이 있다.

대안 발굴과 나열이 충분하지 않은 상태에서 내린 결정은 이유 불문하고 좋은 결정이라고 볼 수 없다. 상징적인 예로, 서울에서 부산까지 가야 하는 상황을 가정하자. 가는 방법에 여러 가지가 있을 수 있고, 그중 하나를 선택해야 한다. 선택할 수 있는 대안으로 1) 고속버스를 타고 간다, 2) 자가용을 운전해 간다만을 고려했다고 생각해보자. 도어-투-도어로 걸리는 소요 시간을 극소화한다고 할 때, 위의 두 가지 대안만을 갖고 내린 결정이 최선일 리 없다. 왜냐하면 3) 비행기를 타고 간다나 4) KTX를 타고 간다는 유력한 대안은 아예 고려조차 하지 않았기 때문이다.

극단적인 예로, 대안이 여러 개 있음에도 하나만 존재하는 것처럼 제시하는 경우를 생각해볼 수도 있다. 이런 얘기를 하는 사람들은 대개 숨겨진 의도를 갖고 있기 마련이다. 미국 자동차회사 포드의 창업자인 헨리 포드는 1909년 다음과 같이 말했다.

"고객 여러분은 원하는 색의 자동차를 마음대로 가질 수 있습니다. 단, 그 색이 검은색이라는 조건이 만족되는 한 말이죠."

이러한 선전을 접했을 때 취해야 할 바람직한 태도는, 그 말을 곧이곧대로 믿지 않는 거다. 생각해보라, 포드가 한 가지 색상의 차만 만들겠다고 한다면, 여러분은 포드가 아닌 다른 회사의 차를 사면 된다. 실제로 복수의 대안이 존재하지 않는 경우란 참으로 드물다. 그리고 그러한 대안을 생각해내는 걸 누가 대신해줄 수 없다. 여러분이 직접 해야만 한다는 얘기다.

풍부한 대안 개발 이상으로 다양한 미래상태의 나열 또한 중요하다. 여기에 허점이 있다면 이를 바탕으로 내린 의사결정에도 허점이 있기 마련이다. 금융회사가 판매하는 투자 상품은 대개 표면적으로는 고수익을 보장하는 것처럼 보인다. 그렇지만 수익에 대한 예상은 언제나 우리를 배신한다. 그러니 투자 상품을 선택하면서 부도 등으로 인해 투자금을 상환받지 못할 미래상태를 아예 상정하지 않는다면, 그건 제대로 된 의사결정이 아니다, 절대로.

화제를 바꿔, 대안과 미래상태를 나열할 때 기억해두면 좋은 표현이 하나 있다. 바로 MECE다. 보통 미씨라고 읽는데, '상호 간에 중복 없고(Mutually Exclusive), 집합적으로 누락 없고(Collectively Exhaustive)'라는 뜻이다. 대안과 미래상태를 열거하면서 상호 간에 중복이 된다면 명확한 의사결정이 쉽지 않다. 미래상태를 나열하면서 1) 해가 뜬다, 2) 비가 온다로 나눈다면 이는 상호간에 중복이 없어야 한다는 원칙을 어긴 것이다. 왜냐하면 해가 뜬 채 비가 올 수도 있기 때문이다. 또한 대안과 미래상태가 집합적으로 누락 없는 상태가 아니라면, 즉 쉽게 말해 뭔가 빠진 게 있다면 제대로 된 의사결정을 할 수 없음은 앞에서 누누이 얘기한 바와 같다.

미국의 국방장관을 지낸 도널드 럼스펠드는 MECE의 원칙을 적용할 때 늘 염두에 둬야 할 유명한 말을 남겼다. 그는 미래상태를 네 가지 범주로 구분할 수 있다고 했다. 첫 번째가 '알려져 있는 아는 것들(known known)'

이다. 이를 테면, 우리가 확률을 정확히 지정할 수 있는 미래상태가 여기에 해당된다. 두 번째가 '뭔가 있다는 사실은 알고 있으나, 그게 정확히 뭔지는 모르는 것들(known unknown)'이다. 그런 상태가 발생될 수 있다는 것은 알지만, 그 확률이 어떻게 될지 불분명한 상태이다. 여기까지는 누구나 생각할 만하다.

럼스펠드가 한때 국방장관이었다는 사실은 앞으로 30년 정도만 지나도 아무도 기억하지 않겠지만, 다음의 말 때문에 인류의 역사에서 그의 이름이 두고두고 기억될 것 같다. 바로, 세 번째 범주인 '모른다는 사실조차 인식하고 있지 못한 미지의 것들(unknown unknown)'이다. 이 범주가 참으로 다루기 어렵다. MECE하려고 해도, 모른다는 것조차 모르기 때문에. 통념을 벗어나려는 사고, 외부인의 시각, 집단 내의 다양성 추구 등은 부분적으로나마 이를 극복하는 데 도움이 된다.

마지막 네 번째 범주는 럼스펠드가 직접 얘기한 적은 없지만 유추 가능한 '알고 있으나 모르는 척하려는 것들(unknown known)'이다. 어찌 보면 MECE의 원칙에서 가장 신경 써야 할 범주다. 멀쩡히 그런 게 있을 수 있다는 걸 알면서도 '에이, 설마.' 하면서 무시하는 경우가 실제로 빈번하기 때문이다. 그리고 꼭 이로 인해 뒤통수를 맞고 만다. 세 번째 범주에 속하는 것들 중 상당수는 네 번째 범주로 분류되는 게 마땅한 것들이다.

예전에 한 제조회사에서 있었던 이야기로 이 장을 마무리하자. 여러 지역에 위치한 공장을 운영하던 이 회사는 직원들의 안전사고에 큰 관심을 갖고 경영해왔다. 그러던 중, 유독 공장 한 곳의 사고율이 급작스럽게 증가했음을 발견했다. 사고로 인한 생산량 감소나 손해배상으로 인한 금전적 손실, 그리고 전반적인 평판에 미칠 부정적 영향 등을 염려한 회사 경영진은 담당 임원을 급파하여 그 원인을 조사하게 했다.

그런데 난감하게도 정확한 원인 파악이 되질 않았다. 직원 안전 교육 실시 상황, 작업 환경 악화, 중간 관리자의 직무 태만 등 여러 가능성에 대해 조사해보았지만 별무소득이었다. 아무런 문제가 없다고 보고할 수 없는 노릇이기에, 현장에 파견된 임원은 공장 운영에 여러 작은 문제점이 있었다고 보고해 올렸다. 그러고는 지푸라기라도 잡는 심정으로 몇 가지 대책을 시행해봤지만, 역시나 별로 효과가 없었다. 사고율이 떨어지는 건 고사하고 계속 오를 기세였다.

그래서 어떻게 됐느냐고? 우연한 기회에 그 원인이 밝혀졌다. 바로 그 공장 의무실에 근무하던 간호사가 원인이었던 것. 남다른 외모의 매력적인 간호사가 새로 출근하면서부터, 갑자기 직원들이 의무실을 찾기 시작한 것이다. 핑계를 만들어서라도 한 번 더 보고 싶어서. 누락 없는 나열은 이토록 중요하다.

2장

애인이
변심하지 않을 확률을
알 수 있을까
?

도이체방크의 채용행사로
서울대에 가다

도이체방크 서울지점에서 일할 때, 채용 관련 행사에 나간 적이 있다. 서울대와 연세대, 그리고 고려대를 방문하여 회사를 소개하고 잠재적인 입사지원자들과 만나는 자리였다. 기꺼운 마음으로 세 학교에서 열리는 행사에 모두 참석한다고 인사부서에 알려줬다. 시장 부문 헤드가 호주 국적, 증권 헤드와 기업 담당 세일즈 헤드가 미국 국적인 상황에서, 토종인 나라도 도움이 될 만한 진솔한 얘기를 많이 해줘야겠다고 생각한 탓이었다.

공식적인 프레젠테이션은 언제나 그렇듯 알맹이 없이 진행됐다. "우리가 얼마나 훌륭한가."라고 외치는 자기만족적 파워포인트에 대해 행사 장소를 가득 메운 대학생들과 대학원생들은 심드렁하기만 했다. 그러다가 공식 행사가 끝나고 비공식적인 Q&A 시간이 되면 눈빛이 매섭게 달라졌다. 지금부터가 진짜 본 경기인 것을 아는 거다. 학생들 입장에서는 투자은행에 대한 궁금증을 풀 수 있는 기회임과 동시에, 뱅커들의 뇌리에 남을 만한 날

카로운 질문으로 본인의 얼굴을 각인시키기 위한 치열한 경쟁의 장이기도 했다. 나중에 그 뱅커가 나를 면접할 가능성도 있으니까.

고려대와 연세대에서 진행된 행사는 무난하게 마무리됐다. 드디어 마지막으로 서울대에서의 행사. 솔직히 말하자면 기대가 컸다. 일부 학생들은 자리가 없어서 뒤에 서서 프레젠테이션을 들을 정도로, 경영대의 대형 강의실에서 열린 그 행사는 만원이었다. 참석자들 중 일부는 다른 단과대 학생이었지만 아무래도 경영대 학생이 대다수였다. 본격적으로 Q&A 세션이 시작되자, 질문하고 싶다는 학생들의 손이 이곳저곳에서 올라왔다.

그런데 질문을 가만히 듣고 있노라니 뭔가 '이건 아닌데.' 싶은 생각이 들었다. 좀 더 들으니 화까지 치밀어올랐다. 한마디로 실망스러웠다. 누군가 하나 마나한 질문을 또 해왔을 때, 대답을 자청하며 일갈했다. 이놈들, 그런 태도로 앞으로 뭘 할 수 있겠냐고.

표현은 달랐지만, 결국 학생들의 질문은 이거 한 가지였다.

"과거 경험상, 확률이 어떻게 돼요?"

내가 지원하면 1단계 인터뷰 오퍼를 받을 확률이 얼마나 되는지, 1단계 인터뷰를 한 사람 중에 2단계 인터뷰에 갈 확률은 얼마나 되는지, 그렇게 몇 단계에 걸친 인터뷰를 다 통과하고 최종 오퍼를 받게 될 확률은 얼마나 되는지, 최종 오퍼를 받은 사람 중에 경영학과 졸업생은 몇 퍼센트나 되는지, 그리고 회사에 들어와서 1년 안에 잘릴 확률은 얼마나 되는지 등등 시종일관 확률, 확률, 확률에만 관심이 있었다.

그러고 보면, 경영학과 경제학에서는 그런 관점을 당연시한다. 은연 중에 그리고 노골적으로도 그러한 사고방식이 주입된다. 과거의 통계를 바탕으로 미래를 예측할 수 있다고 말이다. 그렇기 때문에 이들에게 기대값 극대화의 원칙은 기성복이 아닌 오뜨꾸뛰르 수트를 입은 것처럼 너무나 편하고 자연스럽다. 과거의 확률을 바탕으로 기대값을 극대화하는 건 이들에겐 굳이 설명할 필요조차 없는 본성과도 같은 일이 되어버렸다.

곰곰이 생각해보면 하루 아침에 된 일도 아니다. 이른바 강남 엄마들은 어느 유치원 물이 좋고, 어느 초등학교가 특목고 진학률이 좋으며, 어느 동네, 어느 고등학교가 서울대에 몇 명을 보내는지 좍 꿰고 있다. "그러니까", 이 길을 가야 한다고 아이들 귀에 못이 박히도록 얘기한다. 그 과정을 거쳐 서울대에 온 친구들이니, 그러한 렌즈로 세상을 보는 건 어찌 보면 당연한 일이다. 도이체방크의 오퍼 확률은 0.2%인데 제이피모건의 오퍼 확률은 0.4%니, 제이피모건에 지원하는 게 합리적인 결정인 거다, 이들에겐.

그런데 내가 살아본 바로는 그런 확률은 무의미했다. 물론 나도 예전엔 그런 걸 따졌다. 그게 아니란 걸 몰랐으니까. 어떻게 하면 확률을 높일 수 있을까 고민하기도 했다. 그런데 확률을 아무리 높여도 그때문에 결정적인 일이 벌어지지는 않더라는 거다.

예를 들어보자. 투자은행에서 사람을 뽑으면 대개 한 명 아니면 두 명이다. 여러 명을 뽑는 것처럼 보일 때도 있지만, 그때는 뽑는 부문이 다르거나 데스크가 다르거나 해서 결국은 한 자리를 놓고 지원자들을 고르기 마련이다. 말할 것도 없이, 지원자들은 다 좋은 스펙에 남다른 경력을 갖고 있다. 극단적으로 얘기하자면, 전 세계 톱10에 해당하는 비즈니스스쿨에서 매년 쏟아져 나오는 MBA만 수천 명이다. 뽑는 사람은 그 수많은 지원자 중 한 명을 선택하려고 한다. 그런 상황에서 과거의 통계적 확률이 힘을 발휘할까? 절대로 아니다. 한번 사람 뽑는 입장이 돼보면 무슨 말인지 저절로 이해하게 된다.

그런 상황에서 결국 최종 선택되는 사람은 남다르면서 독보적이고 유일무이한 사람이다. 한마디로 자신만의 스토리가 있는 사람이라는 뜻이다. 그런 스토리는 저절로 생기지 않는다. 남들 뭘 하나 지켜보면서 뒷북 치며 쫓아간 사람에게 무슨 스토리가 있겠나. 그렇게 남들 흉내나 내며 얻은 스펙과 자기소개서가 다른 사람의 것으로 대체 가능하지 않을 리 없다. 그럼 나만의 남다른 스토리를 어떻게 만들어야 하느냐고? 그 질문의 답을 스스로 고생하며 찾아가는 과정이 삶이 아닐까? 삶을 확률로 이해하는 사람은 삶이 주사위 던지기에 지나지 않는다고 생각하는 것과 같다. 여러분의 삶이 주사위가 시키는 대로 흘러가는 거라고 생각하고 싶은가, 정말로?

그래서 그때 그 자리에서 이렇게 얘기했다. 확률을 보려고 하지 말고, 확률을 만들어내라고. 너희 한 명 한 명은 다 유니크한 경우들이니, 남들이 어렵다고 지레 포기하는 일을 이루면, 과거 확률 무에서 너희 한 명 때문에 0이 아니게 된다고. 그래서 나중에 다른 사람들이 너희를 보면서 나도 할 수 있지 않을까 하는 꿈을 키웠다는 얘기를 들을 수 있게 하라고. 말을 마치고 올려다 보니, 뜨악한 표정인 대부분의 학생들 중에 몇 명은 깊은 충격을 받은 듯이 보였다.

그런데, 그 자리에 있던 전체 학생 몇 명 중에 몇 명이 충격을 받았느냐고?

제발, 플리즈.

눈 뜬 장님들의
코끼리 만지기

확률 얘기를 좀 더 본격적으로 해보자. 1장에서 우리는 반복적으로 관찰 가능한 대상에 대해 확률을 정의했다. 다량의 과거 데이터가 있거나 실험을 통해 다수의 데이터를 확보할 수 있는 경우 적용 가능하다. 이러한 관점의 확률을 일컫는 말이 따로 있다. 객관적 확률이나 경험적 확률, 또는 빈도적 확률이다. 여기서 객관적이라는 말의 의미를 좀 더 분명히 하자면, 옳다는 뜻이 아니고 누구나 관찰할 수 있다는 의미다.

대다수의 통계학자들은 확률에 대해 이 같은 생각을 갖고 있다. 특히, 대학의 통계학과는 이들에게 점령당해 있다. 이들을 가리켜 빈도주의자라고 부르기도 한다. 빈도주의자들은 확률이란 빈도에 의해 관찰 가능한 것이며, 그 이상도 그 이하도 아니라고 믿는다. 아니 조금 더 정확하게 얘기하자면, 빈도주의가 적용될 수 없다면 그것이 무엇이든 확률이 될 수 없다고까지 주장한다.

그런데 아무 문제없어 보이는 이 정의에 대해 조금만 더 생각해보면 문제들이 불거져 나온다. 1장의 자동차 세일즈맨을 다시 생각해보자. 서부 지역에 가면 이틀에 한 대 꼴로 5천만 원짜리 프리미엄 세단을 팔 수 있고, 동부 지역에 가면 2천만 원짜리 준중형차를 날마다 팔 수 있다고 했다. 그 얘기를 듣고는, 한 세일즈맨이 판매액의 기대값을 극대화하기 위해 서부 지역으로 갔다고 하자. 그런데 막상 가보니 이틀에 한 대 꼴은 고사하고, 열흘에 한 대 팔기도 쉽지 않다. '일시적인 현상일 거야.' 하고 스스로 다독이며 꾸준히 1년간 세일즈를 나갔지만, 결과적으로 1년 후 정리해보니 300일 나가서 스물일곱 대 파는 데 그쳤다. 판매 성공 확률이 9%에 불과한 거다.

실생활에서 이런 일은 비일비재하다. 남한테 전해 들은 빈도적 확률이 50%라고 해서 그런 줄 알고 갔는데 10%도 안 나오면, 남 탓을 해야 하나 아니면 내 탓을 해야 하나. 내가 경험하기론 300번 시도에 27번 성공이니 내가 경험한 빈도적 확률은 틀림없이 9%다. '뭔가 속은 게 틀림없어.' 하고, 다시 남에게 재차 확인한다.

"거, 확률이 50%라는 게 틀림없는 건가요?"

"예? 무슨 말씀이신지?"

"서부 지역에서의 차 판매 확률이 50%라는 거 말이에요. 그렇게 얘기했잖아요."

"예, 제가 작년에 해본 바로는 그렇습니다. 300일 나가서 150대 팔았는걸요."

"…"

내가 경험한 빈도적 확률은 9%지만, 남이 경험한 빈도적 확률은 50%

라고 할 때, 나는 어떻게 해야 할까? 남이 한 대로 나도 하는 게 당연한데, 결과가 똑같지 않다면 나한테 문제가 있는 건가? 아니면 작년의 빈도적 확률은 50%였는데, 금년의 빈도적 확률이 9%로 변한 것일까? 작년 300일과 금년 300일을 합쳐서, 제대로 된 빈도적 확률은 29.5%라고 해야 하나? 질문이 꼬리에 꼬리를 물고 생긴다. 도대체 뭐가 정답일까?

앞의 사례 같이 질문하면, 빈도주의자들은 살짝 말을 바꾼다. 그게 아니고, 확률은 원래 정답이 있는 건데 빈도적 확률을 통해서 그를 확인하는 거라고 말이다. 그러면서 동전 얘기를 꺼낸다. 원래 동전을 던져 앞면이 나올 확률과 뒷면이 나올 확률은 모두 50%여야 하지 않느냐며, 이를 증명하는 데 빈도적 확률이 필요하다고 말한다.

바로 앞에서 은근 슬쩍 새로운 확률 개념이 언급됐음을 깨달았는지? 동전을 던지면 앞면과 뒷면이 나올 확률이 같아야 한다는 생각 말이다. 동전을 던졌을 때 발생할 수 있는 상태는 앞면 아니면 뒷면뿐이다. 옆면으로 설수도 있지 않느냐고 생각한 독자가 있다면 칭찬해 드리고 싶다. 앞에서 언급한 MECE를 심각하게 받아들였다는 증거기에. 사실 그런 가능성도 작긴하지만 아예 없다고 말할 수는 없다. 그렇지만 논의의 편의상 그런 가능성을 무시하자.

아무리 생각해봐도 앞면이 뒷면보다 더 자주 나와야 할 특별한 이유가 없을 것 같다. 반대로 뒷면이 앞면보다 더 많이 나올 것 같지도 않다. 적어도 추상화된 가상의 수학적 세계에서라면 그렇다. 그렇다면 둘은 같은 발생가능성을 가져야 하지 않을까 하고 생각할 만하지 않을까? 그래서, 1이라고 하는 전체 확률을 경우의 수 2로 나눈 50%라는 확률을 각각의 상태에 부여한다. 동전 말고도 이러한 예는 얼마든지 있다. 1부터 6까지의 눈을 갖는 주사위가 한 예다. 이상화된 상상 속의 수학적 세계에서 어느 한 눈이 특별히 더 나올 이유가 없다고 볼 만하다. 그렇다면 전체 발생 가능성 1을 6가지 상태로 나눈 1/6이라는 확률을 각각의 주사위 눈에 부여하는 거다.

이러한 개념의 확률을 이론적 확률 혹은 고전적 확률이라고 부른다. 순서를 달리 했지만, 이론적 확률은 빈도적 확률보다 시기적으로 앞선다. 이론적 확률을 공식적으로 명문화한 사람은 19세기의 팔방미인 수학자 피에르 시몽 라플라스다. 그의 책《확률에 대한 철학적 시론》에 위의 계산법에 대한 설명이 등장한다. 어느 한 미래상태가 발생할 가능성이 다른 미래상태가 발생할 가능성보다 특별히 높을 거라는 확신이 있지 않는 한, 그 각각의 상태에 동등한 확률을 부여해야 한다고 말이다. 당시 그는 이러한 확률적 개념을 지칭하여 '운의 이론(The theory of chance)'이라고 불렀다.

라플라스는 후대 사람들이 이른바 '라플라스의 악마(Laplace's demon)'라고 칭하는 개념을 언급한 것으로도 유명하다. 이 개념에 의하면, 현재는 온전히 과거의 상태와 조건에 의해서 100% 결정되며, 따라서 미래 또한 현재의 상태와 조건에 의해 100% 결정된다. 그러니까 미래는 이미 결정되어 있고, 따라서 100% 예측 가능하다는 얘기다. 이러한 생각을 기계적 결정론이라고도 부른다.

라플라스는 천체의 운동과 같은 자연계에 대한 얘기를 한 거였는데, 일부 사람들이 이를 인간에게도 성립하는 것인 양 오버한 면이 없지 않아 있다. 이러한 기계적 결정론이 보편적으로 성립한다면, 우리 인간에게는 이른바 '자유의지'라고 할 만한 것이 남지 않게 됨을 주목하자. 인간은 신과 같은 초월적 존재에 의해 조종당하는 인형과 다를 바 없게 된다. 같은 사람이 운의 이론과 기계적 결정론을 동시에 생각했다는 사실이 자못 흥미롭다.

이론적 확률이 추상적 세계에서 성립한다는 걸 부인하기는 어렵다. 그런데 실제 동전을 던졌을 때 앞면이 나올 확률이 1/2이라는 걸 어떻게 확인할 수 있을까? 이론적 확률은 이에 대해서 무기력하기만 하다. 그저 마땅히 1/2이어야 한다는 주장을 재삼, 재사 반복할 따름이다. 대칭의 원리에 의해 그렇다고 말이다. 공정한 동전이라면 앞면이 나올 확률이 1/2이라는 걸 부인하는 건 아니다. 문제는 내 눈앞에 있는 실제의 동전이 공정한 동전인지 어떻게 알 수 있느냐는 거다. 카지노에서 사용되는 주사위가 약간 삐뚤어져 있다면? 그래도 사람들이 공정한 게임을 했다고 생각할까? 그럴 리 없다.

여기서 다시 빈도주의자들이 나타난다. 그렇기 때문에 빈도적 확률이 중요하다고 얘기한다. 이론적 확률은 빈도적 확률로 검증하고 확인하지 않으면 쓸 수 없는 거라고 말이다. 한 발자국 더 나아가면, 그렇기 때문에 빈도적 확률만이 의미가 있다고까지 얘기한다. 실제로 눈앞에 있는 문제의 동전이 이론적 확률을 따르는 공정한 동전인지 확인한다고 해보자. 다섯 번을 던졌더니, 앞면은 한 번도 안 나오고 연달아 뒷면만 다섯 번이 나왔다. 이상한 걸까? 현재까지 경험적 확률로는 앞면이 나올 확률은 0이다.

그렇지만 아직까지는 동전에 문제가 있다고 볼 수 없다고 빈도주의자들은 얘기한다. 이 동전이 진짜로 공정한 동전이어도, 다섯 번 연속해서 뒷면이 나올 확률은 0이 아니기 때문이란다. 공정한 동전에 대해 이 확률을 계산해보면 1/2을 5제곱하여, 3.125%라는 값이 나온다. 그러니까 동전을 다섯 번 연속 던지는 일을 100번 정도 하다 보면 세 번 정도는 이런 일이 벌어질 수 있다는 얘기다.

이것으로 모든 문제가 해결되었을까? 가령, 100번을 던져서 앞면이 서른 번 밖에 나오지 않았더라도 있을 수 있는 일이라고 치부해야 할까? 공정한 동전이어도 이런 일이 벌어질 확률은 0.002%로 0은 아니다. 빈도주의자들은 동전을 던지는 횟수를 늘려 무한대 번 던지면 이 같은 일은 결국 사라지고 빈도적 확률이 이론적 확률에 수렴하게 된다고 한다. 그렇지만 동전을 실제로 무한대 번 던질 수 있는 사람은 없다. 무한대라는 개념은 가상적 수학의 세계에서만 존재할 뿐, 실제로 경험할 수 없는 대상이기 때문.

무한대는 아니더라도 꽤 많은 횟수를 실제로 던져 빈도적 확률이 이론적 확률에 수렴해 들어감을 확인했다 치자. 열 번 던졌을 때는 앞면이 세 번 나왔지만, 100번 던지자 마흔세 번이 됐고, 천 번 던지자 485번, 만 번 던지자 4947번, 이런 식으로 말이다. 10만 번 던지면 5만 번 나올까? 아마 5만 번 근처일지는 몰라도 정확한 5만 번은 아닐 것이다. 100만 번 던지면 그때는 50만 번 나올까? 내기를 할 수 있다면, 난 50만 번이 나오지 않는다 쪽에 걸겠다. 천만 번, 1억 번 던져도 이는 마찬가지다. 빈도적 확률이 1/2에 접근하는 걸 볼 수는 있을지 몰라도, 실제의 빈도적 확률이 정확하게 1/2이 되고 끝나는 일이란 거의 없다.

그리고 한 가지 더, 10만 번 던져서 50,127번 앞면이 나옴을 보고, 빈도적 확률이 이론적 확률에 수렴하리라 생각했다고 하자. 그런데 지금까지 수행한 10만 번의 시행대로 앞으로 던질 10만 번이 반복될 거라는 확신을 가질 수 있나? 그동안의 경험상 대개 이런 경우 반복 실험을 통해 밝혀진 성질은 불변이었다는 반론을 할지 모르겠다. 그렇다고 앞으로 그러지 않을 거라는 보장이 있을까? 곰곰이 생각해보면 100% 확신하기는 어렵다.

모든 범죄자는 첫 번째 범죄를 저지르기 전까지는 다 선량하고 멀쩡한 시민들이다. 만 스무 살 생일 때 범죄를 저지르는 사람은 그전 7천300일 동안, 17만5천200시간 동안, 그리고 약 천만 분 동안 범죄를 모르고 살아온 이력을 갖고 있다. 그런 깨끗한 과거가 있으니 범죄를 저지를 리가 없다고 말하는 게 타당할까? 그렇게 얘기할 수는 없다.

종합적으로 보건대, 빈도적 확률이 유용한 경우가 없진 않겠지만 언제나 반드시 그렇다고 얘기하는 건 무리다. 이론적 확률의 쓸모는 더욱 제한적이다. 이게 과연 확률의 전부일까? 지금껏 확률이라고 하는 커다란 코끼리의 일부만 더듬거리고 있던 게 아닌지 궁금해진다.

장로교 목사의 확률 법칙,
그리고 주관적 신념

한 청년이 소개팅을 통해 만난 여자와 사귀게 되었다. 청년은 새로 사귄 여자 친구에게 푹 빠져 버렸고, 그 청년이 보기에 자기 여자 친구도 자신을 무척 좋아한다고 느꼈다. '만난 지 100일째 되는 날, 사랑을 고백해야지!' 하고 결심한 그는 이벤트 준비에 한참 공을 들인다. 드디어 운명의 날이 닥치고, 들뜬 마음으로 약속 장소에 나간 그는 보기 좋게 바람을 맞는다(이유는 알 수 없지만, 안된 일이다!).

100일이 되기 하루 전날, 이 청년이 다음과 같은 질문을 받았다고 가정해보자.

"내일 여자 친구가 변심할 확률이 얼마라고 생각하나요?"

이런 질문을 받고 화를 내지 않기란 무척 어려운 일이다. 당연히 그런 확률은 0%라고 생각할 것이기 때문. 그런데 잠깐, 여기서 0%라고 '생각'한다는 표현이 사용됐음에 주목하자.

내일 여자 친구가 변심할 확률은 무슨 확률일까? 이 확률이 빈도적 확률일까 생각해보면 그렇지는 않다는 걸 깨닫게 된다. 빈도적 확률은 정의상 다수의 반복 시행이나 관찰이 전제되어야 한다. 그렇지만 지금 만나는 여자 친구가 100일째 되는 날 변심할 경우를 실험이나 관찰을 통해 반복할 방법이란 없다.

그러면 이론적 확률일까? 내일 변심하는 경우와 변심하지 않는 경우의 두 가지 상태가 존재함은 이론의 여지가 없다. 이때 어느 한 상태가 특별히 더 가능할 것 같지 않으면, 각각에 동일한 확률을 부여하는 게 이론적 확률의 전부다. 하지만 청년 입장에서 내일 여자 친구가 변심할 확률이 50%라는 말에 동의할 것 같지는 않다.

위의 설명에서 드러나듯, 앞에서 언급한 빈도적 확률이나 이론적 확률 개념을 적용하기 곤란한 경우가 우리 주위에 꽤 많다. 다음 질문들을 보자.

"내년에 전쟁이 발발할 확률은?"

"한 번도 시도된 적 없는 새로운 수술법이 성공할 확률은?"

"소행성이 지구와 충돌할 확률은?"

"내년에 내가 응원하는 프로야구팀이 한국시리즈에서 우승할 확률은?"

위의 네 가지 질문에 대한 답은 사람마다 다르다. 어떤 사람은 그 확률을 높게 볼 테고, 어떤 사람은 아예 있을 수 없는 일로 볼 수 있다. 그리고 빈도의 관점으로 접근할 수도 없다. 요즘 야구계에선 여러 통계를 바탕으로 승패를 예측하는 기법인 세이버 매트릭스라는 게 인기다. 그걸로 내년도 성적을 예상하는 것은 자유이나, 내년 시즌 성적은 단 한 번만 발생한다. 다시 말해, 현재의 관점에서 내년은 한 번만 올 수 있을 뿐, 반복해서 올 수 있는 게 아니다. 그럼에도 사람들은 위의 상황과 관련하여 확률로 얘기하기를 즐긴다. 이때 언급되는 확률이 빈도적 확률이나 이론적 확률이 아님은 이제 분명하리라.

이 상황에서 언급되는 확률은 그 말을 하는 사람의 주관적인 신념이나 믿음의 성격을 갖고 있다. 따라서 꼭 하나의 숫자만이 존재할 이유도, 필요도 없다. 내가 그렇게 믿겠다고 한다면, 그것으로 충분한 일이다. 내가 그렇게 생각하겠다는데 남들이 뭐라 할 일은 아니니까. 이러한 확률을 주관적 확률이라고 일컫는다.

항상은 아니지만 대개 빈도주의자들은 주관적 확률의 존재를 없는 자식 취급한다. 그런 확률이 있다는 게 싫은 모양이다. 싫어하는 이유는 뻔하다. 빈도의 관점으로 접근할 수 없기 때문이다. 그래서일까, 빈도주의자들은 주관적 확률이 사람마다 다를 수 있다는 걸 큰 약점인양 공격하곤 한다. 좀 더 나아가서는, 아예 확률이라는 단어를 주관적 확률에 대해서는 쓰지 말아야 한다고도 한다.

그러나 빈도주의자들의 주장과 무관하게, 주관적 확률은 개인의 의사결정에서 꽤나 중요한 역할을 맡고 있다. 그런 건 존재하지 않는다고 무시해버리면 속은 편하겠지만, 현실에 눈을 감아버리는 것과 진배없다. 내일 여자 친구가 변심할 확률이 크다고 생각했다면 과연 청년이 100일 이벤트를 준비했을까? 그렇지는 않았을 게다.

앞의 자동차 세일즈맨의 상황도 마찬가지다. 이유야 어찌되었건 간에, 그는 서부 지역에서 프리미엄 승용차를 팔 확률이 50%라고 '믿었기에', 서부 지역으로 간 거라고도 볼 수 있다. 매출에 대한 기대값을 극대화하기 위해서 말이다. 그 확률이 30%라고 생각했다면 어떤 결정을 내렸을까? 그 경우, 서부 지역에서의 매출 기대값은 천500만 원에 불과하니, 합리적인 결정은 동부 지역으로 가는 거다.

결국 주관적 확률을 어떻게 잘 구할 것인가가 더 중요한 문제인 것처럼 보인다. 이에 관해서 굉장히 유용한 법칙이 하나 있다. 18세기 장로 교회 목사였던 영국인 토마스 베이스가 남긴 유고에 있던 이른바 베이스의 법칙 혹은 베이스의 정리다. 어떤 의미에선, 베이스의 법칙이 없었다면 주관적 확률이라는 개념에 대해 길게 얘기할 필요도 없었으리라. 그런 정도로 베이스의 법칙은 주관적 확률에서 중요하다.

지금까지의 얘기를 들으면, 베이스의 법칙을 굉장히 거창하고 난해한 것으로 생각하기 쉽겠지만, 실상은 그렇지 않다. 식으로 써 놓으면 간단하기 그지 없어서, '이게 전부야?' 하고 생각할 수도 있다. 직접 판단해보시라.

$$확률(A|B) = \frac{확률(B|A)}{확률(B) \times 확률(A)}$$

이게 전부인데 그 의미를 알아보자. 기호를 설명하면, 확률(A|B)는, B라는 상태가 발생했음을 전제한 상태에서, A라는 상태가 발생할 확률이라는 의미다. 그러니까 '|' 기호의 오른쪽에 있는 상태가 주어져 있을 때, 왼쪽의 상태가 발생할 확률을 뜻한다. 확률(A)는 말할 것도 없이 A라는 상태가 발생할 확률이다.

그런데 이 식을 어디선가 본 듯하지 않은지? 고등학교 때 조건부 확률

이라는 이름으로 배운 내용과 비슷하다. 확률(A|B)와 확률(B|A)가 바로 그 조건부 확률이다. 이 식을 해설하면, 원래 A라는 상태가 발생할 확률이 식 우변의 확률(A)로 주어져 있었다. 그런데 새로 B라는 상태가 발생되는 경우, 이제 관심의 초점이 확률(A)보다 확률(A|B)로 옮겨가야 한다. B라는 상태가 발생했기 때문이다. 그리고 확률(A|B)는 확률(B)와 확률(B|A)를 식에 대입하여 구할 수 있다는 것이 핵심이다.

이 얘기만으로는 무슨 말인지 실감이 잘 나지 않을 수 있다. 좀 더 구체적인 사례를 갖고 설명해보자.

새로 소개팅한 여자가 진짜로 나만 좋아할 가능성과 그렇지 않고 동시에 여러 남자를 만나고 다닐 가능성이 확률적으로 어떨까를 생각해보는 거다. 어느 쪽의 가능성이 특별히 높을 거라는 확신을 갖기 어려우므로, 앞의 이론적 확률에서와 같이 둘 다 50%의 가능성이 있다고 가정하자. 이 경우, 이 상황에 대해 주관적 확률을 50%로 평가했노라고 얘기해도 무방하다. 이와 같이 사전적으로 주관적 확률을 부여한다 하여, 이를 사전 확률, 사전적 확률 혹은 선험적 확률이라고 부른다.

그다음 여자가 한 남자를 사귀다가 다음 날 무슨 이유에서건 남자를 걸어 찰 가능성에 대해 생각해보자. 그 확률이 반드시 0%라고 얘기할 수 있을까? 그렇게 보는 건 조금 지나치다. 예전 애인이 갑자기 되돌아올 수도 있고, 갑자기 불치의 병에 걸려 시한부 선고를 받는 등의 상황도 전적으로 배제할 수는 없으니까. 이 확률을 한 0.1% 정도라고 생각해보자.

이번에는 반대로 여자가 양다리를 걸친 상태에서, 다음 날 남자를 차 버릴 가능성에 대해 생각해보자. 우선 0.1%보다는 높아야 할 것 같다. 그렇다고 무턱대고 너무 높은 값을 주기도 애매하다. 연기의 달인이라면 충분히 일정 기간 밀당을 계속하며 만날 것이다. 그러니 이 확률은 1% 정도 된다고 해두자.

그다음엔 우리의 주인공이 99일 동안 차이지 않을 확률을 생각해보자. 여기엔 두 가지 경우가 존재한다. 여자가 진짜로 좋아하면서 99일 동안 만난 경우와 여자가 간만 보면서 99일 동안 만난 경우다. 여자가 진짜로 좋아할 경우, 99일 동안 둘이 계속 만남을 유지할 확률은 $(1-0.1\%)^{99}$=90.57%다. 반대로, 여자가 가짜인데 99일 동안 만남을 이어갈 확률은 $(1-1\%)^{99}$=36.97%다.

두 사람이 99일간 외견상 문제없는 만남을 가졌을 확률을 구하자. 이는 여자의 마음이 진짜면서 99일간 만났을 확률과 여자의 마음이 가짜면서 99일간 만났을 확률을 각각 구한 후, 그 둘을 합한 값과 같다. 이를 수식으로 나타내보면,

$$확률(99일\ 만남) = 확률(진짜) \times 확률(99일\ 만남|진짜) + 확률(가짜) \times 확률(99일\ 만남|가짜)$$

그동안 구한 값을 대입하면, 63.77%다.

$$확률(99일\ 만남) = 50\% \times 90.57\% + 50\% \times 36.97\% = 63.77\%$$

두 사람이 99일 동안 만나고 있을 확률이 약 64% 정도 된다는 얘기다.

셋 중 두 번 정도에 해당하는, 충분히 높은 값이라고 얘기할 만하다.

우리의 주인공 청년은 처음 소개팅하기 전에 상대 여자가 자신을 좋아할지 아닐지 아무런 확신을 가질 수 없었고, 그렇기 때문에 사전적 확률로 50%를 부여했다. 그런데 하루하루 만남을 이어갈수록 이 여자가 나를 좋아하는구나 하는 확신이 생겨나고 또 강해질 수 있다. 여기서의 용어를 빌려 얘기하자면, 주관적 확률이 변하는 거다. 99일간 만남을 지속했다고 할 때, 여자가 진짜로 남자를 좋아할 확률은 어떻게 될까? 새로 획득한 정보가 있을 때 기존의 주관적 확률이 어떻게 변하는지를 구하는 데에 쓰는 식이 바로 베이스 법칙이다. 식으로 쓰면 이렇다.

$$확률_{(진짜|99일\ 만남)} = \frac{확률_{(99일\ 만남|진짜)}}{확률_{(99일\ 만남)} \times 확률_{(진짜)}}$$

$$= \frac{90.57\%}{63.77\% \times 50\%} = 71.01\%$$

보다시피 여자가 진짜로 좋아할 확률이 50%에서 약 71%로 올라갔음을 확인할 수 있다. 왜 그럴까? 99일간 만남이 지속됐기 때문이다. 완전히 확신할 수는 없지만, 별 문제없이 만남이 지속된 것으로 볼 때 여자가 진짜로 좋아할 확률에 대한 주관적 판단도 올라가게 되는 것이다. 이와 같이 계산된 식의 좌변을 사후 확률 혹은 사후적 확률이라고도 부른다.

이번에는 여자가 가짜로 만났을 사후적 확률을 구해보자. 다음 식을 보면 여자가 가짜로 남자를 만나고 있을 확률은 약 29%로 낮아졌음을 알 수 있다.

$$\text{확률}(\text{진짜}|99\text{일 만남}) = \frac{\text{확률}(99\text{일 만남}|\text{가짜})}{\text{확률}(99\text{일 만남}) \times \text{확률}(\text{가짜})}$$

$$= \frac{36.97\%}{63.77\% \times 50\%} = 28.99\%$$

이제 우리의 주인공 청년에게 벌어진 유감스러운 일을 소화해보자. 지난 99일간의 만남으로 인해 여자가 진짜로 남자를 좋아할 주관적 확률이 71% 정도까지 올라갔다. 그런데 100일째 되는 날 차였다. 이러한 상황이 주어졌을 때, 여자가 진짜인지 가짜인지의 사후적 확률은 아래와 같다.

$$\text{확률}(\text{진짜}|99\text{일 만남}) = \frac{\text{확률}(\text{다음날 차임}|\text{가짜})}{\text{확률}(\text{다음날 차임}) \times \text{확률}(\text{가짜})}$$

$$= \frac{1\%}{0.36\% \times 28.99\%} = 80.32\%$$

$$\text{확률}(\text{다음날 차임}) = 71.01\% \times 0.1\% + 28.99\% \times 1\% = 0.36\%$$

$$\text{확률}(\text{진짜}|\text{다음날 차임}) = 1 - \text{확률}(\text{가짜}|\text{다음날 차임}) = 19.48\%$$

이제 여자가 가짜였을 확률은 약 29%에서 약 80%로 휙 올라갔다. 99일간 만난 후 다음 날 차일 확률은 0.36%로, 물론 작은 값이긴 하지만 0이 아님에는 틀림이 없다. 있을 수 있는 일이 벌어진 것이고, 이제 여자가 건성으로 만남을 이어왔을 거라는 확률이 상당히 높아졌다. 상식적으로 생각해봐도 충분히 수긍이 가는 일이다. 위에서 베이스의 법칙을 다시 적용할 때, 99일까지 발생된 정보를 바탕으로 구한 28.99%라는 사후적 확률을 새로운 사전적 확률로 사용했음에 주목하자. 이와 같이, 새로 발생된 정보를 바탕으로 주관적 확률을 지속적으로 업데이트해 나가는 데 베이스의 법칙은 매우 요긴하다.

위와 같은 베이스의 법칙에 의한 주관적 확률의 갱신이라는 개념은 특히 엔지니어링에서 큰 유용성을 갖는다. 인공지능의 한 분파는 오로지 이 내용 한 가지에 기반을 두고 있으며, 로봇, 자연언어 처리, 검색, 맞춤형 마케팅 등 응용 분야는 무궁무진하다.

남자 친구나 여자 친구의 변심 확률 예측이나 그와 유사한 상황에도 적용할 수 있음은 물론이다.

콜라 한 병 추가가
선택에 미치는 영향

주관적 확률은 틀림없이 존재하고, 유용성도 크다. 여기서 한 가지 주목할 만한 사항이 있다. 그것은 주관적 확률과 선택행위 사이에는 양방형으로 작용하는 관계가 있다는 점이다.

그게 무슨 말인지 알아보자. 불확실한 여러 미래상태가 존재할 때, 나는 그 각각의 상태에 대한 주관적 확률을 마음속으로 결정할 수 있다. 그러면 각각의 대안에 대한 기대값을 구할 수 있고, 그다음 최대의 기대값을 갖는 대안을 선택하면 합리적으로 의사결정을 내린 셈이다. 이런 경우, 주관적 확률에서 대안의 선택으로 화살표 방향이 정해진다. 이는 의사결정을 내리는 본인의 관점이기도 하다.

한편 다른 사람이 내리는 의사결정을 관찰하는 관찰자의 관점이 있을 수 있다. 그 사람이 속으로 무슨 생각을 했는지 직접 알 수는 없지만, 결과적으로 그 사람이 결정한 선택과 행위를 보고 그 사람의 주관적 확률을 역으로 구하는 거다. 이 경우 대안의 선택에서 주관적 확률로 화살표가 그려진다.

확률과 대안의 선택 사이에 상호적인 관계가 주어져 있을 때, 선택이 합리적이기 위해 만족시켜야 하는 일련의 조건들이 있게 된다. 이를 의사결정의 공리라고 부르는데, 이에 대해 자세히 설명하는 건 분명 이 책의 수준을 넘어서는 일이다. 하지만 그중 한두 가지는 언급할 만한 가치가 있어 간략하게라도 얘기해보겠다.

첫 번째, 이른바 독립성 공리다. 여러 형태로 이를 설명할 수 있지만 가장 쉽게 설명하는 방법은 예를 들어보이는 거다. 다음의 두 대안을 보자.

대안 A0 : 피자가 들어 있는 상자 A를 택한다
대안 B0 : 햄버거가 들어 있을 확률 50%, 피자가 들어 있을 확률 50%인
상자 B를 택한다

두 대안 중 어느 대안을 택하는가는 전적으로 개인의 기호에 달린 문제다. 피자를 햄버거보다 선호하는 사람이라면 대안 A0을 택하는 게 마땅하고, 햄버거를 피자보다 선호하는 사람이라면 대안 B0을 택하는 게 마땅하다. 여기까지는 특별히 문제가 될 만한 부분이 없으리라.

만약 위의 대안들에 콜라를 한 병 추가하면 어떻게 될까? 대안 A1은 콜라와 피자가 되고, 대안 B1은 콜라, 햄버거 50%, 피자 50%가 된다. 그런후에 다시 대안을 선택하게 하면 선택이 바뀔까? 조금만 생각해보면 바뀌지 않아야 할 것 같은 생각이 든다. 좀 더 정확하게는, 선택을 바꾸는 건 합

리적이지 않기에 해서는 안 될 일이라는 생각도 든다. 앞에서 피자를 택한 사람이라면, 이번에도 콜라와 피자를 택하는 게 마땅하고, 반대로 앞에서 햄버거 50%, 피자 50%를 택한 사람이라면, 이번에도 콜라와 햄버거 50%, 피자 50%를 택해야 한다. 적어도 상식적으로는 그렇다.

이와 같이 양쪽의 대안에 공통적으로 해당되는 사항의 유무로 인해 선택이 바뀌지 않아야 한다는 조건이 바로 독립성 공리다. 사람들에게 물으면, 거의 예외 없이 독립성 공리는 올바른 조건이고, 마땅히 지켜져야 한다는 얘기를 한다. 이에 어긋난 선택은 합리적이지 않다고 말이다.

이제 그럼 다음의 두 가지 대안을 보자.

대안 A2: 20%의 확률로 1억 원을 받고, 80%의 확률로 허탕친다
대안 B2: 19%의 확률로 1.1억 원을 받고, 81%의 확률로 허탕친다

둘 중 어느 대안을 택하는 게 합리적일까? 사람들에게 물으면 대략 100명 중 80명은 대안 B2를 택한다. 그 80명의 사람들이 기대값 극대화를 위해 그런 결정을 내렸을까? 대안 A2의 기대값을 계산해보면 2천만 원이 나오고, 대안 B2의 기대값을 계산해보면 2천90만 원이 나온다. B2의 기대값이 A2보다 크다. 그렇다면 80명의 사람들은 기대값 극대화의 원칙을 사용해 결정했다고 이해할 수 있다. 나머지 20명의 사람들은 그럼 왜 A2를 택했을까? 그 이유가 뭔지는 알 수 없지만 나름대로 자신들의 원칙에 의해 대안 A2를 선택했다고 우선 이해해보자. 여기까지는 충분히 있을 수 있는 일이다.

문제는 이거다. 다음의 두 대안을 보자.

대안 A3: 100%의 확률로 1억 원을 받는다
대안 B3: 80%의 확률로 1억 원을, 19%의 확률로 1.1억 원을 받고, 1%의
　　　　확률로 허탕친다

두 대안의 기대값을 계산해보자. 대안 A3는 말할 것도 없이 1억 원이다. 대안 B3는 1억90만 원이 계산된다. 기대값 극대화의 관점으로 보면 B3가 A3보다 크기에 B3를 선택하는 게 합리적이다. 그런데 사람들에게 물으면 대략 100명 중 80명 정도가 이번에는 A3를 선택한다는 사실을 발견하게 된다. 이러한 선택은 불합리한 걸까? 합리성을 기대값 극대화로만 이해한다면 그런 얘기를 할 수도 있다. 하지만 기대값 극대화만이 합리성의 유일한 조건은 아니므로, 이 같은 판단은 당분간 보류하자. 그보다는 앞에서 A2 대신 B2를 택했던 사람들의 대부분이 이번에는 B3 대신 A3을 택한다는 게 문제다.

왜 그게 문제일까? 왜냐하면, 그렇게 되면 독립성 공리에 반하는 결과가 나오기 때문이다. 독립성 공리에 의하면 양 대안에 공통적인 사항은 선택에 영향을 미쳐서는 안 된다. 우선 대안 A2와 B2 사이에 공통적인 부분을 빼고 남는 부분을 보자. 두 대안의 공통적인 부분은 80%의 확률로 허탕을 친다는 부분이다. 이를 빼고 나면,

대안 A2*: 20%의 확률로 1억 원을 받는다*
대안 B2*: 19%의 확률로 1.1억 원을 받고, 1%의 확률로 허탕친다*

앞에서 기대값 극대화 원칙에 의해 B2를 골랐던 사람은 이번에도 B2*
를 고른다. 이때는 독립성 공리가 성립되는 것처럼 보인다.

그런데 대안 A3과 B3에서도 공통 부분을 빼내보자. 두 대안의 공통부
분은 80%의 확률로 1억 원을 받는 경우다.

대안 A3*: 20%의 확률로 1억 원을 받는다*
대안 B3*: 19%의 확률로 1.1억 원을 받고, 1%의 확률로 허탕친다*

가만히 보면, 대안 A3*은 A2*과 같고, 대안 B3*은 B2*과 같다! 독립성
공리가 성립된다면, B, B2*, B3*, B3은 서로 동등하며, A2, A2*, A3*, A3
도 서로 동등하다. 따라서 A2 대신 B2를 선택한 사람은 A3 대신 B3을 선
택하는 게 마땅하다. 그럼에도 대다수의 사람이 B3이 아닌 A3을 택한다
는 거다.[*] 이 같은 역설적 상황에서 우리가 할 수 있는 것이라고는, '독립성
공리가 꼭 옳다고는 볼 수 없다'는 별로 만족스럽지 못한 결론을 내리는 게

---

[*] 이러한 역설적 상황이 존재함을 지적한 모리스 알레의 이름을 따, 이를 알레의 역설이라고도 부른다.
프랑스 고등 엔지니어링 스쿨인 에꼴 폴리테크닉을 졸업한 알레는 중력장, 특수상대성이론, 그리고
전자기장이 결합된 효과를 검증하기 위한 실험을 8년간 수행하면서 몇 가지 이상 현상을 발견하기
도 했다.

전부다.

　나아가 더 심각한 것은, 심지어 서로 불일치하는 선택을 한 대다수의 사람들에게 독립성 공리를 자세히 설명해주고 난 후에도 선택이 별로 달라지지 않는다는 점이다. 일반적인 반응은 이렇다.

　"독립성 공리가 뭔지 충분히 알겠고, 그건 옳은 기준인 것 같아요. 하지만 그건 그거고, 내 선택은 여전히 A2와 B2 사이에서는 B2고, A3과 B3 사이에서는 A3이에요. 난 그게 합리적인 선택이라고 느끼는 걸요."

　하나의 원리로서 독립성 공리의 타당성은 거의 모든 사람이 인정하지만, 그들조차 실제 선택에서는 원리를 따르지 않는다는 사실. 과연 합리성이란 도대체 무얼까 하고 다시 한 번 생각하지 않을 수 없다.

알고 있는 악마를 선호한다는
불편한 진실

앞의 절에서 기대값 극대화에 관련된 역설 한 가지를 다룬 김에, 한 가지 더 얘기하자.

당신은 두 곳의 결혼정보회사를 놓고 고민 중이다. 업체 A를 선택하면 50%의 확률로 의사를 소개받고, 나머지 50%의 확률로 변호사를 소개받는다고 알려져 있다. 업체 B를 선택하면 의사 아니면 변호사를 소개받는 건 확실한데, 막상 의사가 몇 퍼센트일지 변호사가 몇 퍼센트일지는 전혀 알려져 있지 않다. 이러한 상황에서 업체 하나를 선택해야 한다. 이 사례가 나와 맞지 않는다고 생각하면, 약간의 상상력을 발휘해주시길. 기혼자의 경우라면 내 딸의 상황이라고 생각해주시고, 그래도 불편하면 두 주머니에 흰 공과 검은 공이 들어 있는 상황을 상상하시길.

이대로 얘기가 진행되면 너무 싱거울 수 있으므로, 상황을 약간 비틀어 보자. 당신은 한 가지가 아니라 두 가지 선택을 해야 한다. 업체 A와 업체

B 중 하나를 골라야 하고, 이어 의사와 변호사 중 하나를 골라야 한다. 특히 의사와 변호사 사이의 선택이 중요한데, 내가 선택한 직업과 결혼정보업체가 임의로 선택한 남자의 직업이 일치하는 경우에만 소개를 받을 수 있고, 만약 운이 없어서 일치하지 않으면 소개를 받지 못한다는 규칙이 있다고 하자.

이제 선택해보자. 논의의 편의를 위해, 먼저 나는 의사를 소개받기 원하는 사람이라고 가정하자. 이 상황에서 기대값 극대화 원칙을 구사한다면 어떻게 해야 할까? 의사를 소개받는 상태의 결과값을 1로 놓고, 그 외의 나머지 상황, 그러니까 변호사를 소개받거나 아무도 소개받지 못하게 되는 상태의 결과값을 0으로 우선 놓는다. 각 상태에 해당되는 확률을 곱해서 더하면 기대값을 얻게 되고, 이를 비교해서 결정을 내리는 거다.

업체 A를 택했을 때의 기대값은 쉽게 얻을 수 있다. 결과값이 1일 때의 확률이 50%이므로, 0.5가 된다. 이때 선택은 (A, 의사), 이렇게 해야 한다. (A, 변호사)로 선택하면 기대값은 자동으로 0이 된다.

문제는 업체 B다. (B, 의사)로 결정한 경우, 결과값은 업체 A와 마찬가지로 의사를 소개받는 상태일 때 1, 그 외는 0이다. 그런데 그다음 기대값을 구하려고 보면 확률이 정해져 있지 않다. 앞에 나온 대로 우리는 그 확률을 모르니까 기대값을 구할 재간이 없다.

알려져 있지 않다고 해서 주관적인 확률조차 갖지 못하는 건 아니다. 이론적 확률의 개념을 적용하여 의사일 확률 50%, 변호사일 확률 50%라고 생각할 수 있다. 어떤 사람은 의사일 확률이 변호사일 확률보다 작다고 생각할 수도 있고, 반대로 의사일 확률이 변호사일 확률보다 크다고 생각할 수도 있다. 그러한 판단은 전적으로 개인에게 달린 문제다.

확률이 같다고 생각하는 사람이 (B, 의사)를 선택하면 기대값은 0.5가 된다. 기대값 극대화의 관점으로 보자면, (A, 의사)와 (B, 의사)를 선택했을 때는 결과는 같다. 따라서 둘이 같다고 판단해야만 한다. 그런데 실제로 사람들에게 같은 질문을 하면, A와 B가 동등하다고 대답하는 사람은 매우 드물다. 그러니 확률이 같다고 생각할 경우는 무시하자.

다음으로 의사일 확률이 적다고 생각하는 사람을 생각해보자. 그런 사람들을 대표해서 김씨라고 부르자. 김씨가 B를 택했을 때의 기대값은 0.5보다 작다. 의사일 확률이 50% 미만이라고 생각하기 때문이다. 여기서 김씨가 생각하는 의사일 확률이 구체적으로 얼마인지는 문제가 되지 않음에 주목하자. 50%보다 작기만 하다면 김씨가 내리는 선택은 전적으로 같다. 따라서 김씨는 A를 택할 것이다. A를 택할 경우의 기대값은 0.5로 B를 택했을 때보다 크니까.

마지막으로 의사일 확률이 변호사보다 높다고 생각하는 사람을 생각해보자. 이들의 대표자를 이씨라고 부르자. 이씨라면, 반대로 B를 택할 것이다. 왜냐하면 B를 택했을 때의 기대값이 0.5보다 크기 때문이다. 여기까지는 아무 문제없어 보인다. 누가 김씨처럼 결정을 했고, 누가 이씨처럼 결정했는지를 잘 기록해 놓자. 선택을 관찰하면 거꾸로 그 사람의 주관적 확률을 알 수 있다고 앞에서도 얘기했다.

문제는 지금부터다. 김씨와 이씨가 선택을 마친 상황에서, 결혼정보업체가 임의로 신랑감을 선택하여 보여주기 전에, 추가적인 질문을 다시 하는 거다. 김씨는 A를 택했고, 이씨는 B를 택했음을 기억하자. 추가적인 질문은 이렇다. 앞의 상황과 규칙을 그대로 유지한 상태에서 단 한 가지만 바꾸는 거다. 아까는 나와 결혼정보업체의 선택이 같을 때에만 소개를 받을 수 있었다. 그런데 새 규칙에서는 정반대로 나와 결혼정보업체의 선택이 다를 때에만 소개받을 수 있고, 같으면 소개받지 못한다. 가령 내가 변호사를 고르고 업체가 의사를 고른 경우, 나는 업체가 고른 의사를 소개받는 거다. 반대로 나와 업체 모두 의사를 고른 경우, 나는 아무도 소개받지 못한다.

김씨와 이씨가 기대값 극대화를 한다면 이번에는 어떤 결정을 할까? 아까 A를 택했던 김씨는 이번에는 B를 고르는 게 마땅하고, 아까 B를 택했던 이씨는 이번에는 A를 고르는 게 마땅할 테다. 왜냐하면 아까 A를 고른 김씨는 업체 B가 의사를 추천할 확률이 50%보다 낮다고 생각했고, 아까 B를 택한 이씨는 업체 B가 의사를 추천할 확률이 50%보다 높다고 생각할 테니 말이다. 예를 들어, 김씨가 B를 택하고 변호사를 택하면 의사를 소개받는 기대값이 0.5보다 커진다.

그런데 참으로 난처한 일은 실제로 물어봤을 때, 김씨들은 이번에도 A를 고르는 경우가 태반이고, 이씨들도 적지 않게 B를 다시 고른다는 점이다.[*] 김씨들이 아까는 B의 의사 확률이 50% 미만이라고 생각했다가, 이번에는 50% 초과라고 생각했을까? 그건 별로 설득력 있는 설명은 못 된다. 지금까지 의사를 소개받길 원하는 사람의 관점으로 설명했지만, 대칭의 원

---

[*] 이러한 사실을 지적한 다니엘 엘스버그의 이름을 따, 엘스버그의 역설이라고도 부른다. 하버드대 박사인 엘스버그는 랜드 코퍼레이션에서 일할 때, 미 국방부가 월남전에서 깨끗하지 못한 행적이 있었다는 비밀을 미 상원과 언론에 고발하여 고초를 겪기도 했다.

리에 의해 변호사를 원하는 사람의 경우에도 정확히 똑같은 얘기가 성립됨을 주목하자.

좀 더 그럴 듯한 설명은, 사람들이 기대값 극대화를 통해 결정하고 있지 않은 듯하다는 거다. 실제로 대부분의 사람은 김씨와 같은 선택을 하고, 이씨와 같은 사람은 소수다. 대상과 장소를 달리한 반복된 실험에서도 위와 같은 경향은 보편적으로 관찰된다. 그러니까 사람들이 언제나 기대값 극대화를 바탕으로 선택할 거라는 기대는 접어두는 편이 좋을 듯하다.

사람들의 이러한 경향을 지적한 사람 중에 20세기 초반의 존 메이너드 케인스가 있다. 케인스가 공무원으로 일하면서 경제에 대한 책을 쓰기 한참 전 확률에 대한 책을 하나 썼는데, 그 책에 보면 우리가 살펴본 내용을 연상시키는 얘기가 나온다. 일부 사람들은 위 경향에 대해, 알고 있는 불확실성과 아예 막막한 불확실성이 있으면 후자보다 전자를 택한다고 설명한다. 조금 비약하자면, 한 번 만난 적이 있는 악마가 아예 만나본 적 없는 악마보다 더 나으리라고 여긴다는 거다.

희망적인 얘기는 아니지만, 그렇다고 지레 포기할 일은 아니다. 우리가 때로는 온전히 합리적이지 않다는 것을 아는 것은, 언제나 합리적일 거라고 스스로를 기만하는 것보다 훨씬 낫다. 자기 자신을 제대로 아는 데서 모든 것은 시작되기 때문.

딸기잼 종류의 수와
행복의 상관관계

얘기가 나온 김에 약간 우울한 얘기를 한 가지만 더 하겠다. 앞에서 대안의 철저한 발굴이 중요하다는 얘기를 한 걸 기억하는지? 대안이 하나만 있다면 그건 복종의 의무만 존재하는 노예와 다를 바 없다고 했다. 선택할 수 있는 대안의 수가 많아지면 사람들이 행복해할 거라고 보통은 여긴다. 마찬가지로 정보가 많을수록 더 좋은 의사결정을 내릴 수 있다고 생각한다. 그러나 이 말은 반쯤만 맞고 반쯤은 빗나간 얘기다.

대안이 너무 많으면 사람들이 오히려 혼란스러워하고 덜 만족스러워 한다는 보고가 계속 쌓이고 있다. 예를 들자면 이런 식이다. 한 그룹의 사람들에게는 여섯 종류의 딸기잼을 원하는 대로 시식할 수 있게 하고, 다른 그룹의 사람들에게는 앞의 여섯 종류를 포함한 스물네 종류의 딸기잼을 원하는 대로 맛 볼 수 있게 한 후, 구매 패턴을 관찰했다. 그랬더니 선택할 수 있는 대안이 많았던 두 번째 그룹 사람들의 구매 행위에 대한 만족도가 떨어지고 오히려 덜 구매하더라고 한다.

정보에 관해서도 마찬가지다. 한 그룹에게는 여섯 가지 정보만을 주고, 다른 한 그룹에게는 서른 가지의 정보를 준 후, 보고서를 작성하게 했다. 그 랬더니 웬걸, 여섯 가지 정보만을 받은 그룹이 훨씬 설득력 있는 보고서를 작성하더라는 거다. 다른 예도 있다. 돈을 걸고 우승마를 맞추는 경마 도박 사들에게 도박에 필요한 다양한 정보를 제공했다. 그런데 정보량이 어느 선 을 넘자 오히려 경마 베팅 결과가 나빠지더라는 것이다.

대안의 수와 정보량이 많을수록 좋다는 건 원론적으로는 정답이나 현실 적으로는 꼭 그렇지만은 않다는 얘기다. 한계 없는 자유와 방종이 이상향이 기보다는 지옥이 될 수도 있는 것처럼. 그렇기 때문에, 대안과 미래상태의 수를 무작정 늘리기 보다는 점진적으로 하나씩 늘려가는 게 신중한 태도가 아닐까 싶다.

완벽하지는 않지만 어쨌거나 기대값 극대화 원칙은 여전히 합리적인 의 사결정의 최고 카드 중 하나다. 빈도적 확률이든 이론적 확률이든, 혹은 주 관적 확률이든 크게 상관없다. 내가 옳다고 믿는 확률을 쓰면 그것으로 충 분하다. 단, 다음과 같은 일은 자제해야 한다. 처음에 확률을 정해서 기대값 을 구해 놓고는 원하는 답이 안 나왔다고 갑자기 확률 등을 바꾸는 일 말이 다. 이게 주관적 확률을 믿을 수 없다고 주장하는 사람들의 단골 메뉴다. 그 런데 그건 빈도적 확률도 마찬가지다. 원하는 결과가 나오도록 데이터를 골 라 수집하는 관행이 없다고 얘기하기는 어렵다. 어느 쪽이든 스스로 정직함 과 엄격함을 유지하는 게 관건이 아닐까 싶다.

빈도적 확률과 이론적 확률을 선호하는 사람들을 한 그룹으로 묶어 고

전파라고 부르고 주관적 확률에 더 가치를 두는 사람들을 한 그룹으로 묶어 베이스파라고 부르면 좋은 대조가 된다. 고전파가 겉으로 보이는 객관성에 방점을 둔다면, 베이스파는 직관과 경험의 융합을 원한다. 고전파가 논리적으로 남들을 설득하려는 쪽이라면, 베이스파는 스스로 의사결정을 내리려는 쪽이다. 결론적으로 실수할 가능성을 낮추고 싶거나 충분한 양의 데이터가 확보되어 있다면 고전파의 목소리가 커지고, 제한된 정보와 가정을 잘 결합하여 효율적 선택을 하길 원한다면 베이스파의 실행이 빛난다.

확률이 틀림없다고 하더라도, 기대값 극대화 원칙을 적용하기엔 곤란한 상황도 분명히 있음을 인식하자. 특히, 단 한 번의 결정적인 선택을 해야 하거나 매회 선택이 너무나 심각한 결과를 초래할 수 있는 경우 사용을 자제하는 편이 낫다. 예로서, 다음의 두 대안 중 하나를 택해야 하는 상황에 처해 있다고 하자. 첫 번째 대안을 택하면 아무 일도 벌어지지 않는다. 반면 두 번째 대안을 택하면, 주사위를 던져서 1이 나오면 당신의 전 재산의 여섯 배를 받고, 나머지 눈이 나오면 당신의 전 재산을 모두 잃는다고 하자. 전 재산을 잃는 상황이 실감이 나지 않는다면, 러시안 룰렛*을 하는 거라고 생각해도 좋다.

첫 번째 대안의 기대값은 0이고, 두 번째 대안의 기대값은 당신의 전 재산의 1/6이다. 기대값 극대화에 의해 결정하면 두 번째 대안을 택하는 게 합리적이다. 허나, 그런 결정을 내리는 건 실로 무모한 일이다. 여섯 명 중

---

* 러시안 룰렛이란 여섯 발 장전할 수 있는 회전식 탄창을 가진 권총에 한 발의 총알만 넣고 스스로의 머리에 대고 방아쇠를 당기는 도박이다.

다섯 명은 주사위 한 번 던지고 전 재산을 잃기 때문. 다른 각도로 이 상황을 보충 설명하자면, 기대값을 가지고 결정을 내릴 때 결과값의 분포가 넓지 않다면 괜찮지만, 모 아니면 도 식의 이른바 두꺼운 꼬리를 갖는 분포라면 기대값 극대화는 실로 위험한 도구가 될 수 있다.

하나의 가상적 상황을 제시하면서 이 장을 마칠까 한다. 한국시리즈 7차전 9회말 투아웃 만루에, 점수는 3대 3 동점, 투 스트라이크 쓰리 볼 상황이고, 당신은 팀의 등판 가능한 마지막 투수로서 마운드에 올랐다. 타석에는 올시즌 타격왕을 차지한 좌타자. 관중들의 함성은 떠나갈 듯하고 내 머릿속은 하얗기만 하다.

내 주무기는 두 가지, 포심 패스트볼과 체인지업이다. 포심 패스트볼의 피안타율은 2할1푼6리로 준수한 편인 반면, 체인지업의 피안타율은 2할6푼3리로 포심보다 높다. 한편 상대 타자의 직구 상대타율은 3할3푼4리로 본인의 시즌타율 3할1푼7리보다 높고, 체인지업 상대 타율은 2할7푼2리로 비교적 낮다. 올 시즌 동안 총 열여섯 번의 타석 동안 상대한 결과는 14타수 4안타로, 사이 좋게 포심 던지다 두 번, 체인지업 던지다 두 번 안타를 맞았다. 그리고 아직 실전에 써먹어본 적 없는 필살의 무기로 너클볼이 있다. 네 번 던지면 세 번 정도 스트라이크를 잡을 정도로 연마했지만, 사람들은 내가 연습해왔다는 사실조차 모른다.

당신이라면 무슨 공을 택할 것인가? 기대값 극대화는 이런 경우에도 쓸 수 있을까?

3장

금융시장에서
옵션 행사하기

인시아드 진학에 얽힌
뒷얘기

내가 가장 흔하게 듣는 질문은 전공이 뭐냐는 거다. 이 질문에 주저함 없이 나는 여러 개라고 답한다. 그리고 간략하게 각각에 대해 얘기한다. 질문자의 대부분은 이 대답에 별로 만족 못하는 눈치다. "그게 아니라, 대학 때 무슨 과를 나왔어요?" 하고 재차 묻는 걸 보면 말이다. 학부를 졸업한 후 세 군데 학교를 더 다녔고, 여러 분야의 실무 경험을 갖고 있지만 오직 전공만 관심의 대상이 되는 모양이다.

이런 질문에 대답하는 건 전혀 어렵지 않지만, 가끔 받는 다음의 질문은 다소 대답하기 까다롭다. 최종 학력을 묻는 질문 얘기다.[*] 기술적으로 보자면 박사라고 답하는 게 맞고, 또 그렇게 답하고 있다. 그런데 '최종'이라는

---

[*] 참고로, 영어로 이런 질문을 할 때는 '최고 교육 수준(highest level of education)'이라는 표현을 쓴다. 하지만 이런 질문을 하는 경우란 정말 드물다.

단어가 마음에 꺼림칙하다. 최종을 문자 그대로 받아들인다면, 내 최종 학력은 마지막에 다닌 비즈니스스쿨의 MBA일 테다. 그렇지만 그렇게 대답하면 실수다. 질문자의 진정한 의도가 마지막에 다닌 학교가 어딘지를 묻는 게 아니기 때문. '전공'과 '최종 학력'이라는 단어의 이면에는, 공부할 분야를 학부 때 정하고 나면 그걸 바꾸는 게 비정상적이라는 생각이 도사리고 있다. 마치 하나의 신분인 것처럼. 이처럼 별 의미 없이 쓰는 단어 하나에도 주관적인 가치판단이 내재되어 있기 마련이다.

어쨌거나 시간적으로 가장 최근에 내가 다닌 학교는 인시아드라는 비즈니스스쿨이다. 비즈니스스쿨은 경영 기술을 가르치는 대학원으로, MBA라는 학위를 주는 것을 주업으로 한다. 학부에서 경영을 가르치지 않는 게 보편적인 미국에서 경영을 배우려면 직장 생활을 최소 몇 년 한 후에 비즈니스스쿨에 지원해 2년간의 과정을 밟아야 한다. 정규 학위 과정이 아닌 만큼 논문을 쓰지 않는 게 일반적이며, 중간 관리자 혹은 그 이상의 경영자가 되는 데 도움이 될 만한 여러 가지 내용을 배운다.

하지만 비즈니스스쿨 지원자들의 대부분은 막상 배우는 내용에는 큰 관심이 없다. 그들의 제일가는 관심사는 자신이 가게 될 학교의 랭킹이 어떻게 될 것인가와 MBA 후 어떤 직장을 잡을 것인가 딱 두 가지다. 2년간 1억 원을 상회하는 교육비와 그 기간 동안 직장 생활을 했더라면 벌 수 있을 연봉 등을 생각하면 사실 이해가 안 가는 것은 아니다. 게다가 대개의 비즈니스스쿨은 대도시에 있기 때문에 생활비도 만만치 않게 든다. 그렇기에 MBA 취득을 목표로 비즈니스스쿨에 가겠다는 결정은 결코 쉽게 내릴 수 있는 결정은 못 된다.

내가 비즈니스스쿨에 가면 좋겠다고 처음으로 생각한 건 박사과정 때였다. 보통의 박사과정 유학생들이 그렇듯, 미국으로 건너올 때의 희망은 기계공학을 가르치는 교수가 되는 거였다. 그런데 1년 정도 과정을 밟다 보니, 세상에 대한 눈이 확 떠지는 걸 느꼈다. 같이 생활하고 강의를 들은 대학원 친구들도 하나같이 장난이 아니었고, 세상에나 어떻게 저런 사람이 있을까 싶을 정도로 교수진도 훌륭했다. 우연히 마주친 금융 분야에 대한 호기심도 한몫했다. '이건 내가 못할 일은 아닌데…' 하는 생각으로, 이에 대한 청강과 독학을 본래의 연구와 병행했다. 기계공학에 흥미를 잃었다기보다는, 기계공학을 넘어서 더 열심히 살아야겠다는 생각이 들었다. 비즈니스스쿨 지원할 때 필요한 GMAT 시험도 그때 이미 봐 두었다.

3년 반 만에 박사학위를 취득하고, 국내로 돌아와 직장 생활을 하면서 틈틈이 지원 준비를 했다. 아무래도 2년의 MBA 과정은 결심하기가 쉽지 않았다. 그러다 우연한 기회에 유럽에서 최고로 쳐준다는 인시아드에 대해 듣게 됐다. 세계 최초의 벤처 캐피털리스트였던 조지스 도리옷이 1957년에 설립한 이 학교는 유럽 최초의 비즈니스스쿨이기도 했다. 특히, 마음이 끌렸던 부분은 1년 과정의 MBA 프로그램을 운영한다는 점이었다. 영어를 포함한 세 개 언어를 해야 한다는 졸업 요건과 2년 걸려 배울 내용을 1년 안에 마치기 위해서 학생들을 아주 잡는다는 소문은 분명 부담스러웠다. 하지만 그 학교에 대해 알아볼수록 더 관심이 갔다. 지원을 결심하고 서류 및 인터뷰 등 지원 과정을 밟았다. 운이 좋은 탓에 용케도 입학 허가를 받게 되었다.

하지만 비즈니스스쿨에 지원 준비를 할 때부터, 주위 사람들은 다음과 같은 말로 말리려 했다.

100

"지금 네 나이에 MBA 해봐야 경력에 아무런 도움도 되지 않는다."

"네가 뭘 몰라서 그러는데, 파이낸스 분야는 암묵적인 나이 제한이 있어서, 이전 재무 경력 없는 상태로 만 30세가 넘으면 인시아드가 아니라 인시아드 할아버지여도 소용 없다."

"돈 낭비에 시간 낭비일 뿐이다."

한마디로 미친 짓이라는 반응들이었다. 백이면 백, 모두 한 목소리였다. 누구든 "그래, 해볼 만한 일인 것 같아. 잘 결정했어."라는 얘기를 해주지 않을까 기대해보기도 했지만, 그런 얘기를 해주는 사람은 단 한 명도 없었다.

그들 말에도 일리가 없지는 않았다. 30대 후반을 바라보는 나이에 MBA를 했다고 해서 사람들이 가고 싶어 하는 투자은행이나 컨설팅회사에 덜컥 취직될 것 같지는 않았다. 그런 경우가 아예 없지는 않아도 굉장히 드물다는 사실 정도는 충분히 알고 있었다. 회사에서도 만류하는 분위기였다. 입학 허가를 받았다고 알리자, 감사하게도 무척이나 아쉬워해주셨다. 나중에는 휴직하고 다녀오는 게 어떻겠느냐고 먼저 제안할 정도였으니까. 그렇다고 경제적으로 넉넉해서, 심심풀이 삼아 과정을 밟을 입장도 전혀 아니었다. 학비와 생활비를 감당하느라 빚을 져야 했고, 그걸 다 갚는 데 졸업 후 3년이 걸렸다. 누가 보더라도 미친 짓이었다.

모두가 만류하는 일을 감행하기로 결정하면서, 의외로 내 맘은 담담하고 편안했다. 다들 잡 오퍼를 받지 못해서 안달이던 MBA 과정 중에도 마찬가지였다. 급기야 외국인 동기 중 몇 명이 찾아와 나한테 물을 정도였으니까. 어떻게 혼자 그렇게 신비로운 미소를 짓고 있을 수 있냐고.

내 생각은 단 한 가지였다. 인시아드 졸업 후, 남들이 좋다는 곳에 들어

가지 못할 가능성이 거의 0에 가깝다는 건 알고 있었고, 그에 대한 비현실적인 기대는 없었다. 다시 원래의 회사로 돌아가거나 아니면 보통 인더스트리라고 분류하는 회사 어딘가로 가야 할 가능성이 높았고, 그런 경우 들인 돈을 몇 년 내에 갚을 희망은 없었다. 그렇지만 MBA 과정을 마치고, 10년이나 20년 뒤, 그러니까 내 나이 쉰과 예순일 때를 생각해보면, 어떻게 생각하더라도 절대 손해볼 일은 아닐 것 같았다.

남들이 알아주는 과정을 밟음으로써 얻게 될 인정, 1년간 전 세계 각국에서 모여든 야심 많고 똑똑한 이들과 지내면서 얻게 될 경험, 그리고 "넌 금융이 뭔지 모르잖아!" 하는 소리를 더이상 듣지 않아도 될 거라는 점 등, 시간이 갈수록 빛을 발할 가능성이 눈에 보였다. 당장의 이익 가능성은 거의 없다시피 하지만, 과정 후 지금 내가 모르는 새로운 가능성이 송이송이 열릴 여지가 충분하다고 '믿었다.' 이 고개를 넘지 않으면 다음에 무슨 길이 펼쳐질지 알 재간이 없으니, 한번 가보기라도 하자고 생각했다. 설혹 그 모든 가능성이 열매를 맺지 못하고 다 시들어버릴지라도, 내 평생 언제 유럽에서 1년 살아볼 수 있겠나. 그것만으로도 후회는 없다는 생각도 했다.

삶은 오묘한 것이어서 인시아드 졸업 시점까지 나는 두 개의 오퍼를 받았다. 둘 다 투자은행으로부터였다.

선택할 권리,
선택하지 않을 권리

눈치챈 독자도 있겠지만, 옵션에 대한 얘기가 이 장의 주제다. 되도록 금융시장에 대한 직접적인 언급을 이 책에서는 하지 않으려는 게 당초 계획이었다. 그런데 옵션 얘기를 하면서 금융 얘기를 피해 가기는 곤란하다. 그렇다고 모두를 얼어붙게 만드는 옵션 수학 얘기를 늘어 놓기는 더더욱 곤란하다. 이 장에서만큼은 금융에 대한 얘기를 어느 정도 하면서, 의사결정에서 옵션의 중요성과 이에 관련된 여러 측면들을 살펴보자는 게 고심 끝의 결론이다.

옵션 하면 사람들마다 제각기 다른 대상을 연상한다. 재무 이론을 접해 본 사람이라면 금융 옵션을 떠올리기 십상이다. 반면 자동차 업계 종사자, 특히 자동차 세일즈맨과 차 구매를 심각하게 고려 중인 사람들에게는 넣거나 뺄 수 있는 선택 사양을 의미한다. 애플의 맥 컴퓨터를 좋아하는 사람이라면, 아마도 단축 키 사용시 필수적인 옵션 키가 연상될 것 같다.

다양한 분야에서 그 말이 사용되지만 공통적인 개념은 분명히 존재한다. 선택할 수 있는 권리, 혹은 선택권의 의미가 옵션이라는 단어의 핵심이다. 심사숙고해서 결정한다는 뜻의 영어 동사 opt와 관련된 명사라는 걸 생각하면 그 의미가 잘 다가온다.

옵션이라는 단어는 너무나 익숙하지만 선택권이라는 단어는 뭔가 낯설게 느껴진다. 오죽 선택권이라는 말이 잘 쓰이지 않으면, 어떤 영어 사전에는 option의 우리말 뜻으로 '옵션'을 적어 놓았겠는가. 금융 옵션이 우리나라에 도입될 때, 금융 선택권 혹은 다른 적절한 말로 잘 번역돼 들어왔다면 더 좋았으리란 생각도 해본다.

선택권이라는 말을 음미해보자. 글자 그대로 보면 '선택할 수 있는 권리'다. 원하지 않으면 선택하지 않아도 된다. 선택할 수 있는 권리는 동시에 선택하지 않을 권리이기도 하니까. 이 두 가지 표현에 옵션의 진정한 의미와 의의가 다 담겨 있다.

권리는 기본적으로 좋은 것이다. 허용된 한도 내에서 내가 누릴 수 있는 것이기 때문이다. 한편, 권리에 반대되는 개념으로 의무가 있다. 내가 누군가에게 권리를 행사할 수 있다면, 그 말은 그 누군가는 나에 대해 의무를 지고 있다는 말과 같다. 진공 상태에서 권리가 홀로 존재하는 경우란 없다. 나에 대한 의무를 갖고 있는 사람이 그 의무를 부인한다면? 그런 경우 내 권리를 강제할 수단이 존재하지 않는다면 난감한 상황에 처하게 된다.

말하자면 내가 누리는 권리는 대개 누군가로부터 온 것이기 쉽다. 가장 대표적인 예가 국가와 개인의 관계다. 역사적으로 과거 전제군주는 신민들에게 갖가지 의무를 부과하는 대신, 외국이나 내부 침탈로부터 보호받을 권리를 부여했다. 그때 의무와 권리의 교환관계가 전적으로 대등한 것이었다고 보기는 물론 어렵다. 근대에 들어 법치주의가 확립되면서 전제적 의무가 법적 의무로 대치되었지만, 기본 성격은 여전하다. 현대 민주사회에서 개인의 권리가 질적, 양적으로 향상된 것도 틀림없는 사실이긴 하다.

어찌 보면, 옵션 혹은 선택권이라는 개념 자체를 약간 터부시하는 문화가 우리에게 있다. 부과되는 의무에 상응하는 권리를 주장하는 걸 백안시하고 부담스러워한다. 상당 부분 이는 역사적 유산 탓이다. 알아서 하도록 내버려둔 적이 한 번이라도 있었나 생각해보면 별로 긍정적인 답이 나오질 않는다. 그런데 중요한 점이 있다. 바로 이런 선택권, 즉 권리는 원래 저절로 주어지는 게 아니라는 점이다. 가만히 있는데 요정이 나타나서, "여기 있소!" 하고 덥석 먹여주는 일은 없다. 권리는 오로지 요구를 통해 쟁취할 사항이라는 거다. '우는 놈 떡 하나 더 준다'는 옛말이 의미하는 것처럼.

그렇기에 의사결정에서 옵션의 존재 여부는 굉장히 중요하다. 옵션을 발굴해서 가질 수 있다면 마땅히 가져야 한다. 사실 조금만 고개를 돌려 찾아보면 삶에는 수많은 옵션이 존재한다. 뭔가를 선택할 권리, 혹은 선택하지 않을 권리가 나에게 있음을 깨닫는다면 우리의 의사결정은 훨씬 풍요로워진다.

이와 관련된 대표적인 예가 바로 협상이다. 삶 자체가 협상의 연속이라고 볼 수 있을 정도로 우리 삶에서 협상은 중요하다. 이 협상의 기술을 비즈니스스쿨에서는 굉장히 중요한 과목으로 가르친다. 협상술은 크게 두 가지 분파로 분류되는데, 한 분파는 협상을 싸워 이겨야 하는 대결로 바라보는 시각을 갖고 있고, 다른 분파는 협상을 공동 문제 해결의 장으로 인식한다. 어느 쪽 시각을 가질 것인가는 물론 각 개인의 선택이자 옵션이다. 그렇지만 어느 분파든 공통으로 인정하는 내용이 한 가지 있다. 바로 배트나 (BATNA)*다.

배트나는 현재 협상 상대와 체결 가능한 방안을 제외한 나머지 대안 중에 제일 나은 대안을 의미한다. 협상에 임할 때 나의 배트나가 무엇인지 아는 것은 매우 중요하다. 왜냐하면 배트나가 내 협상력의 거의 전부이기 때문이다. 가령 돈 100만 원을 빌린다고 하자. 한 은행에 물어봤더니, 이자율이 연 6%라고 한다. 그런데 내가 돈을 빌릴 수 있는 곳이 그 은행밖에 없다면, 이자율을 조금 낮춰 달라는 내 요구가 거부되었을 때 별다른 대안이 없다. 울며 겨자 먹기로 받아들일 수밖에 없다. 하지만 다른 은행은 연 5.9%로 빌려줄 의향이 있다고 한다면, 나는 당당하게 먼저 은행한테 연 5.9% 이상의 이자율을 받아들일 수 없노라고 요구할 수 있다. 첫 번째 은행이 싫다고 하면 두 번째 은행과 거래를 하면 되니까.

두말할 필요 없이 이러한 배트나는 나에게 유리한 조건일수록 좋다. 그리고 재삼 재사 얘기하지만, 좋은 배트나는 저절로 하늘에서 뚝 떨어지지 않는다. 내가 노력해서 찾아야 한다. 그렇게 찾아 놓은 배트나는 당신의 소중한 권리이자 옵션이다.

이 책에 나오는 세 단어 대안, 옵션, 선택은 우리말에서 서로 조금씩 다른 의미로 느껴진다. 하지만 영어의 alternatives, options, choice는 사

---

* Best Alternative To a Negotiated Agreement의 알파벳 앞 자를 모아서 만든 두문자어 (acronym)다.

실 다 같은 뜻이다. 상호간에 자유스럽게 바꿔 쓸 수 있는 단어란 얘기다. 군이 차이를 얘기하면, alternatives가 가장 격식 있고, 그다음이 options, 가장 허물 없는 단어가 choice라는 정도? 세 단어 중 하나를 고를 수 있는 선택권이 당신에게 있다면 무얼 택하겠는가? 그것 또한 당신의 대안, 옵션, 그리고 선택.

옵션의 가치
또는 가격을 구하는 방법

의사결정에서 옵션이 소중하다는 사실은 이제 충분히 알았으리라. 이제는 그 옵션이 '얼마나' 소중한지에 대해서 알아보자. 옵션의 가치 혹은 가격을 어떻게 구할 수 있는지를 생각해보자는 거다.

출발점은 앞에서와 마찬가지로 미래상태가 불확실하다는 데에 있다. 지금은 확실하지 않지만, 나중에 미래상태가 나한테 유리해지면 옵션 권리를 행사한다. 반대로 미래상태가 나한테 불리해지면 그 권리를 내버려 둔다. 옵션을 갖고 있다면 내 의사에 따라 선택하지 않을 권리가 나에게 있기 때문이다.

예를 들어, 어떤 벤처회사에 투자할지 말지를 결정해야 하는 상황을 생각해 보자. 당장 보기엔 회사가 생긴 지도 얼마 안 되었고, 뚜렷한 매출도 없다. 그러니 당연히 적자 상태다. 그렇지만 핵심 창업멤버들의 면면을 보면 가능성도 있어 보인다. 특히 창업자 CEO의 사람 됨됨이나 열정은 남다르다.

이때 당장 회사 주식 전체의 10%를 갖는 대신 1억 원을 투자해야 한다고 해보자. 맞을지 틀릴지 알 수 없지만, 이 회사가 1년 후에 100억 원 가치의 백조로 탈바꿈할 확률이 5%라고 생각했다고 하자. 반대로 이 회사가 구상한 비즈니스 모델이 별볼일 없는 것으로 판명되어 망할 확률은 95%라고 하자. 이런 성격의 회사 스무 개가 있으면 하나 정도가 성공하고, 나머지 열아홉 개는 망한다는 뜻이다.

1년 뒤 회사 가치를 계산하면, 5% 곱하기 100억 원이니 5억 원이라는 기대값이 나온다. 여기에 내가 소유할 주식의 비율 10%를 곱하면, 5천만 원으로 계산된다. 그러니까, 지금 1억 원을 투자해 주식 10%를 사면, 1년 후에 평균적으로 5천만 원이 된다는 얘기다. 투자한 돈이 반토막 난다. 기대값 극대화를 신뢰한다면, '이 벤처회사에 대한 투자, 안되겠네.' 하고 접을 상황이다.

그런데 지금 1억 원 전체를 투자하지 말고, 조금 다른 방식으로 투자를 한다고 생각해보자. 우선 2천만 원을 투자해 주식 1%를 받고, 1년 후에 필요하면 나머지 8천만 원을 마저 투자하여 주식 4%를 더 받는 걸로 계약을 맺었다고 하자. 그러니까 내가 투자하게 될 총 금액은 1억 원으로 처음과 같고, 대신 잘되면 나는 100억 원짜리 회사의 주식 5%를 보유하게 된다.

이 경우의 내 주식 가치는 5억 원이다. 아까는 무조건 회사 주식의 10%를 보유하고 있었기에 10억 원 가치였다. 새로운 방식을 택하면 투자 수익이 적어보인다. 그렇지만 그건 잘됐을 때만을 놓고 하는 얘기고, 회사가 망했을 때는 전혀 다른 얘기다. 아까는 1억 원의 손해를 입고 말지만, 이번에는 2천만 원 손실로 끝나기 때문이다. 결과적으로 금쪽 같은 돈 8천만 원을 지킬 수 있다.

더 결정적인 사항은 현재 시점의 기대값이다. 1년 동안 이자가 없다는 가정하에서 이를 한번 구해보자. 1년 뒤에 무슨 일이 벌어지든 2천만 원은 내 손을 떠난다. 그다음, 회사가 잘되면 8천만 원을 추가 투자하여 주식 5%를 갖고 있게 되므로, 주식 가치는 5억 원이고 내가 번 돈은 5억 원 빼기 8천만 원인 4억2천만 원이다. 반대로 회사가 망하면 나는 더이상 추가 투자할 이유가 없고, 따라서 1%의 내 주식 가치는 어쨌거나 0이다. 확률 5%를 4억2천만 원에 곱하면 1년 후의 주식 가치의 기대값은 2천100만 원이다. 그런데 2천만 원이라는 돈이 처음에 내 수중에서 빠져나간 것을 감안해야 한다. 2천100만 원에서 2천만 원을 빼면, 결국 최종 이익의 기대값은 100만 원이다. 아까와는 달리 평균적으로 이익을 볼 수 있는 투자 기회라고 판단할 수 있다.

똑같은 회사임에도 첫 번째처럼 투자하면 평균적으로 손실을 입지만, 두 번째처럼 투자하면 평균적으로 이익을 얻게 됨에 주목하자. 두 대안의 결정적인 차이는 옵션의 유무다. 첫 번째 대안에는 옵션이 없지만, 두 번째 대안에는 옵션이 있다. 바로 1년 후 회사의 흥망여부를 보고 8천만 원의 추가 투자 여부를 결정할 수 있는 옵션이다. 이렇게 내 의사결정에 옵션을 집어넣을 수 있다면, 그에 따른 선택의 유연성으로 인해 추가적인 가치를 만들어낼 수 있다.

이 방식을 이해하면, 옵션 가치를 구하는 방법의 반 이상은 이해한 셈이다. 금융시장에서 거래되는 옵션들은 이것보다 훨씬 복잡하다. 그렇지만 기본 정신은 마찬가지다. 각각의 금융 옵션에는 상황을 지켜본 후 미래 시점에 특정 대안을 선택하거나 선택하지 않을 권리가 한 개 혹은 그 이상 내재돼 있다. 각각의 권리에 대해 가치의 기대값을 구함으로써 금융 옵션의 가격을 구할 수 있다.

누군가가 옵션 권리를 갖고 있다면, 다른 누군가가 그 권리에 상응하는 의무를 지고 있을 테다. 이들을 가리켜 옵션의 매도자라고 부른다. 언제나 옵션의 권리만 보유할 수 있다면 좋겠지만, 반대로 옵션의 의무를 지고 있는 경우도 없지 않다. 이런 경우에도 그 의무의 크기를 계산할 수 있을까? 물론 가능하다. 앞에서 한 것과 동일한 방식으로 접근하면 되기 때문이다. 내가 권리를 갖고 있다고 상상하여 그 가치를 구한 후, 그에 마이너스 부호를 붙이면 된다. 내 의무의 크기는 내 상대방의 권리의 크기와 같아야 하기 때문.

'의사결정에 옵션이 들어가 있는 경우가 있으면 얼마나 있겠어?' 하고 생각하는 독자가 있을지도 모르겠다. 그렇지만 알고 보면 깜짝 놀랄 정도로 많다. 특히, 금융에서는 거의 모든 것이 옵션이라 할 정도로 지천에 널렸다.

금융의 금 자도 모르는 사람도 아는 은행의 저축예금을 생각해보자. 저축예금에 가입하면 아주 적은 이자를 받는 대신 아무 때나 별도의 페널티나 수수료 부담 없이 돈을 찾을 수 있다. 이를 공식적으로 정의하면, 돈을 무한정한 기간 동안 맡겨 놓되 아무 때나 원하면 즉시 돈을 찾아올 수 있는 권리를 가입자가 갖고 있다. 가입자가 아무 때나 돈을 찾을 수 있다는 막강한 권리를 갖고 있기 때문에(은행 입장에서는 이게 골칫거리다), 은행은 아주 적은 이자만을 지급한다.

무슨 말이냐 하면, 그 권리는 공짜가 아니란 뜻이다. 1년 정기예금의 이자율이 연 2%이고, 저축예금의 이자율이 연 0.1%라면, 손실 없이 해지할 수 있는 권리의 가격은 연 1.9%라고 볼 수 있다. 가입자는 손실 없이 아무 때나 해지할 수 있는 권리를 갖기 위해 연 1.9%라는 돈을 내고 있다고도 볼 수 있다. 이렇게 보면, 저축예금의 핵심은 바로 그러한 옵션 자체다.

옵션에 대한 지금까지의 설명에서도 드러났지만, 좀 더 분명히 할 것이 하나 있다. 바로 옵션은 작든 크든 가치를 갖는다는 점이다. 옵션의 가치는 아무리 낮아도 0보다는 크거나 같다. 내가 권리를 갖고 있는데, 그게 나한테 손해될 일은 없음을 생각하면 당연한 일이다. 다만, 옵션의 실제 가치와 옵션을 가지기 위해 지불해야 하는 가격이 항상 동일하다는 보장은 없다. 저축예금에서 해지할 수 있는 옵션을 갖기 위해 연 1.9%나 지불할 가치가 있는지는 별개의 문제라는 얘기다.

이것 못지 않게 중요한 점은 옵션의 가치는 변할 수 있다는 점이다. 앞에서 든 벤처회사의 예로 돌아가보자. 처음에 2천만 원을 투자하고, 1년 후의 경과를 보고 추가로 8천만 원을 투자할 수 있는 옵션의 가치는 100만 원으로 계산되었다. 그런데 돌이켜 생각해보면, 그와 같은 계산에 5%의 성공 확률과 95%의 실패 확률이 결정적인 영향을 미쳤음을 알 수 있다. 만약 그 확률이 5% : 95%가 아니라 2% : 98%였다면 어떻게 됐을까? 당연히 그 옵션의 가치 또한 다르게 계산됐을 것이다. 나아가 현재는 5% : 95%라고 생각했지만, 시간이 좀 지난 후에 보니 10% : 90%로 성공 확률이 올라간 상황도 상상해볼 수 있다. 시간이 경과함에 따라 미래에 대한 불확실성이 변할 수 있고, 그에 따라 옵션의 가치와 가격도 변할 수 있다는 얘기다.

이쯤 얘기하면 의사결정에서 옵션의 가치를 결정하는 방법에 대해 한 가지 사항만 빼고는 대충 얘기를 다한 셈이다. 빠진 한 가지 사항은 일반인 이 군이 알 필요 없는 기술적인 내용이다. 그렇지만 금융 옵션에 대해서라 면 조금 얘기가 다르다. 그에 대한 얘기를 조금 보충하려 한다.

금융 옵션은 일반적인 옵션의 특수한 형태, 즉 부분집합이라고 볼 수 있 다. 금융 옵션은 일반적인 옵션과 구별되는 몇 가지 특징을 갖고 있는데, 다 음의 두 가지가 가장 결정적이다.

첫째는 금융 옵션 자체가 금융시장에서 거래된다는 점이다. 의사결정할 때 내가 갖고 있는 옵션이 어떤 가치를 갖고 있음은 틀림없는 사실이지만, 일반적으로 그걸 거래할 수는 없다. 지금 다니고 있는 직장의 발전 가능성 에 회의가 들어 1년 뒤에 회사를 그만둘 옵션을 생각해보자. 그 옵션이 나 한테 얼마의 가치가 되는지를 내가 계산해볼 수는 있겠지만, 그 옵션을 다 른 사람에게 사거나 팔 수는 없다. 시장에서 거래할 방법이 없기 때문이다. 이러한 일반적인 옵션에는 가치는 있지만 가격은 존재하지 않는다. 시장에 서 거래될 수 있는 것에만 가격이 존재할 수 있기 때문이다. 가격과 가치는 관련되어 있지만 동일하다는 보장은 없다. 반면, 금융 옵션은 실제로 시장 에서 거래되기 때문에 가격이 존재하고, 또한 그 가격을 관찰하는 것이 가 능하다.

둘째는 금융 옵션의 기초자산 또한 금융시장에서 거래가 된다는 점이 다. 기초자산이란 금융 옵션의 조건에 따라 사거나 팔 수 있는 대상을 말한 다. 주식이나 채권을 얼마에 산다든지, 얼마에 판다든지 하는 게 금융 옵션 의 일반적인 예인데, 여기서 주식이나 채권이 바로 기초자산이다. 무언가가 금융 옵션이 되려면, 금융 옵션 자체가 시장에서 거래가 되어야 할 뿐만 아니라, 기초자산도 시장에서 거래되어야 한다. 기초자산을 직접 거래할 방법이 없는 경우, 외관상으로는 금융 옵션처럼 보여도 금융 옵션이라고 볼 수 없다. 보험이나 도박 같은 것이 대표적인 예다.

위의 두 가지 조건이 만족될 때, 금융 옵션의 매수자나 매도자가 특정한 방식으로 기초자산을 거래하면 아주 짧은 시간 동안 기초자산 가격의 불확실성으로부터 영향을 받지 않게 된다. 여기서 특정한 방식으로 기초자산을 거래하는 것을 동적헤징이라고 부른다. 자세한 내용은 어려우므로 쉽게 설명할 방법이 없음이 못내 안타깝다.

100억 원짜리
강아지와 고양이

옛날 옛적에 조그만 나라가 하나 있었다. 그 나라에는 성이 각각 견씨와 묘씨인 두 명의 사람이 살았다. 견씨는 개를 두 마리 갖고 있었고, 묘씨는 고양이를 두 마리 갖고 있었다. 그 나라는 땅은 그렇게 크지 않았지만 기후가 온화하고 땅이 비옥하여 먹고 사는 데 큰 지장은 없었다. 두 사람은 크게 부족함이나 불편함 없이 살았다.

그러던 어느 날, 한 무리의 투자은행가가 이 나라에 들어오게 되었다. 그들은 견씨를 찾아와 부자로 만들어주겠노라고 호언장담하기 시작했다. 견씨는 무슨 소리인지 의아했다.

"부자로 만들어주겠다니, 그게 무슨 소리요?"

"선생님, 저희에게 일을 맡겨만 주시면 틀림없이 선생님을 어마어마한 부자로 만들어 드리겠습니다."

"허허, 그 무슨 뚱딴지 같은 소리란 말이오? 여긴 값어치가 있는 것이 별로 없는 곳이오."

"그건 걱정하지 않으셔도 됩니다. 저희는 이런 일에 최고의 전문가들이
거든요. 대신 저희가 벌어드린 돈의 2%만 나중에 보수로 주시면 됩니다. 저
희 말이 사실이 아닌 걸로 판명 나면 아무런 부담을 지실 필요가 없습니다."

"그게 정말이오?"

"그렇습니다. 저희만 믿으십시오."

고개를 갸우뚱할 일이었지만, 얘기를 들은 대로라면 큰 문제가 없는 것
같기도 했다. 처음에 내야 하는 돈도 없고, 손해볼 일 없다고 장담하고, 무엇
보다 큰 부자를 만들어준다는데 마다할 이유는 없을 것 같았다. 돈을 벌면
이익의 2%를 돈으로 주는 것도 문제될 것 같지 않았다. 자신에겐 98%의
이익이 남으니까. '밑져야 본전 아니겠어?' 하는 생각으로 계약서를 갖고 오
라고 얘기했다. 기다렸다는 듯이 투자은행가는 준비된 계약서를 내밀었다.
두툼한 계약서는 온갖 종류의 난해한 법률 용어로 가득했지만, 투자은행가
가 얘기한 조건만큼은 알아볼 수 있었다.

거래일	향후 결정 예정
평가일	거래일로부터 1년 후
기초자산	견씨 소유의 자산 (향후 결정 예정)
수익	수익 = max(0, 평가일의 기초자산 가격 − 거래일의 기초자산 가격)
보수	수익의 2%, 평가일 5일 후에 견씨가 투자은행에 지급

116

계약서의 수익은 바로 금융 옵션의 한 형태인 콜 옵션의 수익과 정확히 일치했다. 콜 옵션을 갖고 있는 사람은 기초자산을 미리 약속한 가격에 매수할 수 있으며, 그게 자신에게 불리할 때는 권리를 행사하지 않을 수 있다. 계약서의 수익 항목을 보면, 1년 후인 평가일의 가격이 지금보다 높으면 그 차이만큼 수익이 나고, 평가일의 가격이 지금보다 낮으면 수익은 0이 된다. 즉, 견씨가 콜 옵션을 갖게 되는 계약이었던 것. 보수가 수익의 2%로 정의되어 있기 때문에, 수익이 0인 경우 보수도 0이 됨을 확인한 견씨는 약간 들뜬 마음으로 계약서에 서명했다.

견씨가 계약에 대해 고민하는 사이에, 묘씨도 똑같은 설명을 들었고 묘씨 또한 긴가민가하는 마음으로 계약을 맺었다. 기초자산을 정해야 했는데, 둘 다 특별한 재산이 없는 관계로 견씨는 개를, 묘씨는 고양이를 기초자산으로 정했다.

계약을 맺은 후, 투자은행가들이 본격적으로 나섰다. 일반적인 개와 고양이의 통상적인 가격을 알아본 결과, 10만 원 정도라는 사실을 확인했다. 그리하여 거래일의 기초자산 가격은 견씨와 묘씨가 맺은 계약 모두 10만 원으로 결정됐다.

그다음 투자은행은 견씨의 개 한 마리를 20만 원에 사겠다고 했다. 어렸을 때부터 키워온 녀석이라 파는 게 꺼림칙했지만, 아무 걱정 말고 맡기만 달라는 투자은행가들의 재촉에 하자는 대로 했다. '이거 벌써 10만 원 벌었잖아.' 하며 쾌재를 부르고 싶은 마음도 슬며시 들었다.

투자은행가들은 그렇게 산 개를 데리고 묘씨에게 갔다. 견씨에게 한 것과 마찬가지로, 묘씨가 갖고 있는 고양이 한 마리를 20만 원에 팔라고 종용

했다. 묘씨 또한 견씨와 같은 마음에 거래를 받아들였고, 고양이를 넘기는 대신 20만 원을 받았다. 그러자 투자은행가들은 좋은 투자처가 하나 있다며 넌지시 말을 꺼냈다. 10만 원을 순식간에 벌었다는 생각에 기분이 좋아진 묘씨는 귀가 솔깃해졌다.

"그래, 그 좋다는 투자처가 무엇이오?"

"저희가 굉장히 특별한 종의 개를 하나 알고 있습니다. 시장에서는 100만 원을 호가하는 개인데, 저희의 탄탄한 글로벌 네트워크 덕에 이걸 좀 싸게 구할 수가 있었습니다. 내일 사시겠다고 하면, 특별히 40만 원에 드리도록 하겠습니다. 사시자마자 최소한 60만 원 이상의 이익을 거두시는 겁니다. 150%의 수익이 생기시는 거죠. 게다가 앞으로도 계속 가격이 올라갈 것 같다는 리서치 보고서도 얼마 전에 나왔습니다. 선생님께서 저희의 소중한 클라이언트시기 때문에 이런 기회를 드리는 겁니다."

"음, 그게 그렇게 귀한 거라면 관심이 안 가는 건 아니오만, 지금 나한테는 20만 원의 돈 밖에 없소."

"그건 걱정하지 않으셔도 됩니다. 지금 갖고 계신 고양이가 시가 20만 원이지 않습니까? 그걸 담보로 저희가 20만 원을 빌려드리겠습니다. 원래 이자가 조금 있지만, 선생님께서 워낙 저희의 중요한 고객이시니 특별히 이번 건에 대해서는 이자도 면제해드리겠습니다."

"그게 정말이오?"

"물론입니다. 걱정하지 않으셔도 됩니다."

그렇게 하여, 묘씨는 명목 상 40만 원을 주고 특별한 개 한 마리를 샀다. 처음엔 아무도 거들떠보지 않던 고양이만 두 마리 있었는데, 지금은 20만 원짜리 고양이 한 마리와 40만 원짜리 개 한 마리를 갖게 됐다. 투자은행가들은 견씨에게도 비슷한 제안을 했고, 견씨 또한 20만 원짜리 개 한 마리와 40만 원짜리 고양이 한 마리를 갖게 됐다. 견씨와 묘씨 모두 '재산이 불어나고 있는 걸.' 하는 생각에 뿌듯했다.

며칠이 지나자, 투자은행가들이 다시 나타났다. 견씨에게는 고양이 가격이 뛰었으니 80만 원에 팔아서 이익을 취하라고 제안하였고, 묘씨에게는 개 가격이 올랐으니 80만 원에 매도하라고 조언하였다. 그렇게 거래된 사실을 바탕으로, 견씨와 묘씨에게 각각 개와 고양이의 시장가격이 80만 원이 되었다고 알렸음은 물론이다.

거기서 멈출 이유가 없었다. 투자은행가들은 며칠 간격으로 나타나서 개와 고양이를 사고 파는 과정을 반복했다. 가격은 계속 올라갔다. 견씨와 묘씨는 자신들의 개와 고양이가 아주 특별하고 희귀한 종자들이라고 생각하기 시작했다.

그렇게 1년이 지나갔다. 개와 고양이의 시장가격은 100억 원에 달했다. 견씨와 묘씨 모두 200억 원대의 자산가가 되어 있었다. 투자은행은 1년 전에 맺은 계약대로 수익의 2%에 해당하는 2억 원의 보수를 달라고 요청했다. 현금이 부족한 견씨와 묘씨는 다른 은행으로부터 돈을 빌려 보수를 지급했다. 100억 원에 달하는 값비싼 동물을 두 마리씩이나 갖고 있으니 2억 원은 문제도 아니라고 생각했다.

결국 어떻게 됐느냐고? 견씨는 원래 키우던 두 마리의 개와 여전히 함께 살게 됐고, 묘씨도 원래의 고양이들과 함께 살게 되었다. 기르던 동물들을 칙사 대접하게 된 것 외에 두 사람 입장에서 특별히 바뀐 부분은 없었다.

아 참, 그리고 매년 2억 원에 대한 이자를 갚기 위해 농사를 더욱 열심히 지어야 했다는 점도 작은 변화라면 변화였다. 이처럼 금융 옵션의 세계에 불가능이란 없다.

변동성, 운,
그리고 막대한 부의 합리화

앞의 벤처회사의 예로 다시 돌아가보자. 옵션 가치를 결정짓는 두 가지 요소를 꼽으라면, 바로 1) 잘되면 얼마나 잘되는지, 2) 그렇게 잘될 확률은 얼마나 되는지의 두 가지로 정리할 수 있다. 의사결정에서 옵션의 영향과 가치를 생각할 때 이 두 가지는 반드시 고려되어야 한다. 둘 중 한 가지만 고려하고 다른 한 가지에 눈감아버린다면 제대로 의사결정을 할 수 없다.

그런데 금융시장은 위의 두 가지를 개별적으로 다루지 않고 하나의 축약된 개념으로 취급하곤 한다. 변동성이라는 개념이 바로 그것이다. 변동성이 무엇인지 좀 더 자세히 알아보자.

금융시장의 핵심 변수는 바로 자산의 가격이다. 가격이란 오르지 않으면 내린다. 현재 주가가 5천 원이라고 할 때, 1초 후의 가격은 5천 원보다 조금 높지 않으면 반대로 조금 낮을 것이다. 주가를 예측하기란 매우 어렵기 때문에, 일부 사람들은 주가 변동을 동전 던지기에 비유하기도 한다. 매

순간 동전을 던져서 앞면이 나오면 주가가 조금 올라가고, 뒷면이 나오면 주가가 내려간다고 가정하는 거다. 이러한 매 순간들이 모여서, 결과적으로 하루, 한 달, 그리고 1년 간의 주가 변동을 만들어낸다고 말이다. 실제의 주가 변동과 동전을 던져서 만든 가상적인 주가의 변동 그래프를 비교하면 거의 구별되지 않는다.

변동성은 바로 동전 던지기의 결과에 따라 가격이 한 번 올라가거나 내려갈 때 얼마나 크게 변할 수 있는지를 나타내는 변수다. 가격이 다음 순간에 1% 변할 경우의 변동성이 1이라고 한다면, 변동성이 두 배, 즉 2가 되면 가격 변동의 크기 또한 2%가 되어 두 배로 커진다. 우리가 변동성을 얘기할 때는 오르거나 내릴 확률은 반반, 즉 똑같다는 생각이 전제되어 있음을 기억하자. 다시 말해 동전 던지기를 하고 있다고 생각하는 거다.

동전 던지기에 의해 무언가가 결정된다고 할 때, 그 무언가에 이유가 있다고 얘기할 수 있을까? 그렇게 얘기하기는 곤란해 보인다. 동전을 던져서 앞면이 나올지 뒷면이 나올지 누가 알 수 있겠는가 말이다. 이럴 때 우리가 쓰는 표현이 있다. "운에 달렸다."가 그것. 동전 던지기의 결과는 운의 소관이며, 자산 가격의 변동 또한 운의 문제라고 말이다.

동전 던지기의 운을 통계적으로 표현하면 고등학교 때 배우는 정규분포가 얻어진다. 가운데 평균 근처에 값들이 몰리고, 양 극단으로 갈수록 발생 빈도가 줄어드는, 이른바 종 모양의 분포다. 같은 정규분포라고 하더라도 가운데로 몰린 정규분포가 있고 좀 더 달걀 프라이처럼 넓게 퍼진 정규분포도 있을 수 있다. 정규분포의 표준편차 혹은 분산에 따라 그 모양이 결정되는데, 변동성은 바로 이 표준편차나 분산에 직접적으로 관련되는 값이다.

보통의 옵션이라면 그것이 의사결정의 옵션이든 금융 옵션이든 변동성이 크면 옵션의 가치가 올라가고, 반대로 변동성이 작으면 옵션의 가치는 떨어진다. 보통의 옵션이라는 말은, 그런 경우가 많지만 아닌 경우도 아예 없는 건 아니라는 뜻. 한편 변동성의 크기와 운의 유무는 서로 아무 관련이 없다는 사실도 상기하자. 변동성이 크면 변동성이 작을 때보다 더 많이 변할 수 있는 건 사실이지만, 그렇다고 그게 꼭 운이 좋다고 얘기할 건 아니다. 일반적으로 옵션 보유자는 변동성이 커지면 유리해지지만, 반대로 옵션의 의무를 지고 있는 사람은 오히려 불리해진다.

정규분포의 여러 성질 중 주목할 만한 것에 '평균회귀'가 있다. 극단적인 값이 발생할수록 다음에는 평균에 가까운 값이 나오기 쉽고, 반대로 평균적인 값이 발생할수록 다음에는 극단적인 값이 나오기 쉬움을 지칭하고자 만들어진 말이다. 만약 이러한 성질이 없다면, 극단적인 값이 나올수록 그다음에는 더 극단적인 값이 나오고, 반대로 평균적인 값이 나올수록 다음에는 더 평균적인 값이 나올 것이다. 자연계에서 관찰되는 대다수의 통계 분포를 보면 정규분포에 가까운 모습을 보이고 있다. 자연계에서 평균회귀가 작동하고 있다는 뜻으로 이해할 만하다.

평균회귀가 작동한다는 것이 실제로 무슨 의미일까? 남다른 능력을 갖고 있는 부모 밑에서 태어난 자식들은 평범해질 가능성이 크고, 별볼일 없던 부모가 남다른 면모를 보일 자식들을 갖게 될 가능성이 크다는 뜻이다. 이는 우리의 상식과 상당히 반하는 결과다. 아빠, 엄마 머리가 좋으니까 아이들 머리는 좋을 수밖에 없다든지, 아빠, 엄마 외모가 연예인급이니 아이들도 그럴 거라는 식의 얘기들을 당연시하는 게 일반적이다. 하지만 평균회귀가 작동하면 오히려 반대의 결론을 내려야 한다.

　평균회귀가 작동하는 실제의 사례를 들어보자. 대표적인 예가 사람들의 키다. 부모의 키가 평균을 한참 상회할수록 오히려 자녀들의 키는 평균에 가까워지려는, 즉 줄어드는 경향을 보이고, 반대로 부모의 키가 평균보다 작을수록 반대로 이번에는 자녀들의 키가 커지려는 경향을 보인다. 이는 지역이나 시대를 불문하고 보편적으로 관찰되는 사항이다. 만약 사람들의 키에 평균회귀가 작용하지 않는다면 무슨 일이 벌어져야 할까? 그 경우 시간이 갈수록 키가 2미터, 3미터, 4미터 되는 사람이 생겨나게 된다. 큰 사람은 점점 커지고, 작은 사람은 점점 작아져야만 한다. 하지만 실제로 그런 일은 벌어지지 않는다. 사람의 지능을 측정하는 일반적 지수인 IQ에서도 마찬가지 현상이 관찰된다는 보고 또한 적지 않다. 한마디로 개룡남(개천에서 용난 남자)은 실재하며, 왕조는 영원할 수 없다는 뜻.

　이러한 현상에 분노의 감정을 표출한 사람이 있다. 진화론으로 유명한 찰스 다윈의 사촌격인 프란시스 골턴이 그 주인공이다. 사람들의 키나 몸무게 등에서 평균회귀가 일어남을 최초로 발견한 장본인이기도 하다. 그는 이게 몹시 못마땅했는지, 이러한 현상을 일컬어 '시시함으로의 퇴행(regression towards mediocrity)'이라고 이름 붙였다. 현재 우리가 쓰는 표현, 평균회귀(mean reversion)는 그 못마땅한 감정이 많이 순화된 표현이다.

　이런 이유로 골턴이 우생학의 시초인 것은 별로 놀랍지 않다. 우생학은 인간을 유전적으로 개량하고자 하는 목표에 종사하는 분야다. 골턴은 우생학이라는 용어도 직접 만들어냈을 뿐 아니라, '천성과 양육(nature and nurture)'이라는 표현도 만들어냈다. 물론, 후천적인 교육이 아닌 선천적인 형질이 중요하다는 말을 하고 싶어서 만든 것이다.

지금은 우생학에 대한 언급이 하나의 금기처럼 되어 있지만, 방심할 만한 일은 절대 아니다. "우리는 원래 혈통이 고귀해."라고 주장하고 싶고, 또 실제로 그렇게 해온 귀족층에게 골턴의 우생학은 더할 나위 없는 희소식이자 좋은 명분거리였기 때문. 이와 관련한 대표적인 사례로서 히틀러의 나치스 독일이 저지른 일은 비교적 잘 알려져 있다. 하지만 미국에서도 이런 일이 있었다는 사실을 알고 있는 사람은 드물다. 지금으로부터 50년 전만 해도 미국에는 단종법*이라는 게 있어서, 지적장애인이나 성범죄자, 혹은 알코올중독자들의 생식 능력을 강제로 제거했다. 이런 사람들이 후손을 갖게 되면 미국 사회가 어지러워지니, 아예 대를 끊어버리자고 생각한 거다.

키나 지능은 그렇다 쳐도, 재산이나 경제적 능력 등에도 평균회귀가 작용할까? 경제적 능력을 직접 조사할 방법은 없으니 차치하고, 재산의 경우라면 평균회귀가 성립하지 않는다는 조사 결과가 대부분을 이룬다. 이탈리아의 엔지니어로서 나중에 경제 분야에 대한 저술을 많이 남긴 빌프레도 파레토가 발견했다는 20:80 법칙이 대표적인 예로서, 이에 의하면 인구의 상위 20%가 부의 80%를 갖고 있다. 부모가 부자면 자식 세대는 더 부자가 되기 쉽다는 말로도 이해할 수 있는 빈익빈 부익부라는 말은 이를 함축적으로 잘 나타낸다.

19세기만 해도 한 개인의 재산이 많고 적음은 오로지 운의 문제로 여겼

---

* 1974년에 공식 폐지됐다.

다. 부자가 부자여야만 하는 특별한 이유가 있다고 생각하는 사람은 드물었고, 가난하다고 해도 그게 그 사람의 천성에 문제가 있어서라기 보다는 단지 운이 좀 나빠서 그렇다는 식으로 이해했다. 부자들은 물론 풍요로운 삶을 누렸지만, 그걸 너무 당연시하거나 합리화하려는 시도는 별로 눈에 띄지 않았다. 자산 가격의 오르내림이 운의 소관이듯이, 한 사람의 재산이 많다는 것 또한 운의 문제였다.

그런데 어느 때부턴가 모든 빈부의 차이를 개인의 능력과 천성 탓으로 돌리는 경향이 생겨났다. 어떤 사람이 돈이 많거나 많이 벌고 있으면, 그건 그 사람이 원래부터 잘났기 때문이고, 반대로 어떤 사람의 재산이 별볼일 없으면 그건 그 사람이 원래 신통치 않아서라고 치부하기 시작했다. 이러한 경향은 자유방임 시장주의의 헤게모니 획득과 궤를 같이하는 면이 있다. 한 사람의 실력과 그에 의한 후천적 성취를 오롯이 천성과 신분에서 찾고자 하는 이러한 생각이 바람직한 것인지는 곰곰이 생각해볼 문제다.

실생활의 옵션,
이름하여 실물옵션

보통 옵션 하면 누구나 금융 옵션을 떠올린다. 옵션 가격을 정하는 이론이 금융 분야에서 워낙 파급효과가 컸고, 2008년 금융위기 때 온 나라를 뒤집었던 이른바 키코사태*도 이에 적지 않게 기여했다. 금융 옵션과 같은 파생 거래는 사실 마술 지팡이 같은 면이 적지 않다. 그렇지만 보통의 일반인들에게 금융 옵션은 쉽게 접할 수 있는 대상은 아니다. 또한 좀 더 거시적인 관점에서 바라보면, 금융 옵션은 어쨌거나 우리가 살아가면서 만나는 옵션의 작은 부분집합에 불과하다. 일반인에게는 실생활에서 마주치는 옵션이 더 의미가 있다는 얘기다. 옵션의 가치를 어떻게 구할 수 있는가 하는 문제 이전에, 삶의 의사결정에 수많은 옵션이 존재한다는 사실을 인식하는 게

＊ 적지 않은 수의 국내 기업들이 투기적 외환 장외 파생 거래를 했다가 막대한 손실을 입고 일부는 부도를 내기까지 한 일을 말한다.

어찌 보면 더 중요한 문제다.

옵션의 가치에 완벽한 정답은 없다. 벤처회사의 예에서 알 수 있듯이, 옵션의 가치는 잘되면 얼마나 잘될 수 있느냐와 그렇게 될 확률은 얼마냐의 두 가지에 따라 결정된다. 이 두 가지 모두 100% 확실하게 알 수 있는 경우란 사실상 존재하지 않는다고 봐도 무방하다. 적어도 둘 중 하나는 불확실한 경우가 대부분이고, 심지어 둘 다 불확실한 경우도 드물지 않다. 그렇지만 내가 갖고 있는 최선의 정보를 바탕으로 적어도 이 정도 가치는 되리라고 짐작해볼 수는 있다. 권리를 갖고 있다면, 그게 전혀 무가치하지는 않기에 우리의 의사결정은 더욱 탄탄한 것이 될 수 있다.

금융 옵션의 가격을 구하는 방식을 일반적인 상황에 적용하는 경우를 일컬어 실물옵션이라고 부르기도 한다. 영어 real option의 real을 '실물'이라고 번역한 경우다. 회사가 투자를 감행해 신규 공장을 짓는다든지, 혹은 신제품에 대한 연구 개발 프로젝트를 추진한다든지, 또는 자원회사가 새로운 광산이나 유전 개발에 나설 것인지 등에 대해 의사결정을 할 때, 정확한 가치 산정을 목표로 한다. 이러한 관점의 실물옵션 또한 금융 옵션과 마찬가지로 돈과 직접적으로 관련되어 있다. 차이점이 있다면, 앞에서 설명했듯이 금융 옵션은 그 자체가 금융시장에서 거래되는 반면, 실물옵션은 거래되지 않는다는 점이다.

돈이 관련되지 않은 것에 대해서도 실물옵션의 관점으로 바라보는 것이 불가능하지는 않다. 이른바 '실생활옵션'이라고 할 만하다. 실물옵션에 대한 내용을 접하다 보면, 의사결정에 관한 몇 가지 교훈을 얻을 수 있다. 이 교훈들은 실생활옵션에도 그대로 적용 가능하기에 의사결정에 관한 유용한 힌트를 얻을 수 있다. 그렇다면 그 교훈들에 어떠한 것들이 있는지 알아보자.

첫째로 가능하다면 한번에 결정을 내리는 것보다는 몇 차례 나눠서 단계적으로 내리는 것이 바람직하다. 벤처회사 사례에서도 드러났듯, 한번에 1억 원이라는 돈을 다 투자해버리고 나면 기대값이 0보다 작았던 반면, 이를 두 차례에 걸쳐 투자하면 기대값이 0보다 컸다. 결정의 단계를 두 차례보다 더 늘릴 수 있다면, 그로 인해 더 많은 가치를 만들어내는 것도 가능하다. 복수의 옵션을 가지고 의사결정의 유연성을 더 확보할수록 내게 더 유리한 상황을 만들 수 있다는 뜻이다.

이러한 교훈이 적용되는 실생활옵션 중에, 앞에서도 한 번 다룬 결혼 상대를 고르는 상황이 있다. 첫눈에 반해 결혼까지 골인하는 경우도 물론 많고, 또 그렇게 결혼해서 잘 사는 커플도 적지 않다. 그러나 의사결정 옵션의 관점으로 보면, 한번에 모든 걸 결정하기 보다는 시간을 갖고 상대방에 대해 조금씩 알아가면서 단계적으로 이 사람과의 관계를 더 진전시킬 것인지 아니면 그만둘 것인지를 결정하는 편이 훨씬 유리하다.

이걸 누구보다 잘 이해하고 있는 이는 바로 회사다. 회사가 사람을 뽑을 때, 한번에 결정하는 경우란 극히 드물다. 몇 차례에 걸친 면접이나 시험, 혹은 평판 조회 등을 통해서 자신들이 다양한 옵션을 갖도록 신경 쓴다. 여기에 그치지 않고, 뽑고 나서도 처음 2년간은 계약직으로 일하도록 한다든지, 그게 아니라면 3개월의 수습 기간을 두고 만료 시점에 최종적인 결정을 내린다. 바로 실생활옵션의 직접적인 응용이라 할 만하다.

둘째로 매몰비용이 클수록 의사결정에 옵션을 갖는 것이 유리하다. 매몰비용이란 과거에 투입했던 자금이나 노력, 시간 등을 가리키는 말이다. 내가 쏟아야 할 것이 별로 많지 않다면 옵션 없이 결정을 내려도 크게 문제 되지는 않는다. 잃을 것이 별로 없기 때문이다. 하지만 매몰비용이 크다면 옵션의 보유를 통해 의사결정의 유연성을 확보하는 것이 더욱 절실해진다.

매몰비용이 나왔으니 말인데, 과거에 지출된 매몰비용은 현재의 의사결정에서 고려 대상이 못 된다. '내가 너한테 들인 공이 얼만데.' 하는 이유로, 앞으로의 가능성에 대한 객관적 평가와 무관하게 감정적으로 집착하는 경우가 있다. 이러한 결정은 비합리적이며, 옵션의 관점으로도 옳지 못하다. 옵션의 가치를 결정할 때, 과거에 벌어진 일은 무관하며 오직 미래에 벌어질 일만 문제가 되기 때문이다.

이쯤이면 의사결정의 옵션에 대해 얘기해야 할 것들은 웬만큼 다 한 것 같다. 그러니 조금은 가벼운 얘기로 이번 장을 마무리하자. IQ 검사할 때 쓸 수 있는 여러 옵션의 가치가 마지막 얘기의 주제다. IQ 검사를 예로 들었지만, 실생활에서 충분히 응용할 만한 내용이니 주의 깊게 읽어보시길.

IQ 검사에서 3점 차이가 나는 건 통계적으로 유의미한 일이라고 한다. 통계적으로 유의미하다는 말을 좀 더 쉽게 풀면, 우연에 의해 발생되었다고 보기에 3점은 큰 차이란 뜻이다. 운이 아닌 실제 지능상의 차이가 있을 가능성이 매우 크다는 뜻. 가령 아이들로 하여금 비타민 C를 정기적으로 먹게 하면 IQ가 8점 올라가고, 출산 당시의 엄마의 나이가 만 35세 이상이면 6점 올라간다고 알려져 있다.

이제 당신이 IQ 테스트를 치르고 있던 도중, 잠시 쉬는 시간이 주어졌다. 그 쉬는 시간 동안 선택할 수 있는 몇 가지 옵션이 다음과 같이 제시되었다. 당신이라면 어떤 옵션을 택하겠는가? 어떤 옵션이 IQ를 올려주고 또 어떤 옵션이 IQ 점수를 깎아먹을까?

1) 커피를 마신다
2) 초콜릿을 먹는다
3) 개콘이나 웃찾사 같은 코미디 프로그램을 본다
4) 책을 본다
5) 레고 블록을 가지고 논다

연구 결과에 따르면, 커피를 마시면 3점 상승, 초콜릿을 먹으면 3점 감소, 코미디 프로그램 시청은 5점 증가, 독서는 6점 감소, 레고 블록 놀이는 4점 감소라고 한다. IQ를 높이고 싶었는데, 커피 마시기나 코미디 프로그램 보기를 선택했다면 축하받을 일이다.

혹시 초콜릿을 먹거나 독서, 혹은 레고 놀이를 골랐다고 하더라도 너무 실망하지는 마시길. 여러 연구 결과에 의하면 IQ와 시험 성적 사이에는 강한 상관관계가 있고, 시험성적과 직업 사이에도 약하지 않은 상관관계가 관찰된다고 한다. 그러니까 IQ와 직업의 종류 사이에도 어느 정도 이상의 상관관계가 있다는 뜻. 하지만 막상 IQ와 직장 내에서 보이는 성과, 즉 승진이나 연봉 상승 등 사이에는 별다른 상관관계가 발견되지 않는다고. 길게 보면 IQ 점수는 한 사람의 인생에서 별로 중요한 변수가 아니라는 얘기다.

4장

당신의 상대방이 이성적, 합리적이라면

버클리에서
박사 지도 교수 정하기

1993년 기아자동차에서 병역특례연구원 1년 차로 일하던 때만 해도 내 영어회화 능력은 어버버 거리는 3세 아기 수준에 불과했다. 레벨 테스트를 해봤더니, 제일 낮은 등급이 나왔다. 당연한 일이었다. 그렇게 1994년 초부터 만 3년을 꼬박 서강대 어학당을 다녔더니, 1996년 말쯤에는 누굴 붙들고 이야기하더라도 별다른 불편을 느끼지 않을 정도까지 되었다.

그렇지만 영어회화 능력은 하나의 전제조건일 뿐, 미국 대학교로부터 입학 허가를 받는 것은 별개의 문제였다. 그래도 여섯 개 학교에 지원하여 용케 네 곳으로부터 입학 허가를 받았다. 엔지니어로 일하면서 적지 않은 수의 논문을 발표했다는 점이 입학사정 때 나한테 유리하게 작용하지 않았나 짐작할 따름. 논문 수도 많고, 국제 컨퍼런스에서 질문 등으로 설치고 다니자, 어느 학회에서는 상의도 없이 나를 학술대회 좌장으로 위촉하는 해프닝이 벌어지기도 했다. 좌장은 관습상 최소 박사학위 보유자가 맡는 역할로, 내가 당연히 박사일 것으로 생각했던 모양이다. 석사학위자라고 정중히 학회에 알리자 답신도 없이 바꿔버렸다.

박사과정 입학 허가를 받은 네 곳의 학교는 다 갈 만한 곳들이었다. 특히 그중 한 학교인 퍼듀대는 장학금을 약속하며 가장 적극적으로 오라고 손짓했다. 이곳에 가면 등록금과 생활비 걱정 없이, 학교에서 주는 돈 받으면서 편안하게 공부할 수 있을 터였다.

돈 문제는 사실 매우 중요하고 심각한 문제였다. 원래 기아자동차에서 받은 월급을 저축하여 한 2년 정도의 등록금과 생활비를 모았다. 그 정도의 기간이라면 어떤 식으로든 지도 교수를 정하고 연구 조교 등으로 일을 시작하여, 남은 기간의 유학비용도 감당할 수 있으리라 생각했다. 그런데 1997년 초부터 분위기가 이상해지더니 이른바 IMF 사태가 터졌다. 당시 달러 – 원 환율 700원을 감안하여 2년치 돈이라고 생각한 게 물거품이 돼버렸다. 1997년 12월에는 거의 2천 원에 육박했다. 그 환율에서는 2년은 고사하고 한 학기 좀 지나면 저축한 돈이 다 떨어질 운명이었다. 돈 문제만 놓고 생각한다면, 고민할 것 없이 퍼듀대로 가는 게 합리적이었다.

그런데 도저히 버클리대를 포기할 수가 없었다. 랭킹도 랭킹이지만, 경외의 마음으로 본 주옥 같은 논문들을 쓴 기라성 같은 교수진이 포진한 버클리대가 어드미션을 주었는데, 이를 버려야 하다니. 머리로 미친 짓이라는 걸 알고 있었지만, 가슴으로는 도저히 포기가 되질 않았다. 지금 생각해보면 일종의 사랑에 빠져 있었던 것 같다. 결국 버클리대로 결정하고, 1,434원에 갖고 있는 모든 돈을 달러로 바꾸고 나니 간당간당하게 1년 버틸만한 돈이 되었다. 1998년 8월, 뻥 뚫린 가슴을 부여잡고 샌프란시스코행 비행기에 몸을 실었다.

첫 학기가 끝나고 예비시험을 무사히 통과한 후, 본격적인 지도 교수 정하기가 시작되었다. 박사과정 학생에게 누가 지도 교수가 되느냐는 너무나도 중요한 문제였다. 패션업계 못지 않게 유행이 좌지우지하는 게 학계다. 운이 맞으면 너무나도 쉽게 논문을 양산할 수 있는 반면, 유행에서 벗어난 분야는 몇 년 걸려서 한 편 싣기도 쉽지 않다. 지도 교수의 관심 분야가 인기 있는 분야면(이라고 쓰고, "돈이 많으면"이라고 읽는다) 장학금 걱정 없이 공부할 수 있지만, 내 관심 분야와 맞지 않으면 그것도 고역이다. 또 외부 펀딩을 많이 확보한 교수일수록 그만큼 그 밑에서 연구하려는 학생도 많기 마련이다. 요즘 뜨는 분야냐, 교수가 돈을 대줄 수 있느냐, 졸업은 잘 시켜주느냐, 날 뽑아줄 거냐, 그리고 졸업 후 전망은 어떠냐의 다섯 가지를 박사과정들은 주변에 묻고, 묻고 또 묻는다. 모두 다 불확실성으로 가득 차 있는 질문들이다.

그런데 지도 교수 정하기를 시작한 지 얼마 안 되어 한 가지 사실이 눈에 띄었다. 주변의 다른 유학생들, 특히 사회 경험 없이 석사를 마치고 곧바로 온 후배들의 경우, 입으로만 고민할 뿐, 아무런 시도를 하지 않았다. 이 교수는 이게 문제고, 저 교수는 저게 문제고, 그 교수는 그게 문제였다. 문제가 아무것도 없을 듯한, 사람 좋고, 능력 뛰어나고, 펀딩도 많고, 분야도 유망한 교수의 경우에는, 그런 사람이 나를 뽑아주겠느냐는 게 또 문제였다. 지난 주말에 술 마시면서 한 얘기를 이번 주말에 또 다시 반복했다. 물론 일주일 동안 어느 교수도 찾아간 적은 없었다. 찾아갔다가 거절당하면 큰일이라도 나는 것처럼 여겼다. 대놓고 거절 당하느니, 차라리 찾아가지 않음으로써 언젠가는 그 교수로부터 연구실에 들어오지 않겠느냐는 제안을 먼저 받을 수 있다는 실낱 같은 희망을 이어가는 편이 낫다고 여기는 것 같았다.

그들이 보기에 상황은 이랬다. 그에게는 교수를 찾아가거나 찾아가지 않는 두 가지의 대안이 있다. 교수는 그를 뽑거나 그가 아닌 다른 학생을 뽑는 두 가지 선택을 할 수 있다. 그의 입장에서는 찾아갔는데 교수가 뽑아주 겠다고 하면 1점, 다른 사람을 뽑겠다고 하면 -2점인 상황이고, 안 찾아갔는 데 교수가 먼저 연락해와 뽑겠다고 하면 3점, 다른 사람을 뽑아버리면 0점 인 상황이었다. 찾아가지도 않았는데 그를 뽑아주겠다고 하면 최선의 시나 리오고(3점), 찾아갔는데 거절당하면 망신스러운 최악의 시나리오(-2점)였 다. 찾아가서 뽑히면 분명 나쁘지 않은 시나리오고(1점), 망신당할 일 없이 다른 사람이 뽑히면 그냥 무시할 만한, 여우의 신 포도 시나리오(0점)였다.

교수가 그를 뽑는다고 할 때, 그가 찾아가는 것보다는 안 찾아가는 쪽 이 더 그에게 유리하고(1점<3점), 교수가 그 대신 다른 학생을 뽑는다고 할 때도, 그가 찾아가는 것보다는 안 찾아가는 쪽이 더 그에게 유리했다 (-2점<0점). 그러니 찾아가지 않는 편이 합리적이라고 생각할 법도 했다.

생각이 여기까지만 미치면 결국 무슨 일이 벌어질까? 그는 어느 교수도 찾아가지 않고, 그 결과 어느 교수도 그에게는 아무 관심도 두지 않게 된다. 심지어는 그라는 학생이 있다는 것조차 모른다(너무나 당연한 일이다!). 그가 그 런 행동을 한다고 할 때, 어느 교수든 자신을 찾아오는 학생들 중 괜찮아 보 이는 학생을 뽑는 쪽이 누군지도 모르는 학생을 뽑는 것보다는 더 나은 선 택인 것. 그래서 그들은 알량한 자존심을 지키며 어느 교수도 찾아가지 않 는 합리적인 선택을 했다고 믿고 있었고, 교수들은 찾아오지도 않는 그들은 깨끗이 무시한 채로 다른 학생들을 뽑고 있었던 것이다.

6년 가량의 직장 생활 덕분인지, 내게는 그런 선택의 문제점이 분명해 보였다. 봄학기 초부터 나에 대한 간략한 소개와 함께 새로운 박사과정을 뽑을 계획이 있는지를 차례대로 물으려 다녔다. 교수를 만나기 위해서는 우선 이메일로 만날 약속 시간을 잡아야 하는데, 적지 않은 수의 교수들이 아예 답장 메일조차 주지 않았다. 말할 것도 없이, 답장도 하지 않는 교수에게 혹시나 하는 희망을 가질 필요는 없었다. 그리고 약속이 잡혀 만난 교수들도 연구실에 들어오는 건 환영이나, 펀딩이 부족해 당장 이번 학기부터 재정적 지원을 할 수는 없다는 얘기를 했다. 당장 다음 학기 등록금을 장학금으로 받지 못하면 학교를 떠나야 했던 나로서는 그런 불확실성을 떠안을 수는 없었다. 적지 않은 수의 교수들을 지워 나가면서, 입술이 바짝바짝 타들어갔다.

그러던 중, 큰 기대 없이 이메일을 보냈던 산업공학과의 교수 한 명으로부터 찾아오라는 답장을 받았다. 카네기멜론대 컴퓨터과학 박사면서 로보틱스 분야의 떠오르는 샛별 중의 하나였던 켄 골드버그는, 찾아가자 놀랍게도 돈을 지원해줄 테니 들어오라는 제안을 했다. 만나보니 보통 사람이 아니었다. 전기공학과와 실용미술학과, 그리고 정보학부 교수로도 활동 중일 뿐만 아니라, 예술가로서 작품 활동과 전시회를 주기적으로 열고 있었다. 기꺼운 마음으로 그의 제안을 받아들였다. 돈 때문에 학위 과정을 중단해야 될 걱정을 덜었다는 기쁨에 그날 기숙사로 돌아가는 길거리에서 큰 소리로 노래를 불렀다. 온 세상이 내 것 같았다.

그로부터 약 2년 후, 결과적으로 나는 기계공학과의 데니스 루 교수 밑에서 박사학위를 받았다. 막상 골드버그의 연구실에 들어가보니, 밖에서 보던 것과는 달리 연구 방향이 너무 피상적으로 느껴졌다. 고민하던 중에 루 교수와 얘기가 진행이 되면서, 골드버그 교수와 진행 중이던 프로젝트는 여름방학까지 끝내는 선에서 마무리하게 됐다. 그래도 그와의 짧았던 인연은 작전연구를 부전공하게 된 직접적인 계기가 되었다. 그러면서 금융이라는 분야에 눈을 뜨게 되었으니 돌이켜보면 만감이 교차할 따름이다.

이번 얘기를 마무리하면서 몇 가지 질문을 던져보자. 혹시 독자 여러분 중에, 이와 같은 상황에서 교수들의 반응을 확률로 환산하여 의사결정할 수도 있지 않을까 하고 생각한 사람이 있을는지? 기대값 극대화를 이 경우에도 쓸 수 있을까? 쓸 수 없다면, 벤처회사의 사례와 지도 교수를 정하는 문제 사이에는 어떤 차이점이 존재하는 걸까?

이러한 질문들에 대한 답을 얻으려면, 인간이 자연과 어떻게 다른지를 생각해봐야 한다. 그게 바로 다음 절의 주제다.

무작위적인 자연과
이성적인 인간

사람과 자연을 구별하는 가장 큰 잣대는 바로 이성과 지능의 존재다. 이성이 있고 지능이 작용함으로써 인간이 인간다워진다. 반대로, 어떠한 것에 이성과 지능이 결여되어 있을 때, 자연 상태로 간주한다. 극단적인 예로, 인간임에도 불구하고 지적 능력이 부인되면 사람으로서의 권리 능력을 일부 제한당하기도 한다.

인간과 자연의 구별은 사실 그렇게 똑부러지는 것은 못 된다. 0 아니면 1인 디지털 상태는 아니라는 뜻. 동물에게 지능이 있느냐고 물으면, 아니라고 하기는 곤란하다. 사람의 지능에는 미치지 못하더라도, 분명 일정 수준의 지적 능력이 있음을 부인하기 어렵다. 그러니까 모든 인간은 이성적이고, 모든 자연적인 것은 지능이 없다는 말로 오해하지는 말자. 내 의도는 보편적으로 인간에게는 이성과 지능이라는 특징이 나타나며, 대부분의 자연 상태에 존재하는 것들에는 그러한 특징이 나타나지 않는다는 뜻이다.

그렇다면 이성의 유무가 어떠한 결과적 차이를 낳는지 다음의 상황을 상상해보자. 가파른 산에 갑자기 산사태가 나서 집채만한 바위가 비탈길로 굴러오고, 그 무게와 속도가 어마어마하다. 그 길에 나무나 집, 바위와 같은 자연물이 놓여 있다고 해보자. 굴러 내려오는 바위에 부딪혔다가는 산산조각이 날 상황이다. 그렇다고 해서 나무나 바위가 이를 피하기 위해 움직일 리는 없다. 나무나 바위에는 이성이라고 부를 만한 지적 능력도 없고 운동 능력도 없기 때문이다.

사람이라면 어떨까? 바위가 자신을 향해 덮칠 것처럼 달려드는데 가만히 있을까? 제정신인 사람이라면 당연히 도망칠 거다. 그대로 있다가는 자신이 죽을 거라고 생각할 것이기에. 이러한 생각과 행동이 이성의 전부는 물론 아니다. 하지만 이성과 지능의 존재를 예시적으로 증명한다.

그러니까 자연은 외부의 자극에 무감각한 반면, 인간은 외부의 자극에 반응한다는 차이가 있다. 자연이 지배하는 대상으로 동전을 생각해보라. 공정한 동전은 어떠한 유혹이나 위협에 굴함 없이 앞면이 나올 확률이 50%다. 앞면이 나오면 바위에 치이지 않게 해주겠노라고 동전에게 얘기한다고 해서, 비탈길에 던져지는 동전의 확률이 변하지는 않는다. 반면, 바위에 살짝 스치는 경우 1억 원의 돈을 주겠다고 약속하면, 일부 사람들은 실제로 죽지 않을 정도로 바위에 부딪히려고 든다. 사람에게 있는 지능 탓이다.

이러한 사고 실험으로 미루어보건대, 내가 상대해야 하는 대상이 자연인지 아니면 인간인지에 따라, 의사결정에서 대안을 선택할 때 다른 접근법을 쓸 필요가 있다. 우리가 관찰하는 미래상태가 다른 원리에 의해 만들어진다는 의미다. 자연이라면 오직 운에 따르는 문제다. 무작위적으로 결정된다는 얘기다. 반면 내가 어느 대안을 선택할 때, 내 결과값에 영향을 미치는 미래상태가 다른 사람의 행위라면, 이를 단순히 확률분포로 취급하는 것은 핵심을 놓치고 있다는 느낌을 지울 수 없다.

사람들의 결정과 행위에 무작위적인 요소가 전혀 없지는 않다. 하지만 보편적인 자신의 결정이 동전 던지기와 마찬가지라고 인정할 사람은 거의 없다. 그런 사람이 있다고 할 때, 다른 사람들이 그를 관찰하면 '제정신이 아닌 것 같다'고 느낄 것이다. 지금 여러분이 이 책을 읽고 있는 이유도, 어떻게 하면 좀 더 합리적인 의사결정을 내릴 수 있는가에 관심이 있기 때문 아니겠는가. 그러한 기준과 원리를 알려고 하는 것 또한 이성이 존재하기 때문에 내린 선택이자 결정이라고 말할 수 있다.

그렇다면 사람들의 의사결정이 단순히 확률분포적 운에 의해 결정되는 것이라고 보기는 어렵다. 내가 이성적 기준에 따라 의사결정을 한다면, 다른 이들 또한 무언가 합리적인 원리에 따라 결정하고 행동하리라고 보는 것이 공정한 생각 아닐까? 다른 사람이 개입하는 의사결정 상황에서, 핵심은 미래상태가 순수한 무작위적인 상태가 아니라, 나와 같은 이성과 자유의지를 가진 사람이 내리는 합리적인 선택에 의해 좌우된다는 사실이다. 다른 사람들도 합리적으로 의사결정을 한다고 가정함으로써, 내 의사결정의 효과를 높일 수 있지 않겠는가 하는 생각이 들었다면 분명 그것은 합리적 의사결정에서 한 걸음 진일보한 것이리라.

4장은 이른바 게임이론에 대한 단원이다. 게임이론은 굉장히 광범위하여 몇 가지 중요한 내용만 설명해도 책 한 권 분량이 훌쩍 넘어간다. 이 장에서는 보통 사람들의 의사결정에 도움이되는 핵심적인 사항 몇 가지만 소개하려고 한다.

게임이론은 게임이라는 단어 때문에 약간의 오해를 사는 것 같다. 우리 말로 게임 하면 뭔가 굉장히 하찮거나 사소한 것이 연상된다. 예를 들면, 스타크래프트와 같은 컴퓨터 게임이나 텍사스 홀덤 같은 포커 게임이 생각나고, 그나마 조금 중립적으로 들리는 것이 스포츠 게임 정도다.

게임이론은 바로 이런 상황을 염두에 두고 만들어졌다. 포커나 체스와 같이 상대방이 존재하고 확정된 규칙이 있는 경우, 게임에 이기기 위한 혹은 지지 않기 위한 최선의 의사결정이 무엇인가를 규명하려고 하면서 나온 이론이라는 얘기다. 그렇게 만들어놓고 보니, 게임의 상황이 비단 게임에만 한정되지 않는다는 생각을 나중에 하게 되었다. 이를 테면, 전쟁이나 통상에 관한 협상 같은 국가 간의 대결 상황이나 돈이 얽혀 있는 경제계나 적자생존이 벌어지는 생태계 등도 게임이론의 관점으로 바라보는 것이 매우 유효하다는 것이 알려졌다. 그래서 개인적으로 나는 게임이론이라고 영어 그대로 부르기 보다는, 의미를 살려서 '대결이론'이라고 부르는 게 더 적절하다고 생각한다.＊

＊ 게임이론 중에는 대결이 아닌 상호간의 협조를 염두에 두고 정립된 이론도 있기는 하다. 그렇기 때문에, 대결이론이라는 이름은 너무 협소하다고 주장할 사람도 있을지 모르겠다. 하지만 협조적 관점의 게임이론은 하나 보니까 나중에 이런 것도 얘기할 수 있겠다 하여 만들어진 것으로 게임이론의 핵심은 아니다. 게임이론의 본류는 누가 뭐래도 대결 그 자체다.

우성 대안과
최대손실의 극소화

그러면 하나의 대결 상황을 생각해보자. 이름하여 '가위, 바위' 게임이다. '가위, 바위, 보' 게임이 아니라 '가위, 바위' 게임임에 주목하자. 가위나 바위의 두 대안 중 하나를 택해서 내는 게임이다. 나뿐만 아니라 상대도 똑같은 대안을 갖고 있다. 이와 같은 게임을 할 때, 나는 어떠한 선택을 해야 할까? 조금만 생각해보면 답을 쉽게 알 수 있지만, 복잡한 상황에도 적용할 것을 염두에 두고 좀 더 공식적인 방식으로 접근해보자.

첫 번째로 깨달아야 할 사항은 상대방이 가위를 낼지 바위를 낼지 미리 알 수 있는 방법은 없다는 점이다. 이런 경우 선험적 확률이 적용된다면, 가위를 낼 확률 50%, 바위를 낼 확률 50%라고 얘기할 수 있을지도 모른다. 그렇지만 이런 가능성은 일단 배제한다. 상대방도 이성을 가진 사람이기에 일단은 그냥 모른다고 해두자.

두 번째 사항으로, 내가 가위를 내면 어떤 결과가 나올지를 확인해보자.

내가 가위를 내고 상대방도 가위를 내면 비긴다. 이긴 사람이 없으므로 이때는 0점을 획득한다고 생각하자. 내가 가위를 내고 상대방이 바위를 내면 내가 진다. 진 경우, 내가 1점 감점을 당한다고 생각하자. 이때 내가 잃은 점수에 −1을 곱하면 상대방이 얻은 점수가 나온다. 이와 같이 내 점수와 상대방의 점수를 합한 것이 0이 되는 경우를 특별히 일컬어 제로섬(zero sum) 혹은 영합(零合)이라고 부른다. 제로섬 상황에서는 내가 얻는 이익만큼 상대방이 손실을 입고, 반대로 내가 입는 손실만큼 상대방이 이익을 본다.

세 번째 사항으로, 내가 가위 대신 바위를 내면 어떤 결과가 발생되는지를 보자. 내가 바위를 내고 상대방이 가위를 내면 내가 이겨 1점을 획득한다. 한편, 내가 바위를 냈는데 상대방이 바위를 내면 비겨서 0점을 얻는다. 아까 내가 가위를 낼 때에는 0점 아니면 −1점이었던 반면, 바위를 내면 1점 아니면 0점을 얻는다.

이 상황을 다시 상대방의 선택에 따라 정리해보자. 상대방이 가위를 낸다고 할 때, 내가 가위를 내면 비기고, 바위를 내면 내가 이긴다. 그리고 상대방이 바위를 낸다고 할 때, 내가 가위를 내면 지고, 바위를 내면 비긴다. 상대방이 가위를 낼 때 나로서는 가위를 내는 것보다는 바위를 내는 게 유리하고, 상대방이 바위를 낼 때도 나로서는 가위를 내는 것보다 바위를 내는 게 유리하다. 그렇다면 상대방이 무엇을 택하든 그와 상관없이 나는 가위가 아니라 바위를 택하는 게 합리적이라고 봐야 하지 않을까?

이런 생각을 가리켜 "우성 혹은 우세가 있다"고 말한다. 상대방이 무슨 선택을 하든지 바위를 내는 선택이 가위를 내는 선택보다 낫다는 말이다. 이 경우 바위를 내는 선택을 '우성 대안', '우위 대안', '지배 대안' 등으로 부른다. 내가 처한 의사결정 상황에 우성 대안이 존재한다면, 이를 택하지 않는 결정은 정당화되기 극히 어렵다. 다시 말해, 우성 대안이 있는 경우 반드시 택하는 게 마땅하다는 뜻. 사실 게임이론에 대해서는 이것 한 가지만 잘 기억해도 알아야 할 것의 60% 정도는 챙기고 있는 셈이다.

그렇다면 모든 대결 상황에 우성 대안이 반드시 존재한다고 볼 수 있을까? 안타깝게도 이 질문에 대한 답은 "아니요, 그렇지 않다."다. 우성 대안이 존재하지 않는 수많은 상황이 실제로 존재하기 때문이다. 이런 경우 다시 기대값 극대화 원칙으로 돌아가야 할까? 이 질문에 대한 답도, "아니요, 꼭 그럴 필요는 없다."다. 이런 경우 동원할 수 있는 다른 여러 수단을 게임이론은 갖고 있기 때문이다.

그중 대표적으로 소개할 만한 것이 바로 최대손실의 극소화 원칙 혹은 최악의 최선화 원칙이다.* 상대방이 어떤 대안을 택할지 모르므로, 다시 말해 어떤 미래상태가 발생할지 알 수 없으므로, 내 대안들 중에 최대손실이 가장 작은 대안을 택해야 한다는 거다. 최종 결과값이 손실일 경우, 가장 작은 최대손실을 갖고 있는 대안을 택하고, 최종 결과값이 이익인 경우, 가장 큰 최소이익을 갖고 있는 대안을 택해야 한다.

내가 미식축구팀 감독이라고 가정하자. 미식축구의 공격은 크게 세 가지로 나뉘어진다. 하나는 러닝. 빠른 발 못지 않게 투지도 좋은 러닝백이 공을 배급하는 쿼터백으로부터 공을 넘겨 받아 직접 상대팀의 수비진을 뚫고

＊　영어를 그대로 읽어 미니맥스(minimax) 혹은 민맥스(minmax) 원칙이라고 많이 하는 것 같다. 그 의미를 생각해보면, 위처럼 말을 할 수 있고 이 편이 훨씬 더 이해하기 쉽다.

나가는 방법이다. 둘째는 패싱. 먼저 상대팀 지역 깊숙이 침투한 와이드 리시버에게 쿼터백이 공을 멀리 던져주어 한 번에 많은 거리를 전진하는 방법이다. 마지막으로, 필드 골을 노리는 방법이 있다. 필드 골은 키커가 공을 차서 골대를 넘겨 점수를 얻는 방법이다. 이러한 공격을 방어하기 위한 수비 방법 또한 다양하게 존재한다.

수비팀이 택할 수 있는 수비 방법에 크게 네 가지가 있다고 가정하고, 각각의 공격 방법에 따른 득점 효과성을 숫자로 표현하면 다음과 같다고 하자.** 러닝의 득점 효과성은 (3, 7, 5, 10)이고, 패싱의 득점 효과성은 (6, 12, 9, 2), 필드 골 시도의 득점 효과성은 (4, 5, 11, 1)이다. 이 경우, 최악의 최선화 원칙을 적용하면 어떤 공격 대안을 택해야 할까? 러닝을 택할 경우의 최악의 결과는 3이 발생하는 거고, 패싱의 최악은 2, 필드 골 시도의 최악은 1이다. 그러므로, 러닝을 택하는 것이 최악의 최선화 원칙을 따르는 거다.

우성 대안이나 최악의 최선화 원칙과 별개로, 게임이론은 하나의 흥미로운 사항을 우리에게 알려준다. 바로 내쉬 균형이다. 2001년에 개봉된 영화 〈뷰티풀 마인드〉의 주인공으로 그려진 미국의 수학자 존 내쉬가 정립한 내쉬 균형은 설명을 들을 땐 아는 것 같다가도 막상 남들에게 설명하려고 하면 잘 안 되는 면이 없지 않다. 내가 할 수 있는 최대한 쉬운 설명을 해볼 테니 잘 들어보시길.

나와 상대방이 여러 대안 중 각각 하나씩 임의로 선택했다고 가정하자. 나나 그나 아무 기준 없이 무작위로 골랐기 때문에 선택된 대안이 최선의 것일 가능성은 그렇게 높지 않다. 여기서 상대방이 선택을 바꾸지 않은 상태에서, 내가 다른 대안을 선택함으로써 내가 더 좋아질 수 있다면 나로서는 다른 대안을 택하는 것이 마땅하다. 그런데 우연하게도 고른 대안보다 더 나은 대안을 찾을 수 없다고 해보자. 그렇다면 나로선 지금 대안에 머물러 있을 수밖에 없다.

이때 입장을 바꿔서 내가 상대방의 입장이 되었다고 상상해보자. 다른 대안으로 굳이 바꿀 이유 없는 내 선택이 주어진 상황에서, 상대방 입장에서 더 나은 대안이 존재하는지를 확인하는 거다. 만약 있다면 합리적인 상대방은 다른 대안을 택할 테지만, 없다면 상대방 또한 지금 현재 선택한 대안을 버릴 이유가 없게 된다. 이러한 상황, 즉 나와 상대방이 각각 하나의 대안을 골랐는데, 둘 다 상대방의 선택이 변하지 않는다면 현재의 선택을 바꿀 이유가 없는 상황, 둘 다 지금 그대로 남아 있는 편이 제일 나은 상황, 이게 바로 내쉬 균형에 도달해 있는 상황이다.

우성 대안과 달리, 하나의 대결 상황에서 내쉬 균형은 여러 개 존재할 수 있음이 알려져 있다. 물론 내쉬 균형이 존재하지 않는 상황도 있을 수 있다. 내쉬 균형도 그 성격에 따라서 여러 가지로 분류할 수 있는데, 그중 가장 유명한 것이 '죄수의 딜레마'다.

죄수의 딜레마는 워낙 많이 다뤄져서 내용이 잘 알려져 있다. 간단히 얘기하자면 이렇다. 나쁜 짓을 같이 저지른 두 명의 공범이 경찰에 잡혔다. 두 명 다 경찰이 확실한 증거를 확보했는지 정확히 알지 못하는 상태다. 경찰은 두 공범을 다른 방에 가둬놓고 다음과 같이 취조했다.

"순순히 자백하면 정상참작될 여지가 있어. 하지만 털어놓지 않고 버티면 형량이 가중될 테니 각오하도록 해."

형량을 줄여볼 요량으로 둘 다 범행을 자백하면 각각 5년씩 감옥에서 보내야 한다. 나는 자백했는데 공범이 범행을 부인하면, 나는 석방되고 공범은 15년형을 받게 된다. 반대로 내가 범행을 부인하는 와중에 공범이 자백해버리면, 내가 15년형을 받고 공범은 석방된다. 마지막으로, 둘 다 범행을 끝끝내 부인하면 각각 1년형을 받는다.

우성 대안이 있는지 확인해보자. 공범이 자백했을 때, 나도 따라 자백해야 형량이 준다. 공범이 자백하지 않았을 때도, 내가 자백해버리는 편의 형량이 작다. 내 우성 대안은 자백하는 거고, 공범 또한 마찬가지다. 내 입장에서는 공범의 선택과 무관하게 자백하는 쪽이 낫다. 따라서 우성 대안이 존재하며, 자백하는 선택이 바로 우성 대안이다.

그럼, 내쉬 균형은 어떨까? 이 상황에는 한 개의 내쉬 균형이 존재한다. 나도 자백하고 공범도 자백하는 상황이다. 왜 이 선택이 내쉬 균형이 되는지 보자. 공범이 자백했는데, 내가 자백하지 않는 대안을 선택하면 내 형량은 5년에서 15년으로 늘어난다. 따라서 이런 선택을 할 수는 없다. 그런데 공범 역시 똑같은 상황에 놓여 있다. 내가 자백했는데, 공범이 자백하지 않으면 그의 형량만 올라갈 뿐이다. 그러니 공범도 자백하는 것 외에 별 수 없다. 둘 다 자백하는 선택에서 벗어날 아무런 유인이 없다.

죄수의 딜레마가 이토록 유명한 이유는, 위와 같은 내쉬 균형의 상황이 둘 다에게 최선의 상황이 아니기 때문이 아닐까 싶다. 어떠한 이유에서건

둘 다 범행을 끝까지 부인할 수 있다면, 둘의 형량은 각각 1년이다. 그런데 그 형량은 우성 대안에 의한 내쉬 균형에서 살아야 하는 5년보다 훨씬 짧다! 즉 내 입장에서 택하는 것이 마땅한 우성 대안을 선택했음에도, 결과적으로는 최선이라 할 만한 결과가 발생되지 않는다는 점에서 역설인 것이다. 이 외에도 수많은 다른 종류의 대결 상황이 있다는 정도만 언급한다.

비스마르크 해전에서의
대학살

게임이론 적용이 가장 자연스러운 분야는 바로 전쟁이다. 대결 상황을 다루려고 게임이론이 개발되었기 때문이다. 특히 제2차 세계대전이 끝난 후 미소 간의 냉전이 한창이던 시절, 게임이론의 핵심적인 내용들이 차례로 정립되었다. 실제로 전쟁에서 게임이론이 어떻게 적용될 수 있는지 살펴보자.

때는 바야흐로 1943년 초, 진주만 기습 이후 싱가포르, 필리핀을 차례로 점령하면서 승승장구하던 일본군은 1942년 6월 미드웨이 해전에서 귀중한 네 척의 항공모함을 잃으면서 기세가 꺾였다. 이어 같은 해 8월부터 다음 해 2월까지 남태평양 솔로몬 제도의 한 섬을 둘러 싸고 벌인 과달카날 전투에서마저 패퇴하자 일본군 지도부는 큰 충격을 받았다.

특히 과달카날 전투에서 스스로 무적이라 생각하던 일본 육군의 정예사단들이 잇달아 괴멸되면서, 뉴기니를 확보한 후 호주로 진격하겠다는 대본

영*의 계획은 뿌리째 흔들리게 되었다.

　그러나 일본군은 아직 충분히 강한 세력을 유지하고 있었고, 전쟁의 향방을 점치기에는 이른 상황이었다. 당시 미군과 호주군을 상대로 뉴기니에서 전투를 벌이던 일본은 뉴기니의 방어를 강화하기로 결정하였다. 이를 위해 우리나라 서울에 배치되어 있던 아오키 주세이 중장의 20사단, 중국에 주둔 중이던 아베 헤이스케 중장의 41사단을 급파하였고, 큰 피해를 입지 않고 뉴기니에 상륙시키는 데 성공하였다. 한편 해당 공역을 담당하던 조지 케니 중장의 미 5공군은 100여대가 넘는 항공기를 동원했음에도 미약한 전과밖에 얻지 못했다. 416번의 출격에도 불구하고 고작 두 척의 수송선을 침몰시키고, 세 척에 약간의 피해를 입히는데 그치고야 말았던 것.

　그 와중에, 라바울에 주둔 중이던 나카노 히데미츠 중장의 51사단이 마찬가지로 고속 수송선단을 이용하여 뉴기니로 재배치될 것 같다는 첩보가 입수되었다. 계속 이런 식으로 병력이 증강된다면 뉴기니를 탈환하기 위한 미국과 호주의 노력은 큰 저항에 직면하게 될 터였다. 케니의 5공군은 일본군의 고속 수송선단에 대한 기존의 공격 방법에 어떠한 문제점이 있었는지 전면적인 재검토에 돌입했다. 그 결과 부족한 훈련과 부정확한 폭격, 공습 효과가 분산되는 항공기 운용 방식이 문제라는 결론에 도달했다.

　잠깐의 소강 상태가 되자, 미 5공군은 "이번에 수송되는 일본군 병력은 가만 두지 않겠어!"라는 각오로 준비에 박차를 가했다. 기존의 중고도 혹은

＊　태평양전쟁 당시 일본군 최고 통수 기관이다. 제2차 세계대전 종전과 함께 해산되었다.

고고도 폭격의 효과가 별로 높지 않다는 판단 하에, 위험을 조금 무릅쓰더라도 저고도에서의 기총 소사 등의 공격을 시행하기로 결정하고 이에 따른 훈련을 집중적으로 실시했다. 이후 밝혀진 바에 의하면, 중고도 폭격의 정확도가 8%에 못 미친 반면, 저고도 공격은 30%를 상회하여, 훨씬 효과적임이 입증되었다.

저고도 공격에서 특히 효과를 본 것 중의 하나가 보포를 개량한 보파이터 공격기였다. 호주 공군이 운용했던 보포는 원래 어뢰를 발사하는 쌍발의 영국제 뇌격기였다. 이를 설계 변경한 보파이터는 20밀리 기관포 네 문을 기수에, 그리고 7.7밀리 브라우닝 303기관총 여섯 정을 날개에 장착함으로써 강력한 공격력을 보유했다. 쌍발의 둔중한 외관을 가진 보포와 외관상 거의 구별이 되지 않기 때문에, 일본군은 낮게 날아오는 보파이터를 당연히 뇌격기라 생각했다. 그리하여 비행기의 진행방향으로 함선의 진행방향을 일치시키려는 회피기동을 시도했는데, 왜냐하면 그렇게 해야 어뢰가 배를 비껴갈 가능성이 높아지기 때문이었다. 그런데 예상하던 어뢰는 발사되지 않고, 비행기가 스치듯 지나가며 기관포탄을 쏟아내니 가뜩이나 대공 무장이 빈약한 수송선은 이로 인해 큰 피해를 입었다.

또 하나의 효과적인 방법은 이른바 물수제비 폭격(skip bombing)이었다. 공격기가 100미터 미만의 낮은 고도로 날아들어 투하한 폭탄이 물에 튕겨 함선에 명중되는 공격 방법이다. 물수제비란 납작한 조약돌을 시냇물에 세게 던지면 가라앉지 않고 물 위로 몇 번씩 튕겨가는 것을 말한다. 목표한 대로 함선의 함교에 부딪혀 폭발할 경우 배의 지휘 계통을 마비시키는 효과를 얻을 수 있다.

이제 유일하게 남은 문제는 비행기들을 어떻게 배치하느냐였다. 이전 1월의 전투 경험으로 비행기들을 분산시켜서는 큰 전과를 거두기 어렵다는 교훈을 이미 얻은 터였다. 한편 뉴브리튼 섬 동쪽 끝에 위치한 라바울에서 서쪽의 뉴기니 섬까지 항행하려면 뉴브리튼의 북쪽으로 항해하는 북부 항로, 그리고 남쪽으로 항해하는 남부 항로 두 가지 가능성이 있었다. 게다가 뉴기니 섬은 꽤 커서 일본군이 뉴기니 동북부 해안에 있는 마당 항을 목표로 하는지, 아니면 그보다 남쪽에 있는 래이 항을 목표로 하는지 확실치 않았다. 미 5공군으로서는 북부 항로와 남부 항로 중 어디를 선택해서 지킬 것인지를 결정해야 했다. 하나를 택하면 다른 하나는 버릴 수밖에 없는 상황이었던 것이다.

케니 중장 앞에 놓인 상황을 좀 더 자세히 살펴보면 이랬다. 북부 항로는 대략 700킬로미터, 남부 항로는 대략 900킬로미터 이상의 거리로, 북부가 조금 짧았다. 일본군 수송선단의 속도는 대략 7노트, 즉 시속 13킬로미터의 속도로 항해할 것으로 예상됐다. 쉬지 않고 항해하면 하루에 대략 300킬로미터 정도를 항해할 수 있었다. 따라서 전속력으로 쉬지 않고 항해할 때, 일본군이 북부 항로를 택하면 약 2일, 남부 항로를 택하면 약 3일만에 뉴기니에 도착할 수 있었다.

케니 중장이 모든 항공 전력을 북부 항로에 투입했는데, 마침 일본군도 북부 항로로 항해한다면, 항해 초기부터 교전에 돌입할 것으로 예상할 수 있고, 따라서 2일간 선단을 공습할 수 있다고 판단했다. 한편 일본군이 남부 항로를 택했다면, 첫날은 공습할 수 없겠지만 정찰기 등의 활동으로 인해 일본군이 남부 항로를 택했다는 사실을 하루 만에 파악할 수 있었다. 그러면 다시 전대를 남부 항로에 투입하여, 총 3일의 항해기간 중 2일간 공습이 가능했다.

반면, 케니 중장이 병력을 남부 항로에 집결시켜 놓았는데, 일본군이 남부 항로로 항해하면, 위와 마찬가지로 항해 초기부터 교전에 들어갈 수 있으므로 3일간 공습이 가능했다. 반대로, 일본군이 북부 항로를 택한 경우, 케니 중장은 하루를 정찰 및 재배치에 허비하게 되어 공습은 하루만 가능하다고 보여졌다. 그리고, 미 5공군 입장에서는 공습할 수 있는 날짜가 많으면 많을수록 더 바람직했다. 왜냐하면 그 만큼 더 많이 공격을 할 수 있기 때문.

케니 중장의 두 가지 대안 중 우성 대안이 있을까? 그렇지는 않다. 일본군 선단이 북부 항로를 택했을 경우, 미 5공군이 북부 항로를 지키는 쪽이 미군에게 유리했지만, 반대로 일본군 선단이 남부 항로를 택했을 경우는 남부 항로를 지켜야 미군에게 유리하기 때문이다. 하지만 여전히 최악의 최선화 원칙을 적용할 여지는 남아 있다. 케니 중장의 입장에서 보면, 북부 항로를 지키는 쪽이 최악의 최선화 원칙을 적용하는 게 된다. 이때 미군의 공습기간은 아무리 짧아도 2일인 반면, 남부 항로를 지키면 잘못 하다간 1일이 될 수도 있기 때문.

입장을 바꿔서 일본군의 입장이 되어보자. 일본군에게는 우성 대안이 존재한다. 북부 항로를 항해하면 2일 아니면 1일을 공습받고, 남부 항로를 항해하면 2일 아니면 3일 공습받기 때문이다. 일본군이 합리적이라면 당연히 북부 항로를 택할 것이라고 예상할 수 있다.

일본군이 합리적이라면 북부 항로로 진행해올 것이고, 그 경우 미 5공군은 북부 항로를 지켜야 공습 기간이 길어진다. 어쨌거나 최악의 최선화 원칙상으로도 미 5공군은 북부 항로를 지키는 쪽이 안전하다. 케니 중장은 미 5공군의 전 병력을 북부 항로로 투입하여 지키도록 결정하였다.

결과적으로 무슨 일이 벌어졌을까? 일본군 수송선단을 지휘한 키무라 마사토미 제독은 2월 28일, 보병 병력 6,900명을 태운 여덟 척의 수송선과 여덟 척의 구축함 전대로 구성된 선단을 이끌고 라바울을 출항하였다. 그는 북부 항로를 택했고, 그 결과 대기 중이던 미 5공군은 수송선단에게 궤멸적 타격을 가할 수 있었다. 여덟 척의 수송선은 모두 침몰, 구축함도 네 척이 격침되었고, 6,900명의 병력 중 1,200명 만이 뉴기니에 도착하는 데 그쳤다. 일본군의 유일한 위안은 2,700명의 병력이 살아남은 네 척의 구축함에 구조되어 라바울로 생환했다는 사실이다. 그렇지만 전체적으로는 완전한 작전 실패였다.

일설에 의하면, 키무라 제독의 작전은 3월 3일에 남쪽의 래이 항에 도착할 것을 목표로 하되, 미군으로 하여금 북부의 마당 항으로 향한다는 오판을 일으키기 위해 북부 항로를 택했다고 한다. 출항한 첫날은 마침 북부 항로에 열대성 폭우가 내려 미군에 발각되지 않았다가, 다음 날 날이 개면서 노출되었고 결국 전멸에 가까운 피해를 입었다. 또 다른 설에 의하면, 남부 항로를 통해 남쪽의 래이 항으로 가는 게 원래 작전 계획이었다고 한다. 이전에 그와 같이 수송해서 별로 피해를 입지 않았기 때문. 그런데 출항 당일 북부 항로에 악천후가 끼는 것을 보고, 은닉 효과를 노리고자 갑자기 북부 항로로 변경했다는 것이다. 북부 항로의 열대성 폭우가 하루, 이틀만 지속됐다면, 키무라 제독은 수송 작전을 성공적으로 완수했을지도 모른다.

전쟁 사례에 게임이론을 적용했지만, 유사한 상황은 실생활에도 충분히 있을 수 있다. 우연을 가장한 인연을 만들고 싶은 청년(케니 중장)이 한 아가씨(키무라 제독)를 좀 더 자주 마주치기 위해 어느 길로 출퇴근할지를 결정할 때, 앞에서 설명한 원칙과 방식대로 문제에 접근할 수 있다. 그렇다고 스토커가 되지는 마시길.

페널티킥,
어디로 차야 돼?

지구상에 존재하는 스포츠 중 가장 인기 있는 한 종목을 고르라면 아마도 축구를 골라야 할 것 같다. 개인적으로는 점수가 많이 나는 농구나 야구쪽이 더 흥미롭긴 하지만 말이다. 축구 경기는 90분 열심히 뛴 끝에 0대 0으로 끝나는 경우도 적지 않아 아무래도 지루하다. 그래서 무슨 일이 있어도 승부를 가려야 할 때는 승부차기(페널티킥)를 하게 된다. 혹자는 이 페널티킥이 잔인하다고도 하는데, 이건 그래도 골이 웬만하면 나니까 볼만 하다.

축구 규칙에 익숙하지 않은 독자를 위해, 페널티킥을 어떻게 차는지 간단히 설명해보자. 골대에서 11미터 떨어진 곳에 공을 세워 놓고, 높이가 2.44미터, 폭이 7.32미터인 골대를 향해 공을 발로 차서 골대 안으로 넣는다. 한편 상대팀 골키퍼는 골대 앞에 서서 공이 골대 안으로 들어가는 것을 막는다.

통상적인 슛의 속도를 감안하면, 키커의 발을 떠난 공이 골대를 통과하는 데 0.3~0.5초 정도의 시간이 소요되는데 반해, 동물적인 감각과 반응 속도를 갖고 있는 골키퍼들의 반응 속도는 빨라야 0.6초 정도 된다고 한다. 키커의 발을 떠난 공이 어디로 향하는지 보고 공을 쳐내는 것은 불가능에 가깝다는 얘기. 한쪽은 버리고 다른 한쪽만 노려서 거의 동시에 몸을 날려야 그나마 약간의 희망이라도 가질 수 있다.

페널티킥은 동전 홀짝 맞추기와 비슷한 상황이다. 한 사람이 동전을 집으면, 다른 사람이 홀짝을 맞추는 게임 말이다. 슛 하는 키커는 동전을 집는 사람이고, 골키퍼는 동전이 홀수인지 짝수인지 맞히는 사람이다. 이때 키커가 슛 하는 방향과 골키퍼가 몸을 날리는 방향이 일치하지 않는다면 100% 골인된다고 가정하자. 사실 방향이 서로 어긋나도 골대를 맞히거나 골대 바깥으로 차는 경우도 있으니까 완전히 100%는 아니지만, 이는 무시하자.

반대로 슛의 방향과 골키퍼의 다이빙 방향이 일치하는 경우, 100% 확률로 골키퍼가 공을 막아낸다고 보기는 어렵다. 도저히 손이 닿지 않는 구석으로 가거나, 너무 슛이 강해서 못 쳐내는 경우도 있을 테니 말이다. 어림짐작으로 50%의 확률로 골인이 된다고 하자. 이제부터는 논의의 편의를 위해 오른쪽, 왼쪽을 얘기할 때, 키커의 관점에서 기술하자. 그러니까 왼쪽 하면 골키퍼의 관점에서는 자신의 오른쪽으로 몸을 날리는 상황인 거다.

슛을 하는 키커나 공을 막는 골키퍼가 오른쪽 혹은 왼쪽 중에 어느 한 쪽을 특별히 더 선호할 이유가 없다면, 각각 50%의 확률로 오른쪽과 왼쪽을 택하게 된다. 그러면 (키커, 골키퍼)가 각각 (오른쪽, 오른쪽), (오른쪽, 왼쪽), (왼쪽, 오른쪽), (왼쪽, 왼쪽)으로 공을 차고 몸을 날리는 네 가지의 경우가 있게 되며, 그 각각의 확률은 25%다.

방향이 엇갈린 (오른쪽, 왼쪽)이나 (왼쪽, 오른쪽)의 경우, 반드시 골인이 되고, 방향이 일치한 (오른쪽, 오른쪽), 혹은 (왼쪽, 왼쪽)의 경우는 50%의 확률로 골인이 된다. 이를 모두 합치면, 75%다.

$$골인\ 확률 = 25\% \times 50\% + 25\% \times 100\% + 25\% \times 100\% + 25\% \times 50\% = 75\%$$

즉, 페널티킥의 성공 확률은 75%로 네 번 차면 세 번은 골인이 된다고 볼 수 있다. 페널티킥의 성공 확률은 80% 정도라고 얘기하는데, 위와 같은 간단한 계산의 결과와 꽤 놀랄 정도로 일치한다는 것을 알 수 있다.

페널티킥을 한 번만 하고 끝나는 것이 아니고 한 시즌 동안 수십 차례의 기회를 갖는다면, 어떻게 슛을 하고 어떻게 막는 것이 최선인가에 게임이론을 적용해볼 수 있다. 앞에서 본 바와 같이 순수한 의미에서의 우성 대안이나 최악의 최선화를 할 수는 없지만, 확률적 의미에서 최악의 최선화를 시도하는 것이다. 무조건 왼쪽으로 차라, 혹은 오른쪽으로 차라 할 수는 없지만, 골인 확률을 극대화하기 위해서 왼쪽과 오른쪽으로 각각 어떠한 확률로 차야되는지를 게임이론은 알려줄 수 있다는 뜻. 이러한 방법을 게임이론에서는 혼합전략*이라고 부른다.

자세한 전개 과정을 여기에서 설명할 수 없지만, 아무튼 키커가 택할 수

---

* 혼합전략(mixed strategy)과 반대로 어느 한 대안을 100%의 확률, 즉 확률의 개념 없이 무조건 하게 되는 경우를 순수전략(pure strategy)이라고 부른다.

있는 최선의 방법은, 오른쪽과 왼쪽을 가리지 말고 완전히 무작위하게, 그러니까 각각 50%의 확률로 차는 것이다. 골키퍼도 마찬가지다. 오른쪽, 왼쪽 상관없이 운에 맡기고 각각 50%의 확률로 몸을 날릴 때, 공을 막을 확률을 제일 높일 수 있다. 왜 그런지에 대해 간단히 설명하면 이렇다.

키커가 왼쪽으로 80%의 확률로 슛을 한다고 해보자. 그게 눈에 띄기 시작하면, 이에 적응하여 골키퍼도 왼쪽으로 더 많이 다이빙하게 된다. 이때 오른쪽을 완전히 포기하고 왼쪽으로만 다이빙하면, 키커의 성공률은 80% × 50% + 20% × 100%가 되어, 60%밖에 안 나온다. 그렇기 때문에 키커는 양쪽을 균등하게 50%씩 차야 한다는 것.

브라운대의 한 교수는 실제로 축구선수들이 이 원칙대로 페널티킥을 차는지를 조사해봤다. 마흔두 명의 세계적인 선수들을 대상으로 한 조사에서, 세 명만 빼고 나머지 서른아홉 명의 선수가 이 이론대로 차더라는 것을 발견했다고. 세계적인 축구선수들은 본능적으로 이미 유능한 게임이론 전문가였을지도 모를 일이다.(어찌 보면 당연한 일이다. 그들은 누구보다 축구 게임을 많이 한 전문가 아니겠는가. 특히 프랑스의 지네딘 지단이 훌륭했다고.)

실제는 어떨까? 앞에서 가정한 상황보다 조금 더 복잡하다. 우선, 키커가 오른쪽과 왼쪽을 노렸을 때의 가능성이 완전히 균일하지 않다. 오른발잡이들은 왼쪽으로 찰 때, 더 정확하고 강하게 찰 수 있다. 왼발잡이들은 반대로 오른쪽으로 차는 게 아무래도 편하다. 오른발잡이 키커라면 왼쪽으로 찼을 때의 성공률이 오른쪽으로 찼을 때보다 조금 더 높을 가능성이 충분히 있다. 이런 경우, 왼쪽의 성공률이 높으니까 왼쪽으로 더 많이 차는 게 유리하다고 생각할지도 모르겠다.

그런데 놀랍게도 게임이론은 그렇지 않다고 우리에게 알려준다. 잘 차는 쪽, 성공률이 높은 쪽일수록 덜 차야 하고, 성공률이 낮은 쪽으로 자주차야 한다고 말이다. 직관에 반하는 이런 결론은, 수학적으로 사실임을 입증할 수 있다. 개념적인 설명을 하면, 성공률이 높다고 해서 그쪽을 더 많이차기 시작하면 골키퍼도 '아, 이 키커는 이쪽으로 더 많이 슛을 하는군.' 하고 깨닫고는, 그쪽으로 더 자주 몸을 날리기 시작한다. 그렇게 되면 결과적으로는 키커의 슛 방향 선택이 무작위적이지 않은 악영향이, 좀 더 정확하게 찰 수 있는 키커의 능력으로 인한 긍정적 효과를 오히려 압도하게 된다.

페널티킥과 비견할 만한 다음 상황을 대상으로 좀 더 구체적인 숫자를보자. 가령, 당신은 내일 시험을 앞두고 벼락치기를 해야 하는 학생이다. 시험의 출제자는 그동안 A와 B라는 두 권의 참고서에서 문제를 내 왔다. 참고서 A는 초급 수준이라, 여기서 나오면 다 맞힐 수 있다. 참고서 B는 고급수준이라, 여기서 출제되면 반밖에 못 맞힌다. 문제는 A와 B 둘 다 볼 시간은 없다는 것. 그래서 반드시 둘 중 하나만 선택해서 공부해야 하는 상황이다. 두 참고서는 서로 다른 주제를 다루기 때문에, A에서 출제됐는데 B를공부했거나, 반대로 B에서 출제됐는데 A를 공부한 경우, 한 문제도 맞추지못한다.

게임이론의 최적 혼합전략 원칙에 의하면, 당신은 A를 1/3의 확률로, B를 2/3의 확률로 택하여 공부해야 한다. 이 말은 세 번 시험보면 무작위적으로 한 번은 A를 택하고 나머지 두 번은 B를 택해서 시험 준비를 해야 한다는 뜻이다. 왜 그렇게 해야 되는지를 수식을 동원하지 않고 설명하기란참으로 곤란한 일이므로, 여기서는 언급하지 않도록 하겠다. 다만 최선의 선택 확률을 각 대안의 정답 확률에 곱하면 같은 값이 나온다는 사실에 주목하시길. 둘 다 A를 택했을 때의 정답 확률 1에 1/3을 곱하면 1/3이 나오고, 둘 다 B를 택했을 때의 정답 확률은 0.5에 2/3를 곱해도 1/3이 나와, 결국 같은 값이 된다.

다시 페널티킥 문제로 돌아와,《괴짜경제학》이라는 책으로 유명한 스티븐 레빗이 검토한 실제의 페널티킥 통계를 보자. 프랑스 프로축구 리그와 이탈리아의 세리에A를 대상으로 조사하면서, 그는 좌우뿐만 아니라 가운데라는 대안도 포함시켰다. 그 결과가 아래의 표다.

		골키퍼			
		왼쪽	가운데	오른쪽	합계
키커	왼쪽	63.2%	100%	94.1%	76.7%
	가운데	81.2%	0%	89.3%	81.0%
	오른쪽	89.5%	100%	44.0%	70.1%
	합계	76.2%	72.7%	73.4%	74.9%

우선 눈에 띄는 것은, 모든 상황을 아우르는 전체 페널티킥의 성공 확률은 놀랍게도 74.9%, 즉 위의 단순한 방식으로 예측한 75%와 거의 완벽하게 같다는 사실이다. 두 번째로, 키커가 왼쪽으로 찼을 때의 성공률이 오른쪽으로 찼을 때의 성공률보다 약간 높다는 사실. 이는 대부분의 선수들이

오른발잡이라는 걸 생각하면 충분히 납득이 된다.

그렇지만 표에서 제일 흥미로운 사실은, 키커가 가운데로 찼을 때의 성공 확률이 무려 81%로 왼쪽이나 오른쪽으로 찼을 때보다 더 높다는 점이다. 이걸 어떻게 설명할 수 있을까? 표에서도 나와 있듯이, 가운데로 찼는데 골키퍼가 가운데 서 있으면 골인 확률 0%로 무조건 실패다. 그럼에도 전체적으로 골인 확률이 높다는 건, 골키퍼들이 왼쪽 아니면 오른쪽으로 일단 몸을 던지고 본다는 걸 증명하는 결과다.

그렇다면 다음 페널티킥 기회 때 성공 확률을 높이기 위해 키커가 가운데로 찰 수도 있는 거 아닐까? 그렇지만 실제로 그런 선택을 하는 키커는 그렇게 많지 않다. 왜일까? 아마도 이는 또 다른 차원의 감정적 원리가 작용하는 탓일 듯하다. 왼쪽이나 오른쪽으로 차다가 골키퍼에 막히면 상대가 선방해서 그랬다는 변명이 통할 수 있다. 하지만 가운데로 찼다가 혹시라도 골키퍼가 안 움직여서 너무나 쉽게 막혀버리는 경우, 얼마나 키커가 바보처럼 보일지 상상해보라. 명색이 선수가 고작 한가운데로 공을 보내느냐는 식의 원색적 비난을 받을 게 분명하다. 차라리 골인 확률이 조금 낮더라도, '안전하게' 왼쪽이나 오른쪽으로 차는 편이 더 나은 선택일 수도 있다는 것. 이처럼 지능을 갖고 있는 사람을 상대로 하는 선택은 복잡하고 골치 아프다.

이성적, 합리적
상대방을 상대하는 방법

지금까지 이 장에서 얘기한 것을 간단히 요약하면 이렇다. 우성 대안이 있다면, 이를 선택하지 않는다는 건 생각하기 어렵다. 죄수의 역설과 같은 상황도 없지 말란 법은 없다. 하지만 이러한 상황은 실제로 매우 드문 편이니 너무 염려하지 않아도 된다. 우성 대안이 없다면 그다음으로는 최악의 최선화 원칙을 고려할 만하다. 경우에 따라서는 여러 대안을 최적의 확률에 의해 선택하는 최적 혼합전략을 쓸 수도 있다. 다시 말해, 무작위적으로 행동함으로써 상대방이 내 의사결정을 예상하지 못하도록 하는 거다. 이렇게 함으로써 상대방이 무슨 대안을 선택하든 내 기대값의 최소를 극대화한다.

하지만 이게 전부는 아니다. 게임의 규칙을 바꾸어버리거나, 상대방이 갖고 있는 합리적 논리를 역으로 이용하는 방안도 있을 수 있기 때문이다. 그러한 선택 또한 우리가 갖고 있는 옵션이다. 이 절에서는 그러한 방안들 중 대표적인 네 가지 방안에 대해 알아보자.

첫 번째는 '내 손에 수갑 채우기'라는 방안이다. 한마디로 내가 갖고 있는 대안의 일부를 스스로 버리거나 혹은 버리겠노라고 대외적으로 공표하는 것이다. 앞에서 얘기한 바대로라면 대안은 소중한 것으로, 이를 미리 그것도 자발적으로 버린다는 건 상상하기 어렵다. 그러나, 특정 대안을 아예 갖지 않겠노라고 선언함으로써, 오히려 유리한 결과를 얻어낼 수 있는 경우가 있다는 것이 이 방안의 핵심이다.

이러한 방안이 유효한 상황 중에 대표적인 것으로 이른바 '치킨 게임'이 있다. 치킨 게임은 두 상대가 전속력으로 마주 보고 차를 몰아 그대로 가다가는 정면충돌하여 둘 다 죽게 되는 상황을 말한다. 누가 더 기가 센지를 겨루는 이러한 상황에서, 나와 상대방의 대안은 (직진한다, 차를 돌려 피한다)의 두 가지다. 나로서는 상대방이 먼저 겁을 집어먹고 차를 돌리는 게 가장 바라는 바다. 하지만 상대방도 마찬가지로 내가 차를 돌리길 바랄 것이다. 둘 다 직진을 택하면 모두 죽는 최악의 상황이 닥친다. 둘 다 회피하면 둘 다 약간 체면이 깎이는 차선의 상황이다. 회피를 선택한 사람 입장에서는, 상대방이 같이 회피를 선택한 경우가 조금 낫고, 상대방이 직진을 하면 가장 체면이 깎이는 차악의 상황이다.

이 상황에 우성 대안은 존재하지 않는다. 또한, 이 경우 최악의 최선화 원칙은 영 만족스럽지 못하다. 그러려면 회피를 택해야 하는데, 내가 회피를 택한다는 것을 혹시 상대방이 안다면 상대방은 직진을 고집하여 결국 최선의 결과를 가져가고 나는 차악의 결과에 만족해야 하기 때문. 여기서 알 수 있는 하나의 사항은, 의사결정을 할 때 동시에 하느냐 혹은 순차적으로 하느냐가 굉장히 중요한 문제가 될 수 있다는 점이다.

이때 쓸 수 있는 방안이 바로 "차를 돌리는 일은 절대로 없다"고 공언하는 것이다. 내 대안 중에 회피는 더이상 없고 오직 직진만이 남아 있게 만드는 거다. 내 말이 거짓말이 아니라고 상대방이 느끼면, 다같이 죽는 최악의 상황을 맞이하느니 차라리 체면이 깎이더라도 살 수 있는 회피를 택하게 될 테다.

여기서 중요한 것은, 공언이 그럴듯하게 들려야 한다는 점이다. 과거에 그런 공언이 허풍으로 드러난 사람이라면 이런 방안의 효과는 그렇게 크지 않을 것이다. 이러한 방안의 효과를 극대화하려면, 버리겠다는 대안을 정말로 택할 수밖에 없는 조건 혹은 상황을 연출할 필요가 있다. 전쟁에서 스스로 강가에 진을 침으로써 도망갈 길을 막아버리는 이른바 '배수의 진'이 대표적인 예라면 예다.

두 번째 방안은 '또라이처럼 보이기'라는 방안이다. 종잡을 수 없는 행동을 보임으로써 상대방의 합리적 선택을 방해하고 나한테 유리한 대안을 상대방이 택하도록 하는 것이다. 내 손에 수갑 채우기와 혼동될 수 있는 면이 있으나, 차이가 분명히 있다. 내 손에 수갑 채우기는 내 선택의 폭을 좁히는 것인 반면, 또라이처럼 보이기는 이해할 수 없는 행동을 보임으로써 상대방의 선택을 강요하는 것이다.

이 방안을 실행할 때 몇 가지 주의할 점이 있다. 또라이 짓을 할 때는 직접 상대방을 대상으로 하지 않아야 한다는 점이다. 잘못하다가는 상대방이 악감정을 갖게 되어 내가 원하는 효과를 거두지 못할 가능성이 높다. 그러니까 미친놈 소리를 들을 만한 행동은 내 직접적인 상대방이 아닌 별로 상관없는 제삼자를 대상으로 해야 한다. 그럼으로써 "쟨 알 수 없는 미친 놈 이야."라는 세간의 평가를 얻는 것을 목표로 한다. 국제 정치에는 특히 이런 일에 도가 튼 세력들이 있다.

세 번째 방안은 '소통으로 결탁하기' 방안이다. 상대방과의 직간접적인 의사소통에 의해 대결 상황을 윈 - 윈 할 수 있는 협조 상황으로 바꾸는 거다. 대표적인 예가 죄수의 딜레마다. 두 공범이 서로 얘기를 주고받을 기회가 있다면 범행을 부인하기로 약속함으로써, 둘 다 5년 형을 1년 형으로 줄일 수 있게 된다. 이 말은 둘 간의 의사소통의 기회를 차단하는 것이 경찰에게 매우 중요하다는 얘기이기도 하다.

그런데 이 방안에 내재된 문제점이 없지는 않다. 제일 먼저, 위와 같은 결탁은 기본적으로 불안정해 갑자기 깨질지 모른다. 그렇게 맺어 놓은 결탁은 내쉬 균형이 아니기 때문이다. 상대방이 자백하지 않을 게 확실하다면, 범행을 부인하기보다는 자백해버림으로써 나는 풀려날 수 있다. '이 녀석이 배신할지도 몰라.' 하는 생각에 사로잡히기 시작하면, 차라리 자백해야겠다고 생각하게 될 테다.

그래서 장기적인 관계를 만드는 것이 결탁에서는 중요하다. 일회적인 관계에서 결탁을 유지하기란 극히 어렵다. 반복적으로 마주해야 하는 관계라면, 그리고 그 관계가 오래가야 하는 상황이라면, 둘 사이의 결탁이 유지될 가능성이 높아진다. 가장 이상적인 상황은 둘의 공동의 이해관계가 무한한 시간 동안 계속되어야 하는 경우다.

신과의 관계라면 모를까, 평범한 인간 사이에 무한히 유지될 관계를 찾기란 모래에서 바늘을 찾기보다 어려운 일이다. 관계가 종료되는 시점이 정해져 있다면, 결탁은 언제든 깨질 수 있다. 관계가 끝나고 남남이 돼서 창 끝을 다시 겨눌 거라면, 끝나기 하루 전날 배신하는 게 합리적일 수 있고, 전날 배신할 거라면 그 전날 배신, 이런 식으로 생각을 이어나가면 오늘 당장 배신하는 게 합리적인 선택일 수 있으니 말이다. 그러니까 무한할 수 없다 하더라도, 무한한 미래가 존재한다고 믿도록 만드는 게 중요하다는 얘기.

네 번째 방안은 '눈에는 눈, 이에는 이'다. 상대방과 이해관계가 마주치는 반복적인 상황에 놓여 있을 때, 먼저 배신하지 말고 협력하되, 상대방이 배신하면 곧바로 보복을 가하라는 거다. 그랬다가 상대방이 다시 협조하기로 결정을 바꾸면 다시 협조하는 선택을 하는 게 이 방안의 핵심이다.

대결이 단 한 번이 아니라 반복적으로 계속되는 경우를 대상으로 정립된 게임이론을 동적 게임이론 혹은 진화적 게임이론이라고 한다. 이러한 상황에서 쓸 수 있는 전략의 종류는 사실 매우 다양하고, 눈에는 눈, 이에는 이도 그중 하나다. 동적 게임이론 전문가들이 밝힌 바에 의하면, 컴퓨터 시뮬레이션을 통해 수십 가지가 되는 전략들 간에 경쟁을 붙여본 결과, 가장 안정적으로 최선의 결과를 가져오는 방안이 바로 눈에는 눈, 이에는 이였다고 한다. 기본적으로 결탁과 협조를 통해 공동의 최선의 이익을 도모하되, 상대방이 비겁하게 배신하는 경우 가차없이 보복을 가함으로써 비열하게 굴어봐야 얻을 것이 없다는 신호를 확실하게 보내는 것, 그것이 눈에는 눈, 이에는 이가 달성하고자 하는 지향점이다. 오른빰을 때린 비열한 상대방에게 왼빰까지 댈 필요는 없다고 게임이론은 얘기하고 있다.

마지막으로 혼합전략에 대한 얘기 한 가지를 첨언하면서 이 장을 마치도록 하자. 최적 혼합전략이 수학적으로는 진리임에도 실제 사람들을 관찰하면 그대로 따라 하는 경우는 별로 없다고 한다(세계적인 축구선수들은 예외적인 존재다!). 왜 그럴까? 사람들이 합리적이지 않아서 그럴까? 이유는 간단하다. 최적 혼합전략이 지시하는 대로 확률적으로 선택하는 게 안전하고 최선이지만, 그만큼 지루하고 흥분이 안 되기 때문 아닐까? 합리적인 의사결정은 이래저래 어렵다.

5장

전공과
직업 선택의
근시안적
경제학

나비의 날갯짓이
런던으로 떠밀다

바클레이스와의 첫 번째 인터뷰가 다른 투자은행과의 인터뷰와 크게 다른 점은 없었다. 본인을 바클레이스 포르투갈 헤드라고 소개한 인터뷰어는 자기 소개가 끝나자마자 다짜고짜 기술적인 질문을 던졌다. 나로선 최선의 답을 한다고 했는데, 답변이 맘에 안 들었는지 이내 성질을 부리기 시작했다는 점이 조금 달랐다고나 할까?

'아니, 떨어뜨릴 거면 그냥 떨어뜨릴 것이지, 왜 신경질을 내는 거야?'

인터뷰 끝내고 나와서 좋은 경험했다고 스스로를 다독였다. 하지만 그렇게 넘기기에는 속이 상했던 것 같다. 몇 명의 동기들을 붙잡고 하소연하고, 집에 가서 와인을 마셨던 걸 보면. 그러곤 깨끗이 머릿속에서 지워버리고 다음 날부터 다시 바쁜 일상으로 돌아갔다.

열흘 정도 후에 학교에서 2차 인터뷰를 하자는 연락이 왔다. 속으로 생각했다.

'이번에도 인터뷰 중에 성질 내면 참지 않고 중간에 나와버린다.'

2차 인터뷰를 진행한 유럽 M&A 헤드인가 하는 영국인은 다혈질의 포르투갈 헤드처럼 성질을 부리진 않았다. 대신 질문이 평범하기 짝이 없었다. 대개 너무 평이한 질문을 하는 경우 별로 관심이 없다는 신호일 가능성이 높았다. 그래도 욕먹지 않고 2차 인터뷰 경험한 것으로 족하다고 생각했다. 별로 속상할 일도 없어서, 그날은 인터뷰 끝나자마자 숙제하러 도서관으로 향했다.

3주인가 지난 후에, 학교 이메일로 연락이 왔다. 바클레이스 본사가 있는 런던에서 채용 관련 행사를 하니 오라는 내용이었다. 토요일 점심때 시작해서 1박 2일로 진행되는 행사로, 퐁텐블로에서 런던까지 왕복 교통편과 숙박이 모두 제공된다고 했다. 동기들 소문에 의하면 20여 명이 행사에 초대받았다는 것 같았다. 이게 마지막 관문인 것 같다는 소문도 돌았다. 다들 바짝 긴장하는 기색이 역력했다.

'허허, 여기까지 경험하게 될 줄이야. 에이, 그렇다고 나이 많은 나를 뽑을 리가 있겠어? 덕분에 런던 한번 갔다 오는 거지 모.'

최종 인터뷰에 초대됐다는 사실만으로 오퍼를 기대하기에는 핸디캡이 많았다. 예상 질문을 고민해본다든지, 인터뷰 연습을 한다든지 하면서 조바심하지 않고, 편안한 마음으로 일상적인 학교생활을 했다. 행사 전날도 도서관에서 숙제하다가 밤 11시에 문 닫으면서 쫓겨나 집에 가서 짐을 쌌을 정도로.

행사는 바클레이스 본사가 위치한, 런던의 신흥 금융 중심지 카나리 워프의 한 박물관에서 이뤄졌다. 행사를 위해 통 크게 박물관을 통째로 전

세 낸 모양이었다. 가보니 런던 비즈니스스쿨과 스페인의 IESE에 다니는 MBA들도 초대를 받아 왔다. 세 학교에서 온 총 50여명가량의 학생들 사이에서는 서로 분위기 탐색하느라 불꽃이 튀었다. 그런 와중에도 다들 아무렇지 않은 척하며 잘도 떠들어댔다.

옆의 메리어트 호텔에 짐을 풀자마자 곧바로 행사가 시작됐다. 인터뷰를 예상했는데 그런 게 아니었다. 먼저 주최 측에서 짜준 조 단위로 여러 가지 과제를 수행해야 했다. 여덟 명으로 구성된 각 조는 블록을 가지고 가장 효율적으로 길을 만들어야 했다. 조는 과제마다 계속 바뀌었다. 다 저 잘났다고 생각하는 MBA들을 모아놓으니 처음에는 아주 가관이었다. 그러다가 옆 조와의 경쟁에 신경을 쓰지 않을 수 없게 되자, 자연스럽게 개인들의 특성이 드러나기 시작했다.

가장 합리적인 해결책을 내놓는 친구, 굳은 일을 마다하지 않고 묵묵히 기여하는 친구, 리더십을 발휘해서 조를 끌고 나가는 친구, 대안 없이 비판만 하는 친구, 아무것도 하지 않는 친구 등 천차만별의 모습이 내 눈에도 보였다. 그 과정을 십여 명 이상의 바클레이스 사람들이 옆에서 관찰하고 기록했다. 실험실의 기니피그처럼 관찰되고 있다는 사실은 불편했지만, 한편으론 '어, 이거 시간과 에너지가 들어서 그렇지, 걸러내는 데 꽤 효과적인 과정인 걸.' 하는 생각도 들었다.

과제 중에는 개인 과제도 있었다. 네 명씩 조를 이루게 하더니, 앞뒤로 빡빡하게 적힌 A4 용지들을 나눠줬다. 일종의 트레이딩 게임 규칙이 쓰여 있는 룰북이었다. 그냥 읽는 것만으로 10분 이상 족히 걸릴 것 같은 그 룰북을 단 5분간 본 후, 곧바로 게임을 시작할 거라고 알려왔다. 결과는 둘째치고, 논리적으로 게임을 하는 게 중요하겠다는 생각이 들었다. 그래서 확률을 베이스식으로 업데이트 하는 방식의 논리를 세워 게임에 임했다. 결과는 마지막 카드가 불리하게 나오면서 제일 많은 돈을 잃고야 말았다. 아쉽지만 최선을 다했다는 생각에 웃었다. 그러자 옆에서 번뜩이는 눈으로 지켜보던 바클레이스측 여러 사람들의 눈빛이 반짝였다. 속으로 '망했구나.' 하고 생각했다.

오후 내내 계속된 과제는 저녁나절이 되어 끝났다. 그러곤 근처 최고급 레스토랑에서 만찬 이벤트가 벌어졌다. 하루 종일 고생시켜 미안하다며, 좋은 요리에 와인이 이어졌다. 긴장이 풀린 탓이었을까, 그렇게 혀에 감기는 와인은 처음이었다. 모두 결과는 잊어버리고 거나하게 취했다.

그때였다. 분위기가 한창 달아올라 있던 9시 반 경, 갑자기 차가운 공기가 만찬장을 휘감았다. 주최측 사람들이 두꺼운 책자를 들고 나타났다. 영국의 거대 유통기업 테스코의 연간 사업 보고서였다. 수백 페이지에 달하는 그 보고서를 바탕으로 내일 아침 6시까지 회사 재무상태에 대한 보고서를 써 오라는 거였다. 그러니까 이걸 시키려고 우리를 일부러 취하게 만든 거였다. 휘청거리는 몸을 이끌고 호텔방으로 돌아왔다. 투자은행에서 벌어지는 실제의 모습을 너무도 잘 재현한 행사였다. 후보자의 근성과 체력을 이보다 더 제대로 평가할 방법이 어디 또 있을 손가.

그래서 결국 밤을 샐 수밖에 없었다. 유통산업의 특성과 회사가 표방하는 사업 전략을 감안하여, 재무제표 주석에서 뭔가를 숨겼을 만한 단서를 찾고 또 찾았다. 보고서 작성을 마치고 나니 새벽 4시 반, 씻고 호텔 로비로 내려가니 사람들이 이미 옹기종기 모여 있었다. 보고서를 제출하고 아침식

사로 샌드위치를 받았다. 바클레이스 인사팀 소속 직원은 아침 7시부터 인터뷰가 시작될 거라며 명단을 불러줬다. 이름이 불리지 않은 사람들은 그냥 가도 좋다고 했다. 용케 내 이름도 불렀다. 피곤하고 멍한 상태라 기쁘다는 생각도 채 들지 않았다.

그러곤 줄줄이 10여 명의 사람과 인터뷰를 했다. 나중으로 갈수록 서열이 높은 사람이 등장했다. 그렇게 제일 마지막으로 바클레이스 주식파생 부문 글로벌 대표가 나왔다. 나에 대해 관심을 갖고 있다면서, 자기네 계획으로는 나를 뽑게 되면 홍콩으로 보내 비정형옵션 트레이딩 북을 맡길 생각이라는 얘기를 했다. 믿어지지 않았다. 그래도 꿈을 꾸고 있는 게 아닌 건 확실했다. 이제 모든 인터뷰가 끝났다고, 가도 좋다고 인사팀 소속 직원의 얘기를 듣고 보니 오후가 돼 있었다.

학교로 돌아온 뒤 일주일 후, 공식적인 오퍼를 받았다. 트레이딩 게임을 할 때 사자 같은 자세와 목소리로 좌중을 휘어잡던, 제일 높아 보이던 사람이 전화를 직접 걸어왔다. 그는 이름도 천상 사자에 트레이더였다. 이름은 리처드요, 성은 글래드원. 이기는 걸 기뻐하는 사자왕이란 뜻이었다. 런던 행사에서 인상 깊게 봤다면서(돈을 다 잃었는데!), 꼭 합류해주기를 기대한다고 했다. 트레이딩 글로벌 헤드가 직접 전화를 주다니!

막상 공식 오퍼를 받고 나니, 기쁘면서도 불안감이 엄습했다. '트레이더라니, 그것도 비정형옵션 트레이더라니. 30대 후반의 나이에 한 번도 해본 적 없는 이걸 시작하는 게 정말 맞는 거야? 그랬다가 버티지 못하고 3개월만에 잘리기라도 하면 내 인생은 어떻게 되는 거지?' 정말 고민스러웠다. 인사팀에 가겠다는 확인을 미루고 시간을 보내자, 리처드가 다시 전화를 걸

어왔다. 솔직히 내가 트레이더로 잘할 수 있을지 확신이 서질 않는다고 하자, 자기 부하 트레이더 한 명을 보낼 테니 만나서 얘기해보라고 제안했다. 거절할 이유를 찾지 못해 그러겠노라고 대답했다.

학교로 찾아온 그는 헛소리하지 않고 정확히 할 말만 하는, 엄청난 지적 능력이 느껴지는 사람이었다. '트레이더들은 뭔가 좀 남다르구나.' 하고 느꼈다. 트레이딩 게임 얘기가 화제에 오르자, 그는 내가 한 베팅 순서를 봤다고 했다. 그러더니 짧은 시간 안에 확률을 베이스식으로 업데이트해나가는 게 인상적이었다고 했다. 그 말을 듣고 깜짝 놀랐다. 그걸 알아보다니! 그러면서 트레이딩이라는 게 벌 때도 있고 잃을 때도 있지만, 리처드를 포함해서 트레이더들인 자신들이 보기에 내가 충분히 잘해낼 수 있을 거라 생각되니 걱정하지 말라는 말을 해주는 거였다.

그 뒤로도 심적인 우여곡절을 한참 더 겪은 끝에, 결국 다른 곳에서 받은 오퍼를 포기하고, 바클레이스 홍콩에서 주식 비정형옵션 트레이더의 길을 걸어보기로 결심하게 되었다. 런던에서 일할 수 있는 다른 기회도 있었지만 솔직한 심정으로 차별 심한 유럽에서 치이고 싶지 않았던 데다가, 트레이더가 되는 게 두려워도 홍콩이라면 한번 도전해볼 만하다고 생각했기 때문이었다. 인사팀에 합류하겠다는 의사를 표현하면 이제 바클레이스에 대한 의무도 생길 터였다. 그 전에 리처드한테 감사의 표시를 해야 할 것만 같았다. 그래서 리처드에게 전화를 걸어, 감사 인사와 더불어 합류하겠다는 의사를 표했다.

12월 졸업 후 서울에서 1월 한 달을 보낸 뒤, 2월에 런던으로 갔다. 런던과 뉴욕, 싱가포르, 그리고 홍콩에서 일하게 될 다른 이들과 함께 6주간의 합숙 교육을 받는 거였다. 그런데 교육 첫날 알게 되었다. 내가 홍콩이 아니라, 런던에서 일하는 것으로 결정되어 있다는 사실을. 부문도 주식 부문이 아니라 외환 부문으로 바뀌어 있었다. 기가 막혔다. 뒤통수를 강타당한 기분이었다. 나를 인터뷰한 런던 소속의 주식파생 트레이더를 찾아가 물었다. 도대체 뭐가 어떻게 된 거냐고. 그도 굉장히 당황해하는 눈치였다. 자기가 알기론, 인터뷰 때 얘기한 대로 홍콩 소속으로 자신과 같은 역할을 맡는 걸로 알고 있었다며, 아마도 무슨 특별한 이유가 있지 않을까 싶다며 말을 아꼈다.

인사팀도 자세한 설명을 해주지 않는 것은 마찬가지였다. 설령 그렇다 해도, 이런 일은 미리 나에게 알려줘야 되는 거 아니냐고 따져 물었다. 그러자 홍콩 소속이 되는 것보단 런던 본사 소속이 되는 게 낫지 않느냐며 담당자는 귀찮다는 듯 반문해왔다. 너무 어이가 없어 말문이 막혔다. 그만둘까도 생각해봤다. 그런데 그럴 수도 없었다. 이미 거절해버린 다른 오퍼를 무슨 수로 살린단 말인가. 억울했지만 별 수 없었다. 결국 런던에 남게 됐다. 그 뒤로 겪은 일을 짧은 글로 다 설명할 수는 없다.

왜 이런 일이 벌어진 건지 지금도 확실한 건 모른다. 짐작하건대, 내가 리처드에게 전화를 직접 했던 게 유일한 단서가 아닐까 싶다. 전화할 때만 해도 몰랐는데, 나중에 알고 보니 리처드는 외환 트레이딩 글로벌 헤드였던 것. 내가 인사팀에 얘기하지 않고 자신에게 전화한 것을 핑계 삼아, 바클레이스 내에서 위상이 약간 밀리는 주식 부문으로부터 날 강탈해 온 게 아닐까 하는. 그렇더라도 내 의사를 주식 부문이나 인사 부서에서 한 번만이라도 확인하려고 했다면, 난 단연코 홍콩으로 가겠노라고 했을 텐데. 단순히 리처드에게 고맙다고 말하려던 게 전부였는데. 내가 그냥 인사팀에 이메일로 합류 의사를 밝혔다면, 원래 생각대로 홍콩으로 배치되었을까? 누가 그 답을 알랴.

시스템의 관점으로 사고하기

선택과 의사결정은 결국 내가 어떤 행동을 했을 때 어떤 결과가 나오는 가의 문제로 귀결된다. 제대로 된 의사결정을 하려면, 미래상태 및 최종 결과를 제대로 파악해야 한다. 그런데 이 부분이 생각보다 훨씬 어렵다.

우리가 생각하는 방식은 일반적으로 선형적이다. 선형적이란 말은 이런 거다. 곧게 뻗어 있는, 딱딱한 하나의 막대기를 상상해보자. 막대기 한쪽 끝을 잡고 쭉 뻗으면 내가 뻗은 만큼 막대기의 반대쪽 끝이 뻗어진다. 내가 팔을 들어 올리면, 막대기도 정확히 따라 올라온다. 내 행동과 결과 사이에 정확한 1대 1 대응 관계가 있다. 힘을 조금 가하면 조금 들어가고, 힘을 두 배 가하면 두 배 들어간다. 1 더하기 1 하면 2가 나오는 게 바로 선형성의 예다. 이런 식의 사고방식을 우리는 너무나 당연히 여긴다.

그런데 세상은 전적으로 선형적이지 않다는 게 문제다. 비유하자면 이렇다. 속이 보이지 않는 상자가 있고, 그 양면 위쪽에 막대기 끝이 빠져 나와 있다고 해보자. 막대기 한쪽 끝을 잡고 움직이면 반대쪽 끝이 따라 움직일 걸 자연스럽게 기대한다. 그런데 웬걸, 쑥 밀었는데 반대쪽이 밀려 나오는 게 아니라 오히려 쑥 들어간다. 위로 들어 올리니 이번엔 반대로 아래로 조금 내려간다. 어떤 특정한 방향으로 움직여보면 반대쪽 끝이 이번엔 아예 움직이지도 않는다.

이렇게 되는 이유는, 보이지 않는 상자 안에 복잡한 시스템이 있기 때문이다. 우리가 살면서 경험하는 대부분의 대상은 이와 같은 복잡한 시스템의 한 단면들이다. 그래서 우리의 결정과 행동이 어떤 결과를 가져올지 제대로 예측하기가 몹시 어렵다. 그럼에도 우리의 인식 수준은 여전히 선형적이다. 이러한 한계를 인식하지 못하고 세상을 너무나 단순하게만 보려고 한다. 이러한 습성은 제대로 된 의사결정을 막는 또 하나의 장벽으로 작용한다.

하지만 이러한 한계가 있다는 걸 인식하는 한 우리가 전적으로 무력하지는 않다. 이를 극복하기 위한 체계적인 노력도 있었다. 이른바 시스템 사고(systems thinking)가 바로 그것. 외양으로 드러나는 행태만을 보지 말고, 그 행태를 지배하는 구조를 파악하려고 애쓰자는 게 시스템 사고의 알파요 오메가다. 단품으로 보지 말고 시스템으로 보자는 얘기다.

시스템이란 복수의 요소들이 특정한 방식으로 관계 맺어진 전체라고 볼 수 있다. 그렇기 때문에 겉으로 드러난 행태(막대기 끝)를 함부로 예측하려 하지 말고, 시스템 내부 요소들 간의 연결과 관계, 즉 구조에 집중해야 한다. 시스템 사고의 관점으로 의사결정 상황을 바라보면, 예측보다 이해가 중요하다는 결론을 내리게 된다. 행태가 행태를 결정짓는 일이란 없다. 오직 구조만이 행태를 결정할 수 있을 뿐이다.

한 가지 원리가 옳다고 전제한 상태에서 이를 밀어붙이는 사고방식은 시스템 사고와 정면으로 배치된다. 'A하면 B가 나온다'는 선형적 사고방식으로, 이는 쉽게 눈에 띄는 것만 보겠다는 게으른 태도기도 하다. 이런 태도는 또한 곧잘 도그마로 변질되곤 한다. 반면 시스템 사고방식은 'A하면 B도 나올 수 있지만, C 혹은 D도 가능하며, 구체적인 상황에 따라 달라질 수 있다'는 얘기를 한다. 그래서 시스템 사고는 유연한 사고와도 맞닿아 있다.

시스템 사고에서 다루는 핵심적인 개념으로 비선형성, 시간지연, 그리고 피드백 효과 세 가지를 들 수 있다. 이 세 가지 개념이 각각 혹은 통합적으로 작용하면, 동일한 선택으로부터 의도치 않은 다양한 결과가 발생한다. 예상치 못한 일이 벌어지는 원인을, 구조적 관계를 이해함으로써 짐작할 수 있는 것이다. 그렇다면 각각의 핵심 개념이 어떠한 것인지 좀 더 자세히 알아보자.

먼저 비선형성에 대해서 알아보자. 비선형성이란, 글자 그대로 1에다 1을 붙여놓았더니 2가 아닌 뭔가 다른 값이 나오는 성질을 말한다. 수험생이 하루에 한 시간씩 공부한 결과, 100점 만점에 20점의 성적을 얻었다고 하자. 이때 앞으로 두 시간씩 공부하면 40점을 맞고, 다섯 시간씩 공부하면 100점을 맞게 될 거라고 생각하는 것, 그게 바로 선형적 사고다. 과연 실제로 그럴까? 하루에 다섯 시간씩 공부한다고 해서 꼭 100점을 맞는다고 볼 수는 없다. 아마도 100점보다는 낮은 점수를 얻을 가능성이 매우 높다. 여섯 시간 공부한다고 해서 120점 받을 수도 없는 노릇 아니겠는가? 결과가 꼭 입력의 크기에 비례해서 나오지 않는다는 게 시스템 사고의 비선형성의 요체다.

어떤 대상이 비선형 성질을 갖고 있을 때 나타나는 극단적인 예를 들어보자. 1.00000001이라는 작은 숫자가 있다. 여기에 비선형적 연산의 하나인 제곱을 적용해보자. 이 숫자를 제곱하고, 그렇게 나온 수를 다시 제곱하고, 이렇게 해서 총 32번 제곱하면, 어떤 숫자가 나올까? 4,495,786,485,101,430,000이 나온다. 물경, 약 450경이라는 엄청나게 큰 수다. 그럼 다음 질문을 해보자. 위의 1.00000001을 25번 제곱하면 무슨 수가 나올까? 놀라지 마시라, 겨우 1.3987에 불과하다. 7번 제곱의 차이가 1.4에서 450경까지 난다는 것, 이런 게 비선형성의 대표적인 예다.

두 번째로 시간지연의 뜻을 살펴보자. 많은 시스템은 입력과 출력 사이에 시간지연이 존재한다. 어떤 행동을 외부적으로 가했을 때, 그 즉시 결과가 발생되지 않고 시간이 걸린다는 의미다. 딱딱한 막대기의 경우 반응이 즉각적이다. 하지만 그렇지 않은 시스템들도 얼마든지 눈에 띈다.

그런데 우리는 당장 무슨 행동을 하자마자 그로 인한 결과가 발생될 것으로 착각한다. 시간지연을 생각하지 않기 때문이다. 밥이나 술을 먹는다고 할 때, 이게 위장에 도착해서 공복감을 줄이거나 취했다는 생각이 들기까지는 최소 30분은 걸린다고 한다. 그런데 당장 달리 느껴지지 않으니 폭식, 폭음하게 된다. 공부도 마찬가지다. 하루, 이틀 공부했다고, 갑자기 성적이 뛰어오르는 경우란 거의 없다고 봐도 무방하다. 공부하는 데 들인 노력이 성과로 나타나기 위해서는 상당한 시간이 경과돼야 하는 경우가 많다. 그런데 당장 결과가 나오지 않는다는 이유로 노력을 멈춰버린다.

마지막 세 번째로, 피드백 효과에 대해 얘기해보자. 피드백 효과란 시스템의 결과가 다시 시스템의 입력, 즉 의사결정의 변수로 환류되는 것을 말한다. 이러한 시스템을 일컬어 피드백 루프라고 부른다. 되먹임 효과라고도 부르는 피드백 효과의 가장 익숙한 예로, 스피커와 마이크를 지나치게 가까이 두면 삑 하는, 귀를 불편하게 하는 큰 소리가 발생된다.* 스피커에서 나오는 소리가 마이크로 들어가 증폭되어 더 큰 소리로 스피커로 나오는 과정을 순식간에 반복하여 발생되는 현상이다.

피드백 루프는 두 가지로 나뉜다. 양의 피드백 루프와 음의 피드백 루프다. 양의 피드백 루프가 시스템에 있으면, 그 시스템의 결과값은 계속 발산한다. 스피커와 마이크로 구성된 시스템에는 양의 피드백 루프가 있는 것이다. 반면 음의 피드백 루프가 시스템에 있으면, 그 시스템의 결과값은 어느특정한 값으로 수렴하거나 아니면 그 값의 주위로 진동하게 된다. 양의 피드백 루프는 시스템의 불안정성을 가져오고, 음의 피드백 루프는 안정성을 가져온다고 볼 수 있다.

한 시스템 안에 양의 피드백 루프와 음의 피드백 루프가 같이 있는 경우는 물론, 피드백 루프의 부호가 어느 순간 갑자기 바뀌는 경우도 드물지 않다. 아프리카의 한 나라에서 있었던 다음의 예를 보자. 매년 적지 않은 수의 희귀종 가젤이 치타에 의해 죽임을 당하는 것을 우려한 나머지 대규모 치타 사냥에 나서기로 결정했다. 자신들을 잡아먹던 천적이 사라지자, 의도한대로 가젤의 수는 늘기 시작했다. 예상한 양의 피드백 루프가 작동한 것.

그런데 가젤의 수가 폭발적으로 늘어나면서, 가젤이 먹을 풀이 갑자기 부족한 상황이 닥쳤다. 가젤들이 떼죽음을 당하게 되자(가젤에 대한 음의 피드백 루프), 안되겠다 싶어 치타 사냥을 중지했다. 그러자 치타의 수가 늘어나면서, 가뜩이나 굶어 죽어 수가 준 가젤의 수는 더욱 줄어버렸다. 그 결과, 먹이인 가젤의 수가 감소했고, 충분한 먹이를 찾을 수 없던 치타 또한 굶어 죽는 악순환이 벌어지고야 말았다. 그러니까 치타가 줄면 가젤이 는다든지, 치타 사냥을 멈추면 다시 가젤의 수가 회복될 거라고 생각하는 단순한 선형적 사고가 멀쩡한 시스템을 총체적 혼란으로 몰아간 것이다.

우리나라 사교육 열풍에 대해 시스템 사고의 관점으로 바라보면 무얼 알 수 있을까? 각 가정의 입장에서 보면 문제는 단순하기 그지 없다. 바라는 바는, 단지 좀 더 상대적으로 좋은 성적을 거두고 싶은 게 전부다. 그러려고 사교육을 받고 그 결과 실력이 좋아지면 좋은 성적을 거둔다. 성적이 좋아지면, 이제 목표를 달성했으므로 사교육을 줄인다. 여기까지는 안정적인 성질을 갖는 음의 피드백 루프인 것이다.

문제는 이 안정적인 음의 피드백 루프가 단독으로 존재하지 않고 서로 맞물려 있다는 데 있다. 사교육을 통해 실력이 좋아졌으니 성적이 좋게 나와야 하는데, 옆 자리 친구도 마찬가지의 피드백 루프를 통해 실력이 좋아진 탓에 결과적으로는 성적이 별로 나아지질 않는다. 그러다 보니, 사교육 강도를 더 늘린다. 개별적으로는 안정적인 음의 피드백 루프이나, 전체적으로는 두 개의 피드백 루프가 맞물려 커다란 하나의 양의 피드백 루프가 형성되는 웃지 못할 상황인 것이다.[**]

 ＊　하울링(howling)이라고도 부른다.
 ＊＊　이를 일컬어 양등효과(escalation effects)라고도 부른다.

결론적으로 미래상태와 결과를 선형적으로만 판단하여 의사결정을 내리면, 기대값 극대화나 우성 대안 등의 원칙이 의미를 잃는다. 전혀 엉뚱한 결과를 보고 내린 결정에 무슨 희망이 있을 수 있겠는가. '쓰레기가 들어가면, 쓰레기가 나온다'는 말이 어울릴 상황인 것. 그렇기에 시스템 사고는 미래상태와 결과를 고심해서 구할 것을 우리에게 강력히 요구한다.

야구의 4할 타자는
왜 멸종되었나

야구에서 타자가 3할을 넘는 타율을 기록하면 훌륭한 선수로 간주된다. 하지만 훌륭한 선수들조차도 감히 엄두 내지 못하는 타율이 있다. 바로 4할이다. 타율이란 안타를 친 횟수를 총 타수로 나눈 값이다.[*] 다섯 번의 타수 중에 두 번 이상 안타를 치는 타자가 4할 타자다. 4할 타자는 너무나 드물어서 거의 외계인 급으로 묘사된다. 혹시나 하는 노파심에 언급하자면, 여기서 얘기하는 4할은 규정타석을 채운 타자만을 대상으로 한다.[**] 대타로 여섯 번 나와서 세 번 안타 쳤다고 해서 4할 타자라는 말을 쓰지는 않는다는

---

[*] 타수는 실제 타석에 선 전체 타석 수에서, 1루까지 자동 진루가 되는 볼넷이나 몸에 맞는 사구, 수비 실수 등이 발생된 타석 수를 뺀 값으로 정의된다.

[**] 규정타석은 정규리그 경기 수에 3.1을 곱한 값이다. 정상적인 경기의 경우, 타자들은 보통 3번 이상의 타석을 얻는다.

얘기.

1982년에 시작된 한국프로야구 역사상 4할 타자는 단 한 명 있었다. 원년 여섯 개 팀 중에 서울을 연고지로 했던 MBC 청룡(현 LG 트윈스)의 감독 겸 선수, 백인천이 그 주인공이다. 일본프로야구에서 선수로 활약하다 국내로 복귀한 그는 250타수에 103안타로 4할1푼2리라는 놀라운 타율을 기록했다. 그 후로 더이상 4할 타자는 나오지 않고 있다. 기라성 같은 타자들, 예컨대 장효조, 이종범, 양준혁, 이병규 등도 그런 기록을 내지는 못했다. 그나마 가장 근접했던 게 1994년의 이종범으로 3할9푼3리의 타율을 기록했다.

우리보다 야구 역사가 긴 외국으로 눈을 돌려도 마찬가지다. 일본프로야구에서는 역사상 한 명도 기록된 적이 없다. 1869년에 생겨 150년 가까운 역사를 갖고 있는 미국프로야구 메이저리그에서도 여태껏 스무 명의 선수가 스물여덟 번 기록한 게 전부다. 그것도 옛날인 19세기나 1920년대에 집중되어 있고, 현대에 들어와서는 씨가 말라버렸다. 테드 윌리엄스가 4할 6리의 타율을 1941년에 기록한 이래로, 70년이 넘는 기간 동안 아무도 이 벽을 넘지 못했다.

이중 일부의 기록은 당시의 특수성이 있어서 요즘의 기록과 직접 비교하기 어려운 측면이 있다. 1920년 클리블랜드 인디언스의 레이 채프먼이 투수의 공에 머리를 정통으로 맞아 열두 시간 만에 죽는 사고가 발생했다. 그 뒤 투수가 공에 흠집을 내거나 침을 바르는 이른바 스핏볼이 금지되었고,[*] 이후 1920년대 내내 적지 않은 수의 4할 타자가 등장했다. 어디 그뿐이랴. 1919년에는 시카고 화이트삭스 선수들이 돈을 받고 월드시리즈에서 일부러 져주는 블랙삭스 사건이 터지면서, 선수들의 기록에 대한 근본적인 의구심이 제기되기도 했다. 그래도 그것만으로 모든 것이 설명되지는 않는다.

왜 더이상 4할 타자가 나오지 않는 걸까? 아마추어 애호가에서부터 이른바 전문가까지 많은 사람이 이 질문에 대한 답을 나름대로 제시했다. 그 중 몇 가지 눈에 띄는 주장을 얘기해보자면, 요즘 프로야구 선수들에게 과도한 연봉을 주어(배가 불러서) 예전 같은 기록이 나오지 않는다는 설, 투수들의 구질과 구종이 훨씬 다양해지면서 타자들이 치기 힘들어졌다는 설, 내외야수의 실력이 일취월장해 예전보다 안타가 덜 나온다는 설, 개별 타자들의 약점을 통계적으로 분석하여 이를 집중적으로 활용하는 구단의 계량적 능력 때문이라는 설 등이 있다.

가장 일반적인 설명은 현재 뛰고 있는 선수들의 기량과 능력이 예전 야구 영웅들에 미치지 못한다는 주장이다. 당시의 4할 영웅들, 예를 들면 타이 콥이나 로저스 혼스비, 에드 델라한티 등에 비해 스즈키 이치로, 배리 본즈, 토니 그윈 등의 실력이 떨어진다는 거다(물론 본즈의 약물복용도 감안해야 한다). 예전에 나오던 4할 타율이 나오지 않는 원인을 개별 타자의 문제로 보는 순간, 결론은 이미 예정되어 있다. 이러한 관점은 선형적 사고의 또 하나의 사례다.

이 문제를 시스템 사고로 바라보면 어떻게 될까? 우선 메이저리그라고

❊ 공에 상처가 나거나 이물질이 묻으면 공기역학적으로 불규칙적인 거동을 보이게 되며, 따라서 타자들이 치기가 어려워진다.

하는 리그 전체 시스템의 구조를 이해하려고 해야 한다. 나아가서는 그 시스템이 처한 외부 환경과의 상호작용에 대해서도 관심을 가져야 한다. 그러고 나면, 4할 타자가 사라졌다는 현상을 설명할 수 있는 합리적인 이유를 찾을 수 있을지도 모르겠다.

스티븐 제이 굴드라는 저명한 진화생물학자는 이에 대해 꽤 그럴듯한 설명을 내놓았다. 그는 개별 선수들의 실력이 예전에 비해 줄어드는 것은 고사하고, 오히려 좋아졌다는 몇 가지 신뢰할 만한 지표를 제시한다. 1900년대에 미국 인구는 7천만 명이고, 그중에서도 오직 유럽계 미국인만이 메이저리그 선수가 될 수 있었던 반면, 1990년의 미국 인구는 거의 2억5천만 명에 달하고, 선수들은 다양한 국적과 민족적 배경을 갖고 있다. 후보군의 풀이 넓어진 만큼 더 좋은 자원이 유입되었을 가능성이 높다. 또한 선수들의 평균 신장과 몸무게 역시 향상되었고, 야구가 아닌 다른 종목에서의 기록 경신을 보면 유독 야구에서만 선수들의 실력이 퇴보했다고 보기 어렵다.

한편 리그 전체 타자들의 평균 타율은 놀라울 정도로 안정적이었다. 일시적인 변동은 물론 없진 않지만, 전체적으로 보면 4할 타자가 나오던 옛날이나 그렇지 않은 요즘이나 대략 2할6푼 정도다. 리그의 평균적인 타자들이 예나 지금이나 비슷한 타율을 기록한다는 사실은 무얼 의미할까? 보통 수준 선수들의 실력은 예전보다 지금이 더 낫다고 보는 게 마땅하다. 그런데 평균적 타자들의 실력만 증가할 리는 만무하다. 평균적 투수 및 평균적 수비수의 실력도 비슷한 정도로 늘었다고 보는 게 합리적이다. 그러니까 타자와 투수 모두 전반적으로 실력이 향상되었다고 보면, 평균 타율이 2할6푼에서 크게 벗어나지 않는 것은 당연한 일이다.

여기엔 하나의 천장이 존재한다. 아무리 선수들의 신체 조건이 좋아진다고 하더라도, 넘어설 수 없는 일종의 물리적 한계가 있기 마련이다. 아무리 노력해도 하루 24시간 이상 공부할 수 없는 것과 마찬가지로 말이다. 선수들의 전반적인 수준이 올라감에 따라, 오히려 리그의 최상위 타자들이 예전과 같은 기록을 낼 수 없는 상황에 처하게 됐다는 것이다. 예전에는 다소 수준 이하의 투수를 상대할 기회가 적지 않았기 때문에 4할이라는 타율이 가능했던 반면, 이제는 어느 투수를 만나도 다들 만만치 않은 실력을 갖고 있기 때문에 더이상 4할을 칠 수 없게 되었다는 얘기다.

좀 더 함축적으로 얘기하자면, 개별 선수들의 실력이 떨어진 것이 아니라 리그 전체의 수준이 올라감에 따라 선수들이 전반적으로 상향 평준화되었다는 거다. 4할 타자의 절멸은 퇴보가 아니라, 오히려 야구 수준의 향상이라는 것. 이러한 결론을 뒷받침하는 하나의 지표가 있다. 타자의 타율과 투수의 방어율 혹은 피안타율은 상대적인 지표기 때문에 이런 목적에 부적합하다. 내가 아무리 잘해도 상대도 그만큼 잘하면 도로 제자리다(사교육 열풍에 대한 거시적 양의 피드백 루프를 생각해보라).

반면 수비율은 다르다. 수비율이란 공이 내 영역으로 날아왔을 때, 이를 실책 없이 처리하는 비율을 말한다. 이는 상대 선수에 대한 것이 아니라 무작위적으로 날아오는 공에 대한 것이기 때문에 절대적인 지표다. 메이저리그 전체의 수비율은 야구 역사 전체를 놓고 봤을 때, 한 번의 예외도 없이 조금씩 좋아졌다. 1870년대의 수비율은 0.890 정도였던 반면, 1900년대에는 이미 0.950을 넘어섰고, 1930년대 0.971, 1970년대 0.9774로 1.0에 계속 근접하고 있다. 말할 것도 없이, 수비율 또한 1.0이라는 천장을 넘어설 방법은 없다. 이러한 전반적인 현상을 가리켜 시스템의 진화적 안정화라고 부르기도 한다. 아무리 사교육비를 들여도 성적 향상은 별볼일 없고 온갖 자격증에 스펙을 쌓아도 취직하기가 그토록 어려운 것은, 바로 이러한 시스템의 진화적 안정화 때문이라는 얘기.

2014년에 한국프로야구는 유례 없는 타고투저를 겪었다. 리그 평균자책점 5.21과 리그 평균타율 2할8푼9리는 모두 역대 최고였다. 그 어렵다는 3할 타자가 무려 서른여섯명이 나왔으니 더 말할 것도 없다. 그 원인으로, 외국인 타자로 인한 공격력 증대(외국인 투수로 인한 효과는 왜 고려하지 않는지?), 좁은 스트라이크 존(전년도에 비해 크게 달라지지는 않았다) 등이 지목됐다. 그나마 설득력 있는 설명은 공인구의 반발력을 가지고 장난친 이들이 있다는 얘기 정도? 그러나, 아마도 가장 확실한 설명은 시스템이 커지면서 예전 같았으면 프로야구 선수가 되지 못할 이들이 선수로 뛰게 되면서 잘 치는 타자들의 밥이 되었다는 것일 것이다. NC 다이노스가 2013년에 새로 1군 리그에 가입하면서 나타난 현상이라는 뜻.

열번째 구단 KT 위즈가 1군 리그에 합류해 총 열 개팀이 겨룬 2015년도 투고타저는 계속됐다. 그러나 팀 수가 늘었음에도 4.87의 리그 평균자책점과 2할8푼의 리그 평균타율은 다소 평균으로 회귀하는 모습도 보였다. 하지만 이를 설명하는 것은 결코 어렵지 않다. 즉 2015년은 2014년보다도 자격이 안 되는 선수들이 더 포함된 해였다. 그렇기 때문에 신통치 않은 투수의 공에도 아웃 당하는 타자들의 수가 늘면서 벌어진 결과다. 2015년 타격왕 테임즈의 타율 3할8푼1리가 2014년 서건창의 3할7푼보다 높고, 2015년 방어율왕 양현종의 2.44가 2014년 밴덴헐크의 3.18

보다 낮은 걸 보면 극단이 중간으로부터 더욱 멀어졌다는 걸 알 수 있다. 그래서 당분간 풍성한(그래서 좀 시시한?) 기록 잔치를 면할 방법은 없어 보인다.

각각은 합리적 개인,
모이면 불합리한 떼거리

시스템 사고를 조금 더 확장하면, 통상 복잡계(complex system) 혹은 복잡성(complexity)이라고 부르는 개념을 만나게 된다. 작명의 관점으로 보자면 이보다 더 최악의 작명은 있을 수 없다. 이름부터 '복잡'하다는 이 개념에 누가 관심을 갖겠는가 말이다. 내게 기회가 있었다면 난 '복합계'나 '복합성'으로 번역했을 테다(따라서 지금부터는 복합성으로 부르도록 하겠다). 복합성은 이름만 그런 게 아니라, 그게 무엇인지 설명하기도 매우 어렵다. "이러이러한 것들이 복합성의 예입니다." 하고 늘어놓을 따름이다. 아무튼 지적하지 않을 수 없는 것은, 복합(complex)은 복잡(complicated)과 구별되는 개념이라는 점이다. 복잡은 마구 엉켜 있는 알 수 없는 혼돈덩어리라는 의미인 반면, 복합은 요소들이 복합됨으로써 나타나는 일종의 독특한 질서가 있는 상태를 지칭하기 때문이다.

앞에서 살펴본 시스템 요소들이 단지 몇 개가 아니라 수천 개, 수만 개 혹은 그 이상이 되면 복합성이 나타날 수 있는 토양이 마련되어 있다고 볼 수 있다(우리가 사는 사회가 바로 그렇다.). 복합성 전문가들에 의하면, 시스템이 복합성을 보이는 복합계가 되기 위해서는 다음의 세 가지 조건이 모두 만족되어야 한다고 한다. 첫째, 이미 얘기된 시스템 구성 요소들의 종류와 수가 많아야 한다. 둘째, 개별 요소들의 행동을 결정론적으로 알기 어렵다. 다시 말해, 요소들에게 일종의 논리나 원리, 혹은 지능이 있어서 무슨 행동을 보일지 100% 확실하게 알 수 있는 방법이 없다. 셋째, 요소들 간에 상호작용이 있어 일종의 네트워크를 구성한다.

이게 무슨 의미인지 사막 메뚜기를 갖고 설명해보겠다. 사막 메뚜기는 본래 온순하고 홀로 지내는 특성을 보이는 곤충이다. 그런데 2003년 가을, 아프리카 사하라 사막 남부의 초원지대에 유례 없이 많은 비가 오면서 이전 같았으면 대부분 그냥 죽고 말았을 사막 메뚜기들이 대량으로 알에서 깨어나게 되었다. 다음 해 봄, 다시 폭우가 계속되자 메뚜기들의 수는 급속도로 증가하게 되었다.

그런데 메뚜기들의 수가 어느 선을 넘자 이전에 보이지 않던 현상들이 나타나기 시작했다. 한 개체가 홀로 차지할 공간이 넉넉하지 않게 되자 서로 뒷다리를 부딪히며 자극하는 일이 벌어졌다. 그러면서 몸 색깔도 이전의 녹색에서 짙은 색으로 변했고, 몸도 짧아졌다. 그뿐만이 아니었다. 날개와 턱도 더 강해지고, 다른 메뚜기들을 유인하는 페로몬을 발산하기 시작했다. 페로몬에 유인된 메뚜기 수가 늘어날수록 더 강한 페로몬이 발산되었다. 한 마디로 홀로 살기를 즐기던 사막 메뚜기에 생체 메커니즘상의 변화가 일어나면서 하나의 군집을 이루어 몰려다니려는 새로운 성질을 보이기 시작했다. 이렇게 시작된 아프리카의 사막 메뚜기 떼는 이어 유럽까지 침범할 정도로 세력이 커져가고 있다. 한번 쓸고 가면 아무것도 남지 않는다 하여 '마른 쓰나미'라고 불릴 정도다.

바로 옆의 메뚜기에 의해 자극받고 반응하는 게 전부 다일 메뚜기조차 커다란 네트워크를 이루면 이전에 존재하지 않던 몇 차원 위의 거시적 질서를 보이게 된다는 것, 이런 것이 복합계의 핵심적 면모다. 이러한 질서는 단순하지 않아, 그 안에 천변만화가 있다. 이러한 모습을 복합성에서는 창발(emergence)이나 자기조직화(self-organization)라는 용어로 나타낸다. 창발이 무엇인지 쉽게 이해할 수 있는 사례로, 2002년 한일월드컵 때의 '붉은 악마 신드롬'을 들 수 있다. 처음에는 소수의 열성 응원단의 모임이던 것이, 나중에는 온 국민이 자발적으로 길거리로 뛰쳐나오게 된 그 자체가 바로 창발이다.

그렇다면 복합계의 핵심적 조건의 하나인 네트워크에 대해서 좀 더 알아보자. 네트워크는 다수의 요소 혹은 개체들이 일련의 관계를 맺는 걸 가리킨다. 가령, 여러분이 속한 학교나 직장 같은 일종의 커뮤니티를 생각해보자. 커뮤니티의 구성원들 간에는 친분 관계 등으로 인해 서로 직접 연결이 되어 있는 경우도 있고, 그렇지 않은 경우도 있다. 직접 연결되지 않은 경우라면, 연결되어 있는 다른 사람들을 통해서 의사소통할 수밖에 없다. 이와 같이 다수의 구성원이 있고, 그 구성원들 간의 연결 관계가 주어진 대상을 네트워크라고 부른다.

네트워크는 구성원의 수가 많을수록 기하급수적으로 복잡해지고 종류도 다양해진다. 그중 대표적인 세 가지의 네트워크에 대해 얘기해보자. 첫 번째 네트워크는 무작위 네트워크[*]다. 무작위 네트워크는, 네트워크의 각 구성원들 간 연결이 무작위적으로 주어지는 네트워크다. 100명으로 구성된 같은 과 동기가 있을 때, 그중 아무나 두 명을 뽑은 후 주사위를 던져 1이 나오면 연결시키고 아니면 연결시키지 않으면, 하나의 무작위 네트워크가 된다. 무작위 네트워크의 가장 큰 특징은 네트워크가 균일한 특성을 갖고 있다는 점이다. 연결 관계가 동일한 연결 확률로 결정되기 때문에, 특별히 어느 한쪽에 몰리는 일이 없다. 어떤 면으론 굉장히 민주적인 특성이 있다고 볼 수 있다.

두 번째 네트워크는 이른바 '좁은 세상 네트워크^{**}'다. 좁은 세상 네트워크를 굳이 말로 정의하자면, 구성원들 간에 예상 외의 지름길이 존재하는 네트워크라고 할 수 있다. 서울 사람은 아무래도 서울 사람끼리 알고 지내고, 제주 사람은 제주 사람끼리 알고 지내기 마련이다. 그런데 서로 알고 지내는 한 쌍의 서울 사람과 제주 사람이 있으면, 그 두 사람으로 인해 완전히 다른 곳에 사는 사람들을 소개받을 수 있다. 좁은 세상 네트워크는 무작위 네트워크와 인접한 구성원들끼리 규칙적으로 연결되어 있는 정규 네트워크의 중간적인 성질을 갖고 있다. 무작위 네트워크보다 적은 수의 연결을 갖고도 그에 준하는 연결성을 가질 수 있다는 점이 좁은 세상 네트워크의 묘미다.

---

[*]　무작위(random) 네트워크를 에르되시-레니 네트워크라고도 부른다.
^{**}　좁은 세상(small world) 네트워크를 와츠-스트로가츠 네트워크라고도 부른다.

마지막으로 무척도 네트워크[*]가 있다. 무척도 네트워크는 구성원들 간에 연결이 형성되어 나갈 때, 무작위적으로 생기는 것이 아니라 일종의 선호가 나타나는 경우 발생되는 네트워크다. 이를 테면 인기 있는 사람들은 수많은 인간 관계를 맺게 되고, 인기 없는 사람들은 몇 명의 친구만을 갖게 된다. 그 경우 몇 명의 인기인들이 허브를 형성하고, 그로부터 가지를 쳐 나가는 식의 네트워크가 만들어지는데, 그게 바로 무척도 네트워크다. 무척도 네트워크의 특징은 무작위 네트워크나 좁은 세상 네트워크와는 대조적으로 네트워크 내에 일종의 불평등이 있다는 점이다. 즉, 구성원이 허브냐 주변부냐에 따른 차이가 분명히 존재한다.

위와 같은 네트워크 모형을 가지고 주식시장의 거동을 분석해보면 어떤 결과를 얻을 수 있을까? 각 개인이 주식시장이라는 네트워크의 구성원이고, 개인들 간에 일종의 연결 관계가 주어져 있다고 할 때, 주식 가격에 어떠한 양상이 나타날지를 실험해보는 거다.^{**} 주식을 거래하는 개인 거래자는 크게 두 부류로 나눌 수 있다. 하나는 회사의 근본적인 가치를 고민해서 장기간 투자하려는 근본주의자들이고, 다른 하나는 그런 고민 없이 주가의 변동만을 관찰하면서 오른다 싶으면 사고, 내린다 싶으면 공매도하거나 내다

---

* 무척도(scale-free) 네트워크는 바라바시-알베르 네트워크라고도 부른다. 무척도라는 말은 프랙탈(fractal) 구조를 갖는다는 뜻으로, 프랙탈은 자기유사성(self-similarity)을 갖는 기하학적 형상을 말한다. 다시 말해 축소해서 볼 때와 확대해서 볼 때 그 차이를 구별할 수 없는, 자기유사성이 있는 네트워크다.

** 한 연구가에 의하면, 주식시장은 무척도 네트워크의 성질을 갖고 있다고 보고되었다. 주식시장에서의 대형 투자은행들과 헤지펀드들의 실질적인 영향력을 생각하면 충분히 그럴 법하다.

파는 기술적 거래자다.

기술적 거래자가 근본주의자보다 많지 않으면 주식시장은 대체적으로 안정적인 모습을 보인다. 이 경우 주가의 상승 속도가 빨라지면 주가가 주기적으로 상승과 하락을 반복할 수는 있지만 큰 문제는 아니다. 그런데 기술적 거래자가 근본주의자를 수적으로 압도하게 되면 다른 양상이 나타나기 시작한다. 아까와는 다른 불안정하고 불규칙한 주가의 진동이 나타나고, 여기에 더해 주가의 상승 속도가 빨라지면 갑작스런 대폭락 상황이 발생됨을 실험적으로 확인할 수 있다. 이러한 모습은 역사적으로 잘 알려진 주식시장의 여러 대공황 상황과 정확히 일치한다. 이러한 모델은 주가를 예측하는 게 왜 어려운지, 그리고 가끔 왜 주식시장이 이해할 수 없게 미쳐버리는지를 짐작하게 해준다.

주식시장의 비합리적 행태를 복합계로 설명했지만, 거의 똑같은 얘기를 전공과 직업 선택에 대해서도 할 수 있다. 여기에도 진정한 가치에 주목하려는 근본주의자와 당장의 소음을 신호라 착각하여 부화뇌동하는 모멘텀주의자의 두 부류가 있다고 생각해보자. 지금 당장 남들이 좋다고 하는 걸 쫓아가는 모멘텀주의자들이 다수가 되고, 직업들 간의 경제적 격차가 빠른 속도로 증가할 경우 무슨 일이 벌어질까? 직업 선택의 시장이 주식시장과 다른 모습을 보일 거라고 확신할 수 있을는지 의심스럽기만 하다.

완벽하지 않을지언정, 우리 인간에게 이성과 합리성이 주어져 있음을 부인할 수는 없다. 그런데 미시적 개인들의 합리적인 행위가 결합되면, 어느 누구도 의도하지 않은 불합리한 모습이 거시적으로 심심치 않게 나타난다. 그러한 불합리한 모습은 이성이 결여되어 있는 자연에서라면 절대 나타나지 않을 모습이다. 개별적으로는 합리적임에도 불구하고 집합적으로는 그렇지 않을 수 있다는 것을 인식하는 것은 의사결정에 있어서 너무나 중요한 포인트다. 한마디로 전체는 부분의 합으로 설명될 수 없다.

1960년대엔 화공과,
1990년대엔 한의대,
21세기에는?

향후 유망한 직업이 무엇일지는 많은 학생, 특히 강남 엄마들의 단골 관심사다. 정확히 얘기하자면 무엇이 탐나는 직업인지에 대해서 고민하는 경우는 매우 드물다. 이미 어떤 직업들이 좋은 직업인지는 그들 사이에서 거의 기정사실처럼 굳어져 있기 때문. 그러한 직업으로 들어서기 위한 관문이라 여겨지는 대학 학과에 어떻게 입학할 것인지, 그리고 그렇게 하기 위해 '기술적으로' 어떤 수단을 동원하여 어떤 경로를 밟게 할 것인가에 노심초사한다. 불확실성과 우연을 믿지 않고, 오직 눈에 보이는 것만을 쫓아가게 하겠다는 엄마들의 태도는 창조나 모험보다는 관리의 관점에서 기술된 현대 경영학의 세계관과 놀라울 정도로 맞닿아 있다.

이쯤에서 사람들이 최고로 쳐주는 인기 학과의 변천사를 살펴보는 것도 의미가 있을 것 같다. 사서삼경을 논하는 재주를 다툰 조선시대는 차치하고, 일제강점기의 대학 교육부터 보자. 일제는 강점기 초기 우민화 정책을 시행하다 3.1운동을 거치면서 1920년대에 일본의 여섯 번째 제국대학으로 경성(지금의 서울)에 경성제국대학*을 설립했다. 처음에는 법문학부와 의학부의 두 개 학부로 구성되었고, 법문학부 내에는 법과와 이른바 문사철로 일컬어지는 철학과, 사학과, 문과의 네 개 과가 있었다. 이 네 개 과와 의학부만 설치한 이유는 말할 것도 없이 이 정도가 일제의 식민지 지배에 이익이 되는 학과라고 판단했기 때문.

지금의 행정고시, 사법고시의 전신이라고 할 수 있는 일제의 고등문관시험의 대학별 합격자 수로 미루어보건대, 경성제대는 6, 7위권의 도호쿠제국대학이나 와세다대학 정도에 준한다고 볼 수 있었다. 하지만 1938년까지의 졸업생 구성을 보면, 법문학부 682명 중 한국인은 278명, 의학부 600명 중 한국인은 155명에 불과했으며, 1945년까지 모든 교수가 단 한 명의 예외도 없이 일본인이었음이 확인된다. 이 학교가 조선 주재 일본인들의 교육기관으로서 기능했음을 알 수 있다. 그러다 1937년 중일전쟁을 일으키면서 대륙침공을 위한 병참기지로서 우리나라의 중요성이 커지자, 일제는 경성제대의 세 번째 학부로 이공학부를 추가로 설치하기로 결정하였다. 물리학, 화학, 토목공학, 기계공학, 전기공학, 응용화학, 채광야금의 일곱 개 학과로 구성된 이공학부는 1943년 1회 졸업생을 배출했다.

---

* 도쿄, 교토, 도호쿠, 규슈, 홋카이도 순서로 설립된 일제의 국립 제국대학들의 작명법에 따라 원래는 조선제국대학이라고 불릴 예정이었다. 그러나 마지막 순간에 경성제국대학으로 이름이 바뀌었는데, "만일 조선제국대학으로 하면 조선에 제국이 성립된 것처럼 해석할 자도 있을 것"이라는 의견으로 인해 그랬다고 한다.

국내에서 6.25 전쟁 이후 1950년대 최고 인기 학과는 농대와 채광야금이 이름을 바꾼 광산공학과였다. 농업이 국내총생산의 반에 달하는 상황에서 농대로 인재가 몰리지 않을 이유가 없었다. 광산공학과 또한 당시의 최고 모험사업이 광산 개발이었기에 가장 뜨거운 학과로 인정되었다. 당시 한 재산 일군 사람들의 대부분은 광산 사업에 종사하던 사람들이었는데, 리스크가 적지 않아서 망하는 사람도 꽤 되었다.

이때로부터 10년이 지나 1960년대에 접어들자 화학공학과와 섬유공학과가 최고로 인정받는 시대가 되었다. 우리나라에서 경제개발이 본격적으로 추진되면서 노동집약적인 섬유산업이 일차적으로 각광받았고, 당시의 재력가들은 섬유공장을 돌려서 한 밑천 장만한 사람들이었다. 곧이어 중화학공업의 육성이 국시가 되면서 화학공학과가 최고 중의 최고가 되었다. 이른바 1960년대 학번 세대에서 화공과 사람들에 대한 전설과도 같은 얘기는 지금까지도 회자되고 있다.

1980년대에 접어들자, 전자공학과가 이전의 화공과 자리를 물려받았다. 삼성전자, LG전자, 대우전자, 현대전자(현 하이닉스) 등 반도체와 전자 제품을 취급하는 회사들이 급성장하면서 덩달아 관련 학과들이 상종가를 친 거였다. 또한 예비고사와 학력고사의 전국 수석 중 적지 않은 수가 물리학과로 진학할 만큼 물리학과의 위상도 남달랐다. 이와는 별개로, 사법고시 합격의 지름길로서 법대는 항상 문과에서 최상의 지위를 유지했다. 요즘 기준으로 보면 조금 어이없게 들리겠지만, 당시에 의대와 경영학과는 좋은 과였지만 최고는 아니었다.

1997년 IMF 사태가 전공과 학과에 대한 인식을 결정적으로 바꿔 놓은 계기인 것으로 일반적으로 얘기되지만, 이미 그전에 조짐이 보였다. 단적인 예로, 86학번인 내 누이는 심리학과를 졸업하고 제일기획의 AD로 일하다가 이 길이 아니라며 수능을 응시하여 1994년 한의대에 다시 입학했다. 그냥 회사원이 되어 고정된 월급을 받는 전공과 일종의 개인사업자가 되어 제법 돈을 벌 수 있는 한의대, 의대, 치대, 법대 사이에 적지 않은 간극이 있음을 깨달은 것이다. 특히, 한의대의 기세가 거셌다. 수입이 억 소리 날 정도로 좋고, 정년퇴직의 걱정 없이 평생 한의원을 경영할 수 있다는 생각에 온 나라의 인재들이 여기로 몰려들었다.

거기에 IMF 사태가 불을 질렀다. 번듯한 그룹들과 회사들이 도산하고, 살아남은 회사들도 대규모 인력 구조 조정으로 직원들을 잘라내자, 회사에 대한 충성과 평생 고용이 같이 간다는 암묵적인 약속은 헌신짝 버려지듯 내팽개쳐졌다. 이제 믿을 것이라고는 자기 자신과 평생 유효하다는 이른바 자격증뿐이었다. 부모들은 자신이 경험한 대로 자식들을 가르쳤다. 전국의 의대를 한 바퀴 돌기 전까지 다른 학과는 고려의 대상조차 되지 못했고, 새로운 귀족계층으로 부상한 금융업계로 진출하기 쉽다는 경영학과가 법대의 지위를 앞질러버렸다.

위와 같이 100년 가까운 인기 학과의 역사를 돌이켜보면 몇 가지 사실이 분명해진다. 우선, 만물유전이다. 짧게는 10년, 길게 보아도 20년이면 판도가 바뀐다. 화공과의 기세가 하늘 높은 줄 모르다가 그냥 공대 중의 한 과가 되어버렸고, 그 뒤를 이어 전자공학과가 왕 노릇하더니만 이전의 화공과와 같은 처지가 되었다. 영원을 구가할 것 같던 의대, 경영학과의 지위도 요즘 들어서는 조금씩 흔들흔들한다. 경영학과 졸업생들의 취직이 예전만 못하다는 언론 보도가 끊이질 않고, 의대와 공대를 동시 합격한 후 의대를 가지 않는 결정을 내리는 학생들의 수가 늘었다고 보도된 적도 있다. 다이아몬드는 영원할지 몰라도 인기 있는 전공은 그렇지 않다는 거다.

변호사와 한의사의 사례는 특히 음미해볼 만하다. 분명 한때 이 둘은 누구나 선망하던 직업이었다. 본인이 원하는 만큼 평생 할 수 있고, 돈도 잘 번다는 인식 때문이었다. 그런데 좋다고 소문나자, 너도 나도 원하게 되었다. 이는 곧 정원 증가로 이어졌고, 다시 한정된 크기의 파이를 나눠야 하는 제살깎기 식의 경쟁으로 전이될 수밖에 없었다.

1970년대까지만 해도 사법시험 합격자 수는 절대평가로 인해 한 자리 수인 적도 있었지만, 1981년부터는 300명으로 늘었고, 1996년에 500명, 2001년에는 무려 천 명으로 늘었다. 이후 미국식의 법학전문대학원 제도가 도입되면서 2천 명의 졸업생 중 약 3/4인 천500명 가량이 매년 변호사 자격을 얻고 있다. 한의대의 경우, 정원은 750명 선에서 크게 변하지 않았으나, 기존 한의사들이 시장을 떠날 생각이 없는 상태에서 계속 신규 인력이 유입됨에 따라 공급초과 현상이 벌어졌고, 2만여 명에 달하는 한의사 중 매년 5% 정도가 폐업 신고를 하는 상황이다.

이러한 모양새는 돼지 사육업자라면 진저리 칠 정도로 익숙한 돼지 파동과 별로 다를 바 없다. 돼지 파동이란, 사육된 돼지 수가 너무 많아져서 돼지고기 값이 폭락하는 사태를 말한다. 한번 이런 일이 벌어지고 나면, 축산 농가들은 돼지는 쳐다보지도 않게 된다. 그리고 1, 2년 정도 지나고 나면 이번에는 돼지고기 공급이 부족하여 가격이 상종가를 친다. 가격이 오르는 것을 보고 축산 농가는 다시 대규모로 돼지 사육에 나선다. 그런데 돼지를 키우는 데에는 보통 2년에서 3년 정도 소요된다. 시스템 사고에서 지적한 바 있는 시간지연이 존재하는 상황이란 얘기다. 그렇게 대규모로 키운 돼지를 내다 팔 시점이 되면, 너도 나도 키운 돼지들 때문에 가격이 다시 폭락한다. 이 과정을 주기적으로 몇 년에 한 번씩 반복하는 거다.

한 사람이 자신의 전공을 택하여 그 분야의 전문가가 되는 데에는 적어도 10년 가까운 시간이 소요된다. 돼지 사육보다 시간지연 효과가 크다. 그런데 10년 후 막상 어느 분야가 뜰지 확실히 예측할 수 있는 사람은 거의 없다고 봐도 무방하다. 다들 지금 당장 눈앞에 좋아 보이는 분야, 남들이 좋다고 하는 분야에 우르르 몰려갈 뿐이다. 선형적인 관점으로 보면, 그렇게 선택한 분야가 10년 후에도 그렇게 나쁘지 않을 분야일 가능성도 충분히 있어 보인다.

문제는 나 혼자만 그런 선택을 하는 게 아니라 남도 그런 선택을 한다는 점이다. 이러한 일은 늘 벌어진다. 원래부터 돈 잘 버는 직업이라는 건 착각에 불과하다. 가령, 영국에서 의사는 공무원이기 때문에 보수도 신통치 않아 사람들이 원하는 직업이 아니다. 어떠한 직업이 돈을 잘 번다는 것은 직업에 대한 수요와 공급이 인위적으로 조절된 결과로 나타나는 현상일 뿐, 그 이상도 이하도 아니라는 얘기다. 그러니까 지금 남들이 좋다고 하는 걸 택해 막상 그 시장에 10년 뒤에 나와 보면, 예상한 것보다 별로 좋지 않고 심하면 완전히 끈 떨어진 뒤웅박 신세가 되기 십상이라는 거다.

이를 누구보다도 심각하게 실감하는 사람 중에 박사과정들이 있다. 직업 선택만큼은 아니더라도, 박사학위 취득에는 5년에서 7년 정도가 소요되기 마련이다. 만만치 않은 시간지연이 나타나는 시스템이라는 얘기. 그렇기에 시작할 때 남들이 뜰 거라고 하는 분야를 택하고 막상 학위를 받을 때 보면 뒤통수를 맞곤 한다. 그래서 본인이 진짜로 하고 싶은 분야를 택하라는 얘기를 술자리에서 후배 박사과정들에게 건넨다. 어차피 어느 분야가 뜰지 예견할 수 없으니, 그냥 본인이 흥미를 느끼는 분야를 택하는 편이 안전하고, 후회도 남지 않기 때문에. 슬프게도 이 말을 따르는 후배는 참으로 드물다.

성형수술을 받는 사람이
증가하는 이유

지금까지의 얘기를 잠시 요약해보자. 1장, 2장의 기대값 극대화, 4장의 게임이론 원칙들이 실제로 여러 대안 중 하나를 선택할 때 쓰는 도구들이라면, 3장과 이번 5장의 내용은 여러 대안들을 만들고 규정할 때 쓰는 도구들이다. 특히, 내 선택행위와 최종 결과 사이의 관계가 결코 단순하지 않음을 환기시키고자 하는 게 이 장이 궁극적으로 목적하는 바다. 그런 관점에서, 인과관계에 대한 얘기로 이 장을 마치는 것도 의미 있지 않을까 싶다.

인과관계란 어떤 것이 원인이 되어 다른 어떤 것을 야기시키는 것을 말한다. 가령 '밥을 많이 먹어서(원인) 배가 부르다(결과)'거나, '졸음운전(원인)으로 인해 차 사고를 냈다(결과)'는 말에서 인과관계는 명백하다. 의사결정에서 인과관계의 중요성은 아무리 강조해도 지나치지 않다. 내 선택과 결과 사이의 인과관계가 불분명한 경우, 엉뚱한 문제를 고민하고 있을 가능성도 다분하기 때문이다.

실제로 아무런 관계가 없음에도 우리가 인과관계가 있을 거라고 오인하는 경우가 적지 않다. 바로 상관관계를 인과관계로 착각하는 경우다. 통계학에서 상관계수를 구하는 일은 데이터만 있다면 결코 어렵지 않다. 그렇게 구한 상관계수가 1이나 −1에 가까운 경우 강한 양의 혹은 음의 상관관계가 있다고 얘기한다. 통계학을 조금이라도 배운 사람이라면 '상관관계는 인과관계가 아니다.'라는 격언을 최소 한 번은 들었을 법하다. 이 말은 상관관계가 강하게 나타났다고 해서 이를 갖고 인과관계를 속단해서는 안 된다는 의미다. 그러나 상관관계를 갖고 은근슬쩍 인과관계인 척하는 경우가 실제로는 비일비재하다.

다음의 예를 보자. 장마로 인해 우리나라는 아무래도 여름의 강우량이 다른 계절보다 높은 편이다. 그렇게 비가 많이 온 만큼 한강의 유량 또한 여름에 많다. 한편 여름에는 아이스크림과 같은 빙과류가 많이 팔린다. 그래서 월별 한강의 유량과 아이스크림 판매량의 상관관계를 구해보면 꽤 높게 나온다. 그렇다고 해서 한강 물이 불어서 아이스크림이 팔렸다고 얘기할 수 있을까? 혹은 반대로 아이스크림이 많이 팔려서 한강 물이 불어났다고 할 수 있을까? 말도 안 되는 얘기다. 둘 다 여름이라는 공통 원인이 있기에 발생된 현상일 뿐, 둘 사이의 인과관계는 전무하기 때문이다. 안타깝게도 금융의 세계에는 이런 수준의 미약한 상관관계를 찾아놓고, 이걸로 돈 벌어보겠다는 이도 적지 않다.

이러한 실수를 범하지 않기 위해서는 영향을 주고받는 작동 원리를 곰곰이 따져볼 필요가 있다. 작동 원리를 따져본다고 하더라도, 피상적으로 하면 하나마나다. 예를 들어 다음과 같은 문장을 들었다고 하자.

"근대화가 진행될수록 우유 생산량도 증대된다."

혹은, "1인당 국민소득이 증대될수록 우유 생산량도 증대된다."

둘 다 그럴싸하게 들린다. 실제로 한두 번쯤 어디선가 들어본 적이 있는 듯하다. 이러한 주장의 유일한 근거는 국민소득과 우유 생산량 사이의 고만고만한 상관계수가 전부다.

그런데 근대화나 국민소득의 증대가 우유 생산량을 늘렸을까? 가만히 생각해보면, 직접적인 인과관계가 있다고 받아들이기 쉽지 않다. 억지로 우기면, 몇 단계에 걸친 간접적인 관계에 놓여 있다고 할 수 있을지 몰라도, 그런 정도의 관계라면 인과관계는 아니다. 우유회사라면 같은 데이터를 갖고 "우유를 많이 마셔야 근대화도 되고, 1인당 국민소득도 늘어난다."는 주장을 할지도 모른다. 이 또한 그렇게 수긍하기는 어렵다. 우유 생산량이 늘어났다는 결과에 대해 진짜 원인이라고 인정할 수 있는 건 젖소 수의 증가 정도다.

성형수술을 받는 사람이 증가하는 이유도 마찬가지다. 보통 이 원인으로 외모를 중시하는 풍토 때문이라는 설명을 많이 한다. 여기에 덧붙여 잘생기거나 예쁜 외모를 가진 이들이 취직도 잘되고, 직장 내에서도 승진가도를 달린다는 통계를 연구결과라고 발표하는 이도 있다. 이를 칭하는 루키즘(lookism) 혹은 뷰티즘(beautism)이라는 신조어도 만들어졌다. 외모지상주의 때문이라는 거다.

그러나 '외모지상주의 때문에 성형수술받는 사람이 증가했다'는 설명은 동어반복에 가깝다. 주가가 오르는 것을 두고 주식시장에 대한 전망이 긍정적으로 바뀌었다고 얘기하는 것과 진배 없는 얘기다. 동어반복에 가까운 얘기는 의미 있는 인과관계로 보기 어렵다. 외모를 중시하는 풍토는 과거에도 있었기 때문. 현대에 들어서 갑자기 강해졌다고 볼 만한 근거가 있을까 하고 생각해보면 이를 입증하기가 쉽지 않다.

그렇다면 무엇이 원인이 될 수 있을까? 내가 보기엔 두 가지다. 하나는 사람들의 소득수준이 늘어서다. 예전에도 사람들은 예뻐지고 싶어했지만, 그때는 성형수술을 할 만한 경제력이 없어서 못한 거다. 또 다른 하나는 성형외과의사의 수가 늘어서다. 돈이 아무리 있어도, 수술해줄 성형외과의사들이 전국 방방곡곡에 자리잡지 않았다면 지금처럼 늘어날 수는 없는 노릇이다.

지금부터 하는 얘기는 서울대 교수로 있는 후배로부터 술자리에서 들은 얘기니, 이를 감안해서 들으시길. 요즘 입시제도가 워낙 복잡하여 대학에서도 어떤 기준으로 학생을 선발하는 게 맞는지에 대해 고민이 많다고 한다. 이에 참고가 될까 싶어, 여러 가지 변수들과 입학 후 성적과의 상관관계(인과관계가 아닌)를 굉장히 광범위하게 보았다고. 그 결과 발견한 사실은 사람들이 보통 얘기하는 변수들, 그러니까 사는 동네, 특목고를 포함한 출신 고등학교, 고등학교 때 학생부 성적이나 수능 성적 등이 모조리 유의미한 통계적 상관관계를 갖지 않더라는 거였다.

단, 시도해본 모든 변수 중에서 통계적으로 유의미했던 변수가 딱 하나 있다고 얘기했다. 이 변수는 워낙 강고해서 어떻게 해도 통계적으로 부인할 재간이 없었다고 한다. 그것은 바로 부모의 소득수준이었다고.

있는 그대로 보자면, 이 결과는 사교육에 들이는 돈이 성적으로 연결되는 건 아니라는 간접적인 증거가 될 수 있다. 직접 사교육비와 성적을 비교

할 수 있으면 물론 좋겠지만, 그런 데이터가 있을 리는 만무하다. 대신 동네, 그러니까 대치동이나 목동 등, 당연히 사교육의 강도가 다른 곳보다 셀 것이라고 여겨지는 곳들이 다른 곳들과 별반 차이가 없다는 사실로부터 미루어 짐작할 수는 있다. 결국 사교육은 애들 성적을 올리기보다는 사교육 산업 종사자의 배만 불린 꼴이라는 것.

그런데 조금 더 생각해보면 착잡한 심정에 사로잡히게 된다. 부모의 소득수준만이 자식들의 성적과 강한 상관관계가 있다니. 이걸 어떻게 해석해야 할까? 부자들은 이를 일종의 유전적 우월성으로 해석하려 들 테다. 다른 거 다 필요 없고, 결국 집안 좋은 이들이 공부도 잘하기 마련이라고 주장하기 십상이다. 반대로 사회가 이미 계급적으로 고착화되어 불평등하다는 증거라고 인식하는 이들도 있을 것이다. 부모가 경제적으로 뒷받침해줄 수 있는 집 학생들은 공부에만 전념할 수 있기에 좋은 성적을 거두는 반면, 그렇지 못한 학생들은 학기 중에 학비에 생활비까지 마련하느라 물리적으로 따라갈 방법이 없노라고 말이다.

어느 쪽이든 결론은 같다. 앞으로 세대가 진전될수록 계층 간의 이동은 꿈도 꾸기 어려운 일이 될 거라는 점이다. 개룡남이라는 말 자체가 희화화되기 시작한 것도 이와 맥락을 같이 한다. 출신과 신분만 획득하면 만사형통인 이 땅의 뿌리 깊은 폐습을 뿌리뽑고자 실시한 고교 평준화는 영재교육이라는 미명하에 채 20년을 버티지 못하고 무력화되고 말았다. 그 시기 동안 음성 고액 과외가 지금 이상 횡행했음에도 신기할 정도로 전국 수석은 전국 각 지역에서 나왔다. 지금은? 만점자가 속출하다 보니, 고득점을 하고도 원하는 학교에 못 가는 일도 벌어진다. 이제 학교는 사회의 능력 있는 엘리트를 공정하게 길러내는 도장이기보다는, 기존의 이해관계를 재확인해주는 훈장에 불과한 존재가 되어가고 있다.

마지막으로 원인과 결과를 제대로 판단하기가 얼마나 어려운지를 보여주는 한 가지 사례를 얘기하면서 이 장을 마치자. 개와 고양이 중에 누가 순발력이 뛰어날까? 그리고 둘 중 누가 더 많이 자동차에 치여 죽을까? 순발력 하면 아무래도 고양이가 개를 한참 앞선다. 그러니까 당연히 개가 많이 치여 죽는다고 생각했다면 오판이다. 개는 피할 자신이 없기에 자동차가 지나가면 뒤로 물러서는 반면, 고양이는 자신의 순발력을 과신하기에 위급한 상황에서 오히려 앞으로 뛰어나가기 때문. 고양이의 순발력이 좋으니 개가 더 많이 죽을 거라는 판단과 고양이가 더 많이 죽더라는 데이터만 보고 개가 고양이보다 순발력 좋을 거라는 결론은 유감스럽지만 둘 다 틀렸다.

올바른 판단은 참으로 어렵다.

6장

싸움에
이기기 위한
정답이 있을까
?

삼국지에서
관우의 고민을 짊어지다

의사결정과 선택의 결과가 가장 첨예하게 드러나는 상황은 아마도 전쟁이 아닐까 싶다. 군인과 국가 지도자의 선택에 따라 수많은 사람의 목숨이 왔다 갔다 하고, 또한 한 나라의 흥망이 결정되니 말이다. 의사결정에 대한 대부분의 이론은 군사적 목적하에 개발되었다. 단적인 예로, 이 분야에 큰 영향을 미쳤던 랜드 코퍼레이션은 오랫동안 미 공군의 씽크탱크로서 자리매김해왔다.

이유는 알 수 없지만, 나는 어렸을 적부터 역사 이야기라면 시대와 지역을 불문하고 재미있어하고 좋아했다. 전쟁사도 예외는 아니었다. 에드워드 기번이 쓴 열한 권짜리 《로마제국쇠망사》에 푹 빠져 지내기도 했고, 도쿠가와 이에야스의 일대기를 그린 스무 권짜리 역사소설 《덕천가강》을 읽느라 밤잠을 설치기도 했다. 조금 나이 들어서는 슈테판 츠바이크의 일련의 책들도 즐겼다. 대중적 인기가 많은 시오노 나나미의 다른 책들은 그다지 추

216

천하고 싶진 않지만, 그녀가 쓴 전쟁 3부작 《레판토 해전》, 《로도스섬 공방전》, 《콘스탄티노플 함락》은 지금 다시 읽어도 가슴을 두근거리게 만들 정도로 잘 쓰인 책이었다.

그러나 역시 이런 쪽으로는 고대 중국의 위, 촉, 오 삼국의 역사를 소설화한 《삼국지》 혹은 《삼국지연의》가 지존이라 할 수 있었다. 몇 번을 읽어도 늘 흥미진진했던 탓에 시중에 나와 있다는 거의 웬만한 삼국지 관련 책들을 섭렵했다. 황석영, 이문열, 박종화, 정비석의 번역 중, 개인적으로 나는 박종화의 번역이 제일 맛깔스럽다. 어렸을 때는 책을 보면서 삼국지 속의 유명한 장수가 된 상상을 하기도 했다. '왜 관우는 형주를 튼튼히 방비하지 않고, 자만하여 위의 양양과 번성을 공격하는 결정을 내린 끝에 죽임을 당하는 거지? 내가 관우였다면, 그런 결정을 내리지 않았을 텐데.' 하며, 안타까워하기도 했다.

그런 내가 대학교 2학년 때인 1988년, 일본의 코에이에서 만든 컴퓨터 게임, 〈초본 삼국지〉를 우연히 접하고는 얼마나 흥분했는지 모른다. 이 게임은 유비나 손권 혹은 조조가 되어 컴퓨터가 조종하는 나머지 나라들을 상대로 국가를 경영하고, 적의 장수를 설득하여 부하로 삼고, 직접 전장에서 전투를 벌이는 게임이었다. 지금의 20, 30대는 뭔지도 잘 모를 5.25인치 플로피디스크 두 장으로 구성된 그 게임은 지금 기준으로 보면 유치하기 짝이 없었지만, 당시의 기준으로는 눈이 번쩍 뜨이게 하는 물건 중의 물건이었다.

국내에는 이로부터 몇 년 후에 〈삼국지 II〉가 한글판으로 정식 발매되어 사람들에게 알려져 있다. 하지만 〈초본 삼국지〉는 여전히 특별한 향수를 불러일으킨다. 특히 여포나 관우 등은 부하 병력이 한 명도 없는 필마단기 상태로 적진에 뛰어들어 만 명의 병졸을 거느리고 있는 웬만한 장수를 전멸시키는 게 가능했다. 비현실적이지만, 소설 《삼국지연의》에는 좀 더 부합되는 설정이었던 것.* 코에이는 이외에도 일명 칭기즈칸 시리즈나 일본 전국시대를 배경으로 한 〈노부나가의 야망〉 등 삼국지와 비슷한 게임을 내놓았다.

이러한 게임들은 기본적으로 전쟁 상황을 시뮬레이션하지만, 국가 경영 또한 게임의 필수 요소였다. 토지를 개간할지 말지, 시장을 육성할 것인지 아닌지, 그리고 한다면 누가 얼마의 돈을 들여서 할 것인지 등을 결정해야 했다. 이를 등한시하고 병력만 뽑아 곧장 전투에 나섰다가는 물자가 부족해지고 후방의 민심 악화로 반란이 발생하는 등 사면초가에 빠졌다.

그런데 시간과 자원이 유한하다는 제약 조건이 있었다. 한 달 단위로 진행되는 그 게임은 매 턴 당 최대 세 개의 행동만 수행할 수 있었다. 토지도 개간하고, 시장도 육성하면서, 동시에 병력도 뽑고, 훈련도 시키고, 무기도 사고, 부하 장수들에게 금도 나눠주고, 옆 나라 정탐도 하고, 옆 나라의 옆 나라와 동맹도 맺는 등, 모든 행위를 동시에 다 할 수 있는 재간은 없었다. 가장 효과적일 것으로 생각되는 대안을 선택해야 했다. 쌀과 돈으로 대표되는 경제적 자원 또한 마찬가지였다. 일종의 답을 찾아보고자, 몇 개의 방정식을 만들어 어떻게 하는 게 최적의 결과를 가져오는지 궁리해보기도 했다.

그러다 석사과정에 진학하여 최적화 과목을 공부하면서 깨닫게 되었다.

＊ 코에이의 삼국지 시리즈는 이후 꾸준히 계속 발매되었고, 가장 최근 버전은 2012년에 발매된 〈삼국지 12〉다.

이런 고민을 나만 한 게 아니라는 사실을 말이다. 시간을 포함하여 자원이 무한하지 않다는 제약 조건하에서, 어떻게 내가 목표로 하는 변수 값을 최대로 만들 것인가를 수학적으로 구하는 방법을 정리해놓은 것이 바로 최적화 과목이었다. 수학적으로 우아하기 그지 없는 내용에 마음을 빼앗길 수밖에 없었다. 그것으로 끝이 아니었다. 박사과정 때 작전연구를 부전공하면서, 랜드 코퍼레이션에서 리처드 벨만과 함께 동적최적화를 최초로 세상에 알린 스튜어트 드레이퍼스나 대수적최적화에 공헌한 일란 애들러 등에게 배웠다. 길에서 만나면 허름하기 짝이 없는 노숙자 할아버지 분위기의 그들이 강의실에서는 안광이 번쩍이는 거인으로 변하던 경험을 아직도 잊을 수 없다.

불확실하지 않다면
정답은 반드시 있다

이번 장의 주제는 넓게 보면 작전연구고, 좁게 보면 최적화다. 작전연구는 글자 그대로 군사 작전을 수학 문제로 재정의하여 작전의 효율과 효과를 극대화하려는 목표로 정립된 분야다. 제2차 세계대전 때 미군과 영국군이 각각 독자적으로 작전연구 분야를 개척했고, 그런 탓에 한동안은 군사기밀로 분류되어 일반인들은 접근조차 할 수 없었다. 그러다 어느 정도 시간이 지나고 난 후 기밀 해제를 해도 큰 문제가 없겠다고 판단한 내용부터 차례로 공개하기 시작하면서 현재에 이르고 있다. 현대에 들어서는 작전연구의 핵심적 방법론을 비즈니스 문제에 적용하는 것이 꽤 보편화되면서, 분야 자체의 명칭도 산업공학, 경영과학, 혹은 경영공학 등으로도 불린다.

최적화는 작전연구의 척추와도 같은 분야다.* 최적화는 제약 조건이 있는 상황에서 최선의 결과를 끌어내기 위한 답을 찾는 노력이다. 분야로서의 최적화는 여러 하위 집합으로 구성되어 그렇게 단순하지 않다. 가장 기본이 되는 선형최적화부터, 비선형 함수가 있는 경우 쓰는 비선형최적화, 정수에 해당하는 답만 찾으려는 정수최적화, 반복적인 관계를 이용해 답을 구하는 동적최적화, 연속적이지 않은 이산 자료에서의 최적 조합을 찾으려는 조합적최적화 등 실로 다양하다.

이 책에서 이 모든 내용을 다룰 재간은 없다. 가장 기초적이라는 선형최적화도 막상 어느 수준 이상의 수학적 배경지식 없이 이해하기란 쉽지 않다. 실제로 어떻게 최적화 문제의 답을 구할지에 대한 내용은 건너뛰자. 대신 이 절에서는 최적화 문제가 어떤 것인지 개념적으로 이해하는 것을 목표로 삼자. 내가 처한 의사결정 상황이 최적화 문제라는 것을 인식할 수만 있다면, 문제는 의외로 간단해지기 때문. 이런 경우, 산업공학을 공부했거나 혹은 최적화에 대한 지식을 갖고 있는 주변 사람들에게 도움을 청하면 된다. 당신이 처한 상황만 정확하게 설명해 줄 수 있다면, 그리고 그 설명에 오류가 없다면, 큰 어려움 없이 그 주변 사람이 답을 줄 수 있을 것이다(물론, 공짜가 아닐 수는 있다).

제일 먼저 알아야 할 사항은 최적화는 확실성하의 의사결정을 다루는 도구라는 점이다. 5장까지 얘기하면서, 미래상태에 불확실성이 존재한다고 공통적으로 가정해왔다. 미래가 확실하지 않기 때문에 여러 확률 개념이 동원되었고, 이를 통해 기대값 극대화와 같은 기법을 쓴 것이다. 반면, 이번 장에서 다루는 최적화의 경우 그러한 불확실성이 없다는 전제로 만들어졌다.

✱ 최적화(optimization)는 수리계획법(mathematical programming)이라고도 불린다. 최적화라는 용어와 계획법이라는 용어는 상호 대치가 가능하다.

모든 것이 확실한데 다뤄야 하는 변수들이 너무 많아서 어떻게 하는 게 최선인지 알 수 없는 경우, 바로 그럴 때 최적화를 쓰는 거다.

이 얘기만으로는 어떠한 상황이 최적화 문제에 해당하는지 감이 잡히지 않을 테니, 하나의 예를 들어보자. 최적화와 작전연구가 군사 문제에서 비롯되었다 보니, 이런 도구들은 군사 문제에만 적용될 수 있는 도구라는 잘못된 인식이 있는 듯하다. 이는 사실이 아니다. 최적화는 아주 다양한 상황에 적용할 수 있으며, 보통의 개인들이 살아가면서 늘 마주치는 경우에도 사용될 수 있다. 이를 증명하기 위해, 개인의 구체적인 돈 문제를 최적화로 풀어보자.

일반인들이 쌈짓돈을 굴리고 싶을 때, 막상 어떤 금융 상품을 골라야 할지 막연할 때가 많다. 돈이 빨리 무럭무럭 자랐으면 하는 바람이 우선하지만, 한편으로 괜히 위험하게 굴리다가 덜컥 큰 손실을 입지 않았으면 하는 생각도 있다. 선택할 수 있는 여러 대안 중, 대표적인 것을 망라해보면 다음의 표와 같다.

종류	연 평균 수익률	연 최저 수익률	연 최고 수익률
주식	5%	−50%	100%
펀드	4%	−30%	50%
파생증권	1%	−20%	6%
예금	2%	2%	2%

각 금융 상품 별로 연 평균 수익률과 연 최저 수익률, 그리고 연 최고 수익률이 주어져 있다. 이들 중 은행 예금은 5천만 원 한도 이내라면 원금과 이자가 보장되므로 연 2%라는 수익률이 사실상 확정되어 있다. 그 외 주식이나 펀드, 파생증권은 시장가격 변동에 따라 연수익률이 평균보다 높을 수도 낮을 수도 있는 상황이다.

원금이 100만 원이 있고, 내가 보수적인 사람이라고 가정해보자. 어떠한 경우에도 절대로 원금 손실을 볼 수 없다는 입장이다. 또한, 잘되었을 때의 최고 수익률은 연 5%만 넘으면 충분히 만족스럽다. 이러한 두 가지의 제약 조건이 있는 상태에서 연 평균 수익률을 최대로 하려면, 각 금융 상품별 비중을 어떻게 가져가는 것이 최선일까?

최적화 기법을 이용해 답을 구하면, 펀드에 6만2천500원, 예금에 93만7천500원을 넣고, 주식과 파생증권은 손을 대지 않는 것이 최선이라는 결과를 얻을 수 있다. 90%가 넘는 대부분의 돈을 안전한 예금에 넣고 펀드에 6% 정도의 돈을 넣을 때, 연 평균 수익률이 최대가 된다는 거다. 그때의 연 평균 수익률은 2.125%로 계산된다.

개인의 취향에 따라서 손실을 입을 가능성을 조금 떠안더라도 좀 더 연 평균 수익률을 높이고 싶은 사람도 있을 것이다. 이렇게 공격적인 성향을 가진 사람이 다음과 같은 제약 조건을 갖는다고 가정해보자. 이번에는 최대 손실이 0%가 아닌 10%까지 날 수 있고, 최고 수익률은 적어도 연 20%는 되어야 한다고 하자. 10%의 연 최대 손실을 연 최저 수익률로 표현하면 -10%다. 이러한 제약 조건하에 최적화 문제를 다시 풀어보면 무슨 답이 나올까? 이번에는 펀드에 37만5천 원, 예금에 62만5천 원, 주식과 파생증권에는 여전히 투자하지 않는 것이 최선이다. 이때 연 평균 수익률은 2.75%로서, 앞의 보수적인 경우보다 연 0.6% 정도 올라갔다. 금액으로는 6천 원 수준이다.

최대 손실 금액이 조금 더 올라가더라도 연 평균 수익률을 더 높이고 싶다면 어떻게 해야 할까? 이번에는 주식이나 파생증권 같은 것에 투자를 하게 될까? 이러한 경우의 제약 조건으로, 최대 손실률을 20%, 연 최고 수익률을 30%로 가정해보자. 최적화 결과를 보면, 이번에는 펀드가 68만7천500원, 예금이 31만2천500원이고, 주식과 파생증권은 여전히 손을 대지 않는 것이 최선이다. 이때의 연 평균 수익률은 3.375%로, 좀 전의 공격적인 경우보다 다시 연 0.6% 정도 상향되었다.

이 정도의 문제는 굳이 전문적인 최적화 소프트웨어를 쓰지 않아도, 필요하다면 연필과 종이를 이용해서 구할 수 있다. 엑셀 정도의 프로그램을 이용해서 최적의 답을 구하는 것도 결코 어렵지 않다. 소프트웨어를 쓰면, 단점보다는 장점이 많다. 문제를 잘 정의하기만 한다면 답을 찾는 것은 거의 순식간의 일이 되기 때문.

앞의 예에서는 총 열두 개의 변수에 대한 최적화 문제를 풀어야 했지만, 이보다 복잡한 상황도 얼마든지 해결할 수 있다. 특히 회사가 직면한 비즈니스 문제에는 수백 개, 수천 개, 혹은 그 이상의 변수가 있기 마련이다. 이런 경우, 손으로 답을 찾는다는 것은 불가능에 가깝기에 최적화 소프트웨어 사용은 필연적이다.

그렇다면 최적화 프로그램은 어떻게 그렇게 빠른 속도로 최적의 답을 구할 수 있는 걸까? 이와 관련된 수학적 내용을 일반인들이 다 알 필요는 없다. 그래도 대략적인 작동 원리를 알아두면 여러모로 도움이 된다. 가장 대표적인 두 가지 방법의 원리를 간략히 소개한다.

하나는 심플렉스 알고리즘이다. 캘리포니아 버클리대학에서 통계학으로 박사를 받은 조지 댄치그가 개발한 이 방법은 매우 효율적이면서도 강건한 성질로 인해 가장 널리 사용된다. 심플렉스 알고리즘의 핵심적인 아이디어는, 제약 조건을 만족하는 변수들의 영역이 있다고 할 때, 제일 외곽에 해당하는 점들을 따라가면서 최적의 답을 찾는 거다. 제약 조건을 충족하는 변수들의 조합 수는 무한대에 이른다. 무한대의 경우의 수를 일일이 비교해서 최선의 답을 찾는다는 것은 아무리 컴퓨터의 능력이 빨라진다 하더라도 불가능한 일이다. 그런데 심플렉스 방법은 이를 기하학적 다면체의 꼭짓점 간의 비교 문제로 바꿔버림으로써 훨씬 효율적으로 답을 찾을 수 있다.

또 다른 하나는 내부점 방법*이다. 앞의 심플렉스가 경계선을 따라간다면, 내부점 방법은 제약 조건을 만족하는 영역의 내부를 통과하여 가장 가능성 있는 방향으로 답을 찾아가는 방식이다. 내부점 방법의 여러 변종 중, 캘리포니아 버클리대에서 컴퓨터과학으로 박사학위를 받은 나렌드라 카마카르가 개발한 카마카르 알고리즘이 유명하고 많이 사용된다.

심플렉스나 내부점 방법을 포함하여 모든 종류의 문제에 항상 답할 수 있는 최적화 방법은 안타깝게도 없다. 문제의 성격에 따라, 어떤 방법은 답을 줄 수 있는 반면 다른 방법은 아예 답을 찾지 못하거나 혹은 엉뚱한 답을

＊　어색하게 들리는 이 용어는 interior point method를 번역한 결과다.

주는 경우도 있다는 얘기다. 이런 문제는 최적화 방법을 연구하는 사람들의 문제지, 보통의 일반인들에게는 해당 사항이 없는 얘기다. 기존의 방법들이 답을 찾아주지 못할 정도로 복잡한 문제를 일반인이 해결해야 하는 경우란 정말 웬만해서는 없다고 봐도 무방하다.

보너스 항공권으로
세계 일주 하기

직장인들은 괴롭다. 별로 보람을 느끼지 못하는 일에, 억압적인 상사한 테 괴롭힘을 받다 보면 당장이라도 사표를 던지고 싶어진다. 그러곤 모든 걸 훌훌 털어버리고 해외여행을 위해 비행기에 훌쩍 올라타고 싶다.

해외여행의 최고봉은 뭐니뭐니해도 역시 세계 일주다. 1873년 프랑스의 작가 쥘 베른이 쓴《80일간의 세계 일주》에서 주인공 필리어스 포그는 자신의 전 재산 4만 파운드를 세계 일주에 걸었다. 금 가격으로 환산한 현재 가치로 보면 100억 원 정도 되는 돈이다. 2만 파운드는 80일 안에 세계 일주가 가능할지에 대한 내기에 걸었고 나머지 2만 파운드는 여행 경비로 썼다. 시계처럼 정확한 성격의 그는 온갖 우여곡절 끝에 결국 일주를 무사히 마치고 내기에 이겨 전 재산을 되찾았다. 거기에 사랑하는 여인까지 얻게 되었으니 더이상 무얼 바라랴.

정말로 세계 일주에 나서는 게 가능할까? 불가능한 일은 아니다. 대부분의 항공사들은 세계 일주 항공권을 내놓고 있다. 대한항공도 예외가 아니다. 항공권 가격은 대략 700만 원 정도다. 악 소리 나오는 가격이다. 항공사 마일리지를 이용해 보너스 항공권을 얻을 수도 있다. 이코노미석은 14만 마일, 비즈니스석은 22만 마일이 필요하다. 여기에 세금과 유류할증료가 추가되어야 하고 현지 체제 비용도 필요하다. 그래도 필리어스 포그처럼 전 재산을 걸 필요는 없다. 그보다 훨씬 적은 돈으로 다녀올 수 있다.

상상의 나래를 펼쳐서 진짜로 세계 일주 여행을 떠난다고 생각해보자. 최근에 바뀐 대한항공 규정상 최초 탑승 후 1년까지 항공권은 유효하다. 제약도 있다. 북미/중미/남미를 하나의 지역으로 묶고, 유럽/중동/아프리카도 하나의 지역으로 묶고, 아시아와 대양주도 하나의 지역으로 묶는다. 그리고 전 여정에서 3회 체류할 수 있는데 이 세 개 지역별로 1회씩 추가 체류가 허용된다. 잘 디자인하면 총 여섯 곳의 도시를 방문할 수 있다.

어떤 도시를 찾아가면 좋을까? 전 세계의 아름다운 항구들을 돌아보는 세계 일주를 생각해보자. 사람들이 흔히 얘기하는 세계 3대 미항은 브라질의 리우데자네이루, 이탈리아의 나폴리, 오스트레일리아의 시드니다. 이 세 도시는 각각 앞의 세 지역에 하나씩 속해 있다. 그러니 각 지역별로 사랑스러운 항구도시들을 하나씩 더 고를 수 있다. 미국 서해안의 샌프란시스코, 남아프리카공화국의 케이프타운, 그리고 아시아에서 싱가포르를 골랐다고 하자. 전 세계의 아름다운 항구도시 여섯 곳을 1년에 걸쳐 여행하고 서울로 돌아오는 여정이다. 생각만 해도 흐뭇하다.

그런데 여기에 한 가지 해결해야 할 문제가 있다. 세계여행은 좋지만 비행기를 타고 있는 시간은 괴롭다는 점이다. 가능하면 비행시간을 줄이고 싶

다. 인천국제공항을 떠나 위의 여섯 개 도시를 한 번씩 거쳐 다시 인천국제
공항으로 돌아오는데, 총 비행 거리를 최대한 줄이고 싶은 거다. '그거야 뻔
한 거 아니야?' 하고 생각하기 쉽지만 결코 그렇지 않다. 왜 뻔하지 않은지
한번 보자.

먼저 일곱 개 도시 간의 거리를 표로 나타냈다.

(단위: 킬로미터)

	인천	리오 데자네이로	나폴리	시드니	샌프란시스코	케이프타운	싱가포르
인천	0	18160	8953	8333	9043	13728	4673
리우 데자네이루	18160	0	9249	13536	10671	6070	15743
나폴리	8953	9249	0	16190	10238	8334	9884
시드니	8333	13536	16190	0	11961	11024	6313
샌프란시스코	9043	10671	10238	11961	0	16504	13597
케이프타운	13728	6070	8334	11024	16504	0	9678
싱가포르	4673	15743	9884	6313	13597	9678	0

첫 번째 기착지가 될 수 있는 도시의 수는 여섯 곳이다. 그다음 기착지
후보는 다섯 곳으로 준다. 이런 식으로 구성하면, 가능한 경로의 수는 6!(팩

토리알, 1×2×3×4×5×6)로 총 720가지의 경로가 있다. 이것도 720개의 개별 경로에 대한 총 거리를 일일이 계산해서 비교하면 물론 최단 거리를 알아낼 수는 있다. 하지만 이를 종이와 연필로 한다고 생각해보라. 세계 일주를 하려던 생각이 싹 사라질지도 모른다.

최적화 프로그램을 이용해 답을 구해보면 다음과 같다. 인천을 출발해서 우선 태평양을 건너 샌프란시스코로 간다. 그다음 미국 대륙을 서에서 동으로 횡단하고 대서양까지 건너 지중해 한 가운데의 나폴리에 도착한다. 다음으로 다시 대서양을 동에서 서로 건너 리우데자네이루에 들렀다가 또 다시 대서양을 서에서 동으로 건너 케이프타운을 향한다. 이어 인도양과 태평양을 지나 다음 목적지인 시드니를 구경하고 마지막으로 싱가포르를 방문한 후 인천으로 돌아오는 것이다. 총 비행거리는 5만6천610킬로미터로 두 번째로 짧은 인천-싱가포르-시드니-샌프란시스코-리우데자네이루-케이프타운-나폴리-인천의 5만6천975킬로미터보다 365킬로미터 짧다.

세계 일주 경로의 최단거리를 구했지만 유사한 상황에 맞닥뜨릴 경우가 의외로 적지 않다. 가령 내가 배달해야 하는 장소가 많은데 어떤 순서로 해야 가장 빨리 끝낼 수 있을지 궁금할 수 있다. 이러한 문제를 흔히 '순회 세일즈맨 문제' 혹은 '우편배달부 문제'라고도 부른다. 들러야 할 곳이 늘어날수록 순회 세일즈맨 문제는 기하급수적으로 풀기 어려워진다. 경우에 따라서는 최적화 기법도 무용지물이 될 수 있다. 그렇더라도 일반인들이 겪어야 하는 상황쯤은 거의 대부분 문제없이 해결할 수 있으니 너무 지레 걱정할 필요는 없을 것 같다.

배수진을 택한
신립 장군을 위한 변명*

우리 역사를 돌이켜보면 무용과 지략이 출중했던 장군들이 결코 적지 않았음을 알게 된다. 중국이라는 거대 세력과 골칫거리 일본 사이에 끼여 있으면서도 지금껏 흡수당하지 않고 나라를 지켜온 데에는 그들의 공이 적지 않다. 특히 이순신 장군의 경우는 시쳇말로 거의 사기적 캐릭터 수준을 능가한다. 어떻게 그런 일이 가능했을까 아무리 생각해보아도 설명이 잘 안 될 정도. 반면 결정적 패전으로 인해 스스로 목숨도 버리고 후대에 오명을 뒤집어 쓴 장군도 없지 않다. 임진왜란 때 전사한 신립 장군이 대표적이다.

신립은 1546년에 태어나, 1567년에 무과에 급제하고, 그 후 선전관, 진주판관, 온성부사, 함경도 병마절도사를 거쳐 한성판윤으로 있다가 48세

---

* 신립의 결정을 군사학적으로 분석한 이상훈, 《전략전술의 한국사》(2014)에 좀 더 자세한 내용이 나온다. 디테일이 살아 있는, 보기 드물게 매혹적인 책이다.

때인 1592년 4월 임진왜란을 맞이했다. 일본군이 정발의 부산성과 송상현의 동래성을 간단히 함락시키고 파죽지세로 북상하자, 선조는 당시 좌의정 유성룡을 모든 장수를 감독하는 임무를 가진 도체찰사에 임명하여 일본군을 물리치라는 명령을 내렸다. 추풍령에 우방어사 조경, 죽령에 좌방어사 성응길, 대구에 순변사 이일이 파견되었고, 새로 도순변사로 임명된 신립이 조령 방면에 파견되어 한성 방어의 중핵이라는 막중한 책임을 맡았다.

신립은 당시 조선 최고의 장군으로 인정받던 사람이다. 함경도 병마절도사 시절 여진족의 준동을 성공적으로 물리친 바 있고, 특히 기병 전술에 능하다고 알려져 있었다. 보통 조선의 군대 하면 보병 위주로 생각하기 쉬우나, 기병을 주축으로 하여 보병과 궁병, 포병 등이 그 뒤를 받치는 것이 조선 전·중기의 기본 편제였다. 신립이 출정할 때 선조는 직접 보검을 하사하고, 신상 처벌, 병력 동원, 군수물자 처분 등의 권한이 부여된 편의종사권까지 부여했다고 한다. 신립에 거는 기대가 컸다는 증거면서, 동시에 부족한 병력을 가진 신하를 사지에 몰아 넣는다는 죄책감도 있지 않았을까 싶다. 기적을 바라는 심정이었을 것. 원래 신립은, "적의 기세가 매우 드세니 도성으로 후퇴하여 지키도록 하소서." 하는 건의를 올렸으나, 깨끗이 묵살당했다. 무인 신립은 군소리하지 않고, 훈련이 부족한 8천 명의 병사와 함께 조령 방면으로 향했다.

왜 이것이 사지를 향하는 것이었는지는 당시의 일본군의 병력을 보면 분명해진다. 일본의 제1진은 고니시 유키나가 휘하의 만8천700명으로 대구, 상주를 거쳐 조령으로, 제2진은 가토 기요마사 휘하의 2만2천800명으로 경주, 군위를 거쳐 죽령으로, 그리고 제3진인 구로다 나가마사 휘하의

만 천 명은 김해, 성주를 거쳐 추풍령으로 진격 중이었다. 그러니까, 긁어모은 8천 명의 병력으로 대략 5만 명을 넘는 정예 병력을 상대해야 했던 것. 병력과 전투력에 관한 란체스터 법칙을 신립이 알았을 리는 없겠지만, 부족한 병력을 갖고 싸워서 이기는 게 얼마나 드물고 어려운 일인가를 몰랐을 리는 없다.

당시 신립은 4월 26일 충주에 도착, 27일 충주 바로 옆의 단월역 근처에 주둔한 채로 조령을 정찰하다가 그곳에 진치기를 포기하고, 28일 탄금대에서 진을 치고 고니시의 일본군과 결전을 벌였다가 결국 중과부적으로 패퇴했다. 더이상 동원할 예비 병력이 없었던 선조는 북쪽으로 도망하고, 이후 5월 3일 일본군은 한성에 무혈 입성했다.

여기서 문제시된 부분은 탄금대에 펼쳤다는 이른바 배수의 진, 뒤에 강을 두고 치는 군진이었다. 잘못된 전술로 오만 방자하게 싸우다가 어이 없게 졌다는 것이 당대인과 후세 역사가들의 공통된 견해였던 것. 탄금대 조금 더 남쪽에는 험준한 것으로 유명한 해발 642미터의 조령이 있었는데, 왜 방어의 요충지인 조령에 병력을 배치하지 않고 무모하게 탄금대에 배수의 진을 쳤느냐는 지적이었다. 유성룡과 정약용 등이 그런 글을 남겼고, 심지어는 명나라 장군 이여송 또한 조령을 지나면서, "이런 천혜의 요지를 두고도 지킬 줄 몰랐으니, 신립은 참으로 부족한 사람이다."라고 혀를 찼다.

그러면 여기서 한번 묻도록 하자. 여러분이 신립이었다면 어떠한 결정을 내렸을 것 같은가? 유성룡 등이 했다는 말로 보건대, 왜 그 천혜의 방어 요지라는 조령에 진을 펼치지 않고 후퇴할 길을 스스로 없애는 배수의 진을 치게 됐는지 납득이 잘 가지 않지 않는가? 그것도 당시 최고라고 인정받던 장수가 말이다. 신립의 선택이 멍청한 것이었다고 비난하기는 쉽다. 하지만, 그런 얘기를 하려면 신립이 택하지 않은 다른 선택이 좀 더 합당한 결정이었음을 입증해야 한다. 무턱대고 배수의 진이 잘못이었다고 얘기하는 사람치고, 신립과 일본군 사이의 병력 차가 작게는 두 배 반에서 많게는 여섯 배 이상이었다는 사실을 지적하는 사람은 드물다.

신립의 탄금대 선택 이유는 크게 세 가지로 추정된다. 첫째는 본인의 장기인 기병전을 통해 전술적인 우세를 달성하기 위해서다. 신립은 북방 이민족을 상대로 기병전을 벌여 전과를 거둬왔고, 이 전술은 남방의 왜구를 상대로도 효과적임이 입증되어왔다. 둘째로, 훈련 상태가 좋지 않고 병력도 열세인 휘하 부대의 능력을 최대한 끌어내기 위해서다. 병력에서 압도당하고 공격력에서 특별히 앞서지 않는 부대가 기댈 방법은 포위를 면하면서 기회를 엿보는 것이다. 셋째로, 조선군의 장기 중 하나인 승자총통 등의 포병과 궁병의 효과를 극대화하기 위해서다. 사거리에서 앞서는 승자총통으로 적의 진을 흩트리고 나면 조선 기병의 효과가 극대화될 수 있다. 그리고 일본군이 탄금대에 접근할 수 있는 유일한 방향은 동쪽에서 서쪽으로 접근하는 거였는데, 그 계절에는 주로 서풍이 불었다. 탄금대의 배수진은 일본군 조총의 효과를 약화시키고, 반대로 조선군의 활과 총통의 효과를 더 높일 수 있는 진이었던 것이다.

당장의 방어라는 면으로는 조령이 조금 더 효과적일 수는 있었다. 그러나 신립은 다른 문제점을 본 것이 아닐까 싶다. 지세가 너무 험준하다 보니 방어군 또한 전술을 펼치는 데 제약이 따랐다. 결정적으로 기병을 활용하기에 경사가 너무 심했다. 다른 문제도 있었다. 조령에서 고니시의 제1진을

어느 정도 저지한다고 하더라도, 죽령과 추풍령으로 향하고 있는 제2진과
제3진이 문제였다. 그쪽 수비 병력은 더욱 적었기에 쉽게 뚫릴 것이라고 짐
작할 법하다. 그러고 나면, 그나마 병력이 제일 많은 신립의 부대가 조령을
방어하고 있다 한들, 어차피 한성까지 수일 내로 일본군이 쇄도해 들어가
는 상황이었다. 그렇게 되면 수도 방어라는 전략적인 목표는 어차피 달성할
수 없고, 오히려 조령 등을 넘어온 일본군에 의해 앞뒤로 포위를 당하게 될
위험성도 무시할 수 없었다. 이런 사정을 감안하면, 일본군 제1진에 상당한
피해를 입혀 그 예봉을 꺾어놓을 필요가 있다고 판단하지 않았을까 싶다.

당시 신립이 택할 수 있었던 방어 지역은 크게 네 가지로 볼 수 있다. 지
금까지 얘기한 조령과 탄금대 외에도 충주성, 그리고 단월역이 있었다. 전
술상 필수적인 여러 측면에 대한 유불리를 위 네 지역에 대해 정리하면 다
음의 표와 같다.

구분	방어지형	기병활용	병력집중	추후보급	고립 가능성
조령	+1	−1	+1	−1	−1
탄금대	0	+1	+1	−0.5	−1
충주성	0	−0.5	+1	0	−1
단월역	−1	−0.5	−1	0	0

표에서 +1은 유리함을 나타내고, −1은 불리함, 0은 보통이거나 무관한
경우 등을 나타낸다. 이러한 조건이 주어져 있을 때, 최적화 문제를 풀어보

면 탄금대에 병력을 100% 집중하는 것이 최선이라는 결과를 얻을 수 있다. 즉 신립의 작전이 결코 그렇게 일방적으로 욕을 얻어 먹을 정도의 것은 아니라는 얘기다. 신립은 탄금대에서 결국 협공을 당해 부하들을 모두 잃고, 옆을 따르던 부장과 함께 강에 몸을 던져 자결했다. 이길 수 있는 싸움에 진 것도 아니고, 비겁하게 목숨을 구하고자 도주한 것도 아닌 그를 그토록 무능하고 무모한 장수의 대명사처럼 취급하는 건 좀 지나친 일이 아닐까 싶다.

스텔스 전투기와
유로파이터의 최적 믹스

한정된 자원을 갖고 어떻게 최대의 효과를 거둘 것인가는 의사결정에서 항상 마주치는 상황이다. 의회가 승인한 국방 예산의 한도 내에서 한 나라의 군대가 채용할 새로운 무기를 획득하기 위한 결정은 결코 쉽지 않다. 금액이 워낙 천문학적으로 크고, 한번 결정되면 최소 10년에서 20년 이상 되돌리기 어려운 특성이 있기 때문이다. 그렇다고 이를 주먹구구식으로 할 수는 없는 노릇. 최적화 기법은 물론 이러한 경우에도 적용 가능하다.

하나의 사례로, 세계 각국이 현재 고민 중에 있는 신형 전투기 도입 문제를 생각해보자. 독자적으로 주력 전투기를 디자인하고 개발할 수 있는 나라는 전 세계적으로 극소수에 불과하다. 전통의 양 강대국인 미국, 러시아에 영국을 포함한 유럽연합, 프랑스, 중국, 스웨덴, 일본 정도가 해당된다. 우리나라는 FA-50이라는 경공격기 개발을 통해 독자 전투기 개발이라는 궁극적 목표에 한걸음 다가서긴 했지만, 아직 기존의 전투기 제조 국가들과

적지 않은 갭이 있는 것도 부인하긴 어렵다.

이중 특히 눈길을 끄는 부분은 이른바 5세대 전투기로 분류하는 스텔스기의 존재다. 스텔스기는 단적으로 얘기하자면 레이더에 잘 잡히지 않는 특성을 가지고 있는 비행기다. 현대의 공중전은 미사일 등의 정밀 유도 무기에 의해 승패가 좌우되는 경향이 있다. 레이더에 의해 상대방의 위치를 먼저 파악하는 쪽이 유리한데, 그렇기 때문에 스텔스기는 비스텔스기에 대해 압도적인 우위를 누릴 수 있다. 상대방은 내가 있다는 것조차 모르는 상태에서 기습 공격을 당하게 되니, 상대가 되지 않는 것이다.

스텔스 성능이 얼마나 중요한가를 잘 보여주는 사례로 2006년 미국에서 벌어진 노던 에지(Northern Edge) 훈련을 든다. 현존하는 세계 최강의 스텔스기로 이름 높은 미국의 F-22 랩터는 그 훈련에서 F-15, F-16, F/A-18 등의 미국 현역 전투기들과 모의 공중전을 벌여 144대 0이라는 전적을 기록하였다. 특히 미 해군의 현역 조기경계기인 E-3도 상대팀으로 참가했지만, 랩터가 휘젓고 다니는 걸 어떻게 못하고 눈 뜬 채로 당했다.

현재 스텔스기를 실전 배치하고 있는 나라는 미국이 유일하지만, 다른 나라들도 열심히 뒤쫓고 있다. 러시아는 수호이 T-50을 이미 개발 완료하여 2016년부터 실전 배치할 예정이며, 중국은 젠-20과 젠-31두 개 기종의 개발을 거의 완료한 것으로 알려졌다. 일본 또한 독자 스텔스기 개발을 추진 중이며, 미국은 랩터 외에도 경량, 저가의 보급형 스텔스기인 F-35도 개발 중에 있다.

한편, 주요 전투기 생산국가인 유럽연합과 프랑스가 스텔스기 개발에 큰 관심을 보이고 있지 않다는 점도 주목할 만하다. 이미 전투기 개발의 패러다임은 6세대 전투기, 그러니까 사람이 타지 않는 무인 전투기 혹은 로봇 전투기로 넘어갔다. 미국, 일본, 러시아와 더불어 유럽연합과 프랑스도 이러한 무인 전투기 개발에 국가적 지원을 아끼지 않고 있는 상황이다. 특히, 개발과 획득에 소요될 비용에 비해 스텔스기의 효과가 제한적이라고 본 유럽연합은 아예 이를 건너 뛰고 6세대 전투기로 넘어가려고 하고 있다.

이쯤에서 좀 더 구체적으로 무기 체계 결정 문제를 고민해보자. 여기에서 고려되어야 할 사항은 크게 보면, 작전 능력, 제반 비용, 유지 보수의 세가지 측면으로 정리될 수 있다. 작전 능력은 임무 수행 시에 요구되고 발휘되는 무기로서의 능력을 말하며, 제반 비용은 초기 구매 비용과 폐기할 때까지 매년 발생하는 운용 비용 등을 뜻하며, 마지막 유지 보수는 정비의 편의성과 유지 보수의 용이성 등을 종합적으로 일컫는다.

이중 특히 작전 능력과 제반 비용의 두 가지 사항에 관심이 집중되기 마련이다. 유지 보수도 중요한 고려 사항이기는 하나, 이것 자체를 극대화하기보다는 제약 조건의 하나로서 최소한 이 정도는 만족이 되어야 한다는 식으로 주어지는 경우가 많다. 여기서 입장이 두 갈래로 나뉜다. 군은 대개 작전 능력 극대화를 궁극적인 목표로 하고 제반 비용에 대한 고려는 부차적인 제약 조건으로 놓는 경향이 있다. 한편, 의회 등은 반드시 충족해야 할 최소한의 작전 능력을 제약 조건으로 놓은 상태에서, 제반 비용을 최소화하는 쪽으로 결정하려고 한다.

군의 관점에서, 미국의 스텔스기 F-35와 유럽연합의 유로파이터 타이푼 간의 최적 선택을 한다면 어떻게 될지를 생각해보자. 어떤 나라가 40억 달러의 구매 예산을 갖고 있고, 전투기 대수는 최소한 스물다섯 대는 확보하려고 한다고 해보자. 전투기 가격은 다른 부대조건들로 인해 굉장히 달라질 수 있기에 직접 비교하기가 쉽지 않다. F-35는 아직 개발이 완료되지 않았기에 정확한 가격을 알 재간이 없지만, 여러 정보를 종합하여 대당 1억 8천 달러라고 가정하자. 한편 타이푼의 대당 가격은 대략 1억 4천 유로, 미 달러로 환산하여 1억 5천 달러라고 가정하자.

작전 능력은 어떨까? 전투기가 처하는 다양한 작전 상황을 감안하여 이를 하나의 숫자로 표현하는 건 매우 용감하다 못해 무모한 일이다. 하지만 최적화 기법에 대한 예시 목적으로, 그 무모한 일을 한번 해보자. 전투기로서의 전반적인 성능은 F-35보다는 타이푼 쪽이 조금 더 높아 보인다. 기동성을 좌우하는 엔진 추력 대 중량비라든지, 최고 속도, 항속 거리, 장착할 수 있는 무장의 양과 질 등에서 타이푼은 F-35보다 낫다. 게다가, 타이푼은 모든 전투기 조종사들이 바라 마지 않는 쌍발, 엔진이 두 개인 기체다. 단발 비행기는 엔진이 멈추면 추락을 면할 수 없는 반면, 쌍발은 하나가 멈춰도 다른 하나로 어떻게든 기지로 귀환할 여지가 있기 때문이다.

F-35가 타이푼보다 낫다고 볼 수 있는 측면도 물론 있다. 바로 스텔스 성능이다. 앞에서 얘기한 것처럼 상대방이 레이더로 보지 못하는 상태에서 공격할 수 있다는 점은 꽤나 결정적이다. 그런데 여기에도 몇 가지 고려할 만한 점이 있다. 우선 F-35의 스텔스 성능이 랩터 정도는 아니라는 점이다. 유럽연합과 미국 사이에서 어느 정도 중립적일 수 있는 호주의 한 전문가에 의하면 F-35의 스텔스 성능은 랩터의 1/4 정도에 불과하며, 그것도 후하게 봐줘서 그렇다고 한다.

게다가 스텔스 성능이 사실 그렇게까지 만능은 아니라는 지적도 있다.

현재의 스텔스 성능은 주파수가 높고 파장이 짧은 X밴드 레이더에 대해 효과가 있다. 그런데 이보다 파장이 긴 S밴드 레이더나 L밴드 레이더로 수색하면 얼마든지 추적이 가능하다. 현재 전투기들의 주력 레이더가 X밴드이므로, 스텔스기가 있다는 사실을 상대방이 모른다면 충분히 효과적일 수 있다. 하지만 스텔스기의 존재가 비밀이 아닌 이상, X밴드 이외의 주파수로도 레이더를 운용하는 상대방에 대한 스텔스 성능은 기대 이하일 수 있다.

또한 레이더 외에 항공기를 탐지해낼 수 있는 방법도 이미 실용화되어 있다. 바로 적외선을 사용하는 것이다. 적외선은 사물의 온도를 측정하여 물체를 식별하는데, 스텔스기들이 크고 뜨거워서 50킬로미터 정도의 거리면 충분히 식별이 가능하다. 실제로 2012년 미국에서 열린 레드 플래그 훈련에서 타이푼은 이러한 방법으로 랩터를 발견, 상대적으로 유리한 근접전투를 벌여 랩터를 격추시키기도 했다. 이와 같이 스텔스 성능이 생각 외로 제한적이기 때문에, 전투기 개발국들은 6세대 무인기에 지금 집중하고 있는 것이다.

현재 시점에서 두 기종의 작전 능력을 숫자로 표현하기를, F-35가 1.25, 타이푼은 1로 나타낼 수 있다고 가정하자. 이때 최적화 기법을 통해 양 기종간의 최적 믹스를 구하면 어떻게 될까? F-35는 여덟 대, 타이푼은 열일곱 대를 구매하는 경우에 전체 공격력이 극대화된다는 결과를 얻게 된다. 소요 비용은 39억9천 달러로 당초 예산을 넘지 않으며, 최소 스물다섯 대는 확보할 필요가 있다는 제약 조건도 충족이 된다. 미국과 유럽연합의 전투기를 동시에 쓰는 게 쉽지 않다는 얘기들도 있으나, 독일이나 이탈리아, 스페인에서는 실제로 그렇게 운용하고 있으니 불가능하다고만 할 것은 아니다. 막상 현역 공군 전투기 조종사들에게 물어보면, 보급이나 훈련 등의 상황을 감안해볼 때 동시에 둘을 운용하는 건 결코 바람직하지 못하다는 의견을 피력하기도 한다.

국방 예산을 갖고 예를 들었지만, 위의 최적화 기법은 일반적인 상황에도 적용할 수 있다. 약간의 여윳돈이 있을 때, 여행, 쇼핑, 문화생활 등으로 인한 즐거움을 정확하게 수치화할 수 있다면, 이들 간의 최적 믹스의 결정은 결코 어렵지 않다. 물론 즐거움을 정확하게 수치화하는 건 매우 어렵다.

포탄 맞은 곳을 보강하면
생존율이 올라갈까?

지금까지 최적화를 언제 쓸 수 있고, 어떤 결과를 얻을 수 있는지에 대해서 얘기했다. 그러니 이 장 마지막 절에서는 작전연구에 관련된 미묘한 결정들에 대해 얘기해보자. 이러한 사항들에 익숙해질수록 선입견에 사로잡혀 잘못된 결정을 내릴 여지도 줄어들지 않을까 싶다. 여기에 나오는 얘기들은 모두 제2차 세계대전 당시 실화다.

먼저 간단한 것부터 얘기하자. 적의 전투기와 공중전을 벌여야 하는 전투기와 지상의 목표를 공격하는 폭격기는 위험한 임무를 수행하는 만큼 당연히 그 손실도 적지 않았다. 고가의 기체, 그보다 더 소중한 조종사와 승무원들의 목숨을 조금이라도 더 지킬 수 있는 방안이 없을까 하고 분석하던 중 한 가지 사실이 눈에 띄었다. 유독 비행기의 특정 부위에 명중된 총탄과 포탄이 다른 곳보다 압도적으로 많다는 사실을 발견한 거였다. 통계적인 관점으로 볼 때, 우연의 소산으로 돌리기엔 그 경향이 확연했다. 한 분석가가 기쁜 마음으로 다음과 같은 방안을 제안했다.

"그 부위에 장갑을 대도록 합시다. 무게가 약간 무거워지니 속도는 조금 줄겠지만, 대신 좀 더 많은 수의 비행기가 격추되지 않고 살아서 돌아올 수 있을 겁니다!"

그래서 그 부위의 철판 두께를 대폭적으로 키우는 디자인 변경이 실행에 옮겨졌다. 그런데 기대와 달리 비행기들의 생환율은 나아지지 않고, 오히려 약간 떨어지는 기미마저 보였다. 왜 그랬을까? 장갑의 두께가 불충분해서였을까? 나중에 밝혀진 바에 의하면, 당초 특정 부위에 포탄 자국이 몰려 있던 이유가 허탈하기 짝이 없다. 그 부위 외의 다른 부위를 공격 당한 경우 거의 예외 없이 추락했기 때문. 그러니까 부위별로 대공포탄을 맞을 확률은 균일했지만, 맞아도 비행에 큰 지장이 없는 부위에 피탄된 비행기들만 살아 돌아오고 나머지 부위에 맞은 비행기들은 돌아오지 못했던 거였다. 그걸 몰라보고 맞아도 무방한 부위에 장갑을 덧댔으니 이 무슨 허탈한 상황이란 말인가.

다음 상황은 적의 비행기를 공격하는 대공포부대에 관련된 얘기다. 처음에는 눈으로 대충 보고 쏘았다. 그런데 목표물인 비행기가 빠른 속도로 움직이다 보니 명중시키기가 쉽지 않았다. 대공포탄의 속도가 음속의 몇 배에 달할 정도로 빠르다고는 해도 비행기까지 도달하는 데 약간의 시간이 걸렸다. 그래서 비행기 경로를 더 잘 예측할 수 있는 장치를 대공포에 장착했다. 그러자 즉각적으로 효과가 나타났다. 이전까지 2만 발 당 한 대를 격추하던 대공포대들이 이제는 4천 발 당 한 대를 격추했다. 명중률이 무려 다섯 배나 올라간 것이다. 여기까지는 충분히 있을 수 있는 얘기다.

이러한 장치를 고안한 분석가의 마음을 불편하게 만드는 사실이 한 가지 있었다. 고사포부대들의 평균적인 명중률이 올라간 건 사실이었지만, 해안에 위치한 고사포부대들의 명중률이 내륙에 위치한 고사포부대들의 명중률보다 두 배 가량 높았다. 장치 장착 전에는 어떠했나를 살펴보니, 그때도 해안 고사포부대의 명중률이 비슷하게 높았다는 것을 발견했다. 무슨 이유로 인해 그런 차이가 발생했을까? 숙련된 고사포병들이 해안 부대에 배치되고, 미숙한 병사들이 내륙 부대에 배치된 탓이었을까? 혹은 해안 부대가 좀 더 쉬운 적을 상대하고 내륙 부대가 좀 더 명중시키기 어려운 비행기를 상대하는 것이었을까?

나중에 밝혀진 진짜 이유가 또 허탈하다. 바로 해안 고사포부대가 실제보다 전과를 부풀려서 보고한 것이 원인이었던 것. 해안 고사포부대나 내륙 고사포부대나 실제로 명중시키는 비율에서 큰 차이는 없었다. 그런데 내륙 고사포부대가 쏘아 떨어뜨린 항공기는 그 잔해를 확인할 수 있기 때문에 허위 보고를 할 수 없는 반면, 해안 고사포부대가 격추한 적 항공기는 바다에 빠지므로 그 전과를 과장해도 실제로 확인할 방법이 없었던 것이다.

마지막 얘기는 수송선단을 어떤 식으로 꾸리는 것이 더 안전하고 효율적인가 하는 문제다. 1940년 유럽 대륙에서 밀려난 영국은 이제 미국으로부터 보급되는 물자에 전적으로 의존할 수밖에 없는 입장에 처했다. 그런데 전통적으로 강한 해군을 보유하고 있는 영국 입장에서도 신경 쓰이는 존재가 있었으니 바로 독일의 잠수함, 유보트였다.

처음에는 상선들을 일렬로 줄 세워서 보내는 방식을 택했는데 피해가 속출했다. 상선이 다닐 만한 길목에 잠수해 있던 유보트가 어렵지 않게 비무장 상선을 공격, 격침시키는 탓이었다. 호위함이 상선을 따라다닐 수 있다면 어느 정도 방어가 되겠지만, 현실적으로 그만한 수의 호위함은 존재하지 않았다. 유보트를 피해보고자 항로를 바꿔도 보았다. 하지만 거리가 너무 늘어나는 항로를 택할 수 없기에 거기서 거기였다. 게다가 늘 일정하게 상선이 다니다 보니, 유보트 입장에서도 날짜와 무관하게 작전 구역에만 들어가면 꾸준하게 전과를 올릴 수 있었다.

이에 작전연구 분석가들이 대안을 내놓았다. 상선들은 개별적으로 다니지 말고, 여러 척이 모여서 한꺼번에 가라는 안이었다. 콘보이라는 수송선단을 구성하자는 거였다. 이유는 이랬다. 개별 상선으로 가나 여러 대가 뭉쳐서 가나 잠복해 있을 유보트에 발견될 확률은 크게 다르지 않았다. 유보트 잠복 위치와 상선의 항로 둘 다 무작위적이기 때문. 하지만 선단을 꾸미면 공격받을 확률을 줄일 수 있다고 생각했다. 호위 구축함을 선단에 따라 붙일 수 있기 때문이다. 호위함이 있는 선단은 유보트 입장에서 아무래도 공격하기 꺼려진다. 공격하면 선단 내 최초 목표 상선은 문제없이 격침시킬 수 있지만, 동시에 자신의 위치를 노출하는 꼴이 된다. 수상 속도가 신통치 않고, 잠항 속도는 더더욱 느린 당시의 잠수함으로서는 호위함의 폭뢰 공격이나 포격을 피하기가 쉽지 않았다.

영국이 콘보이를 운용하기 시작하자, 이번에는 독일 해군이 대응에 나섰다. 예전처럼 독자적으로 행동하는 개별 유보트로 호위함이 따라 붙은 수송선단을 공격하기 쉽지 않자, 전술을 바꾼 것이다. 우선은 각 함별로 길목이라고 생각되는 곳에 가서 지킨다. 그러다가 어느 누구라도 콘보이를 발견하면 무전으로 주위의 유보트들을 불러모으는 것이다. 그런 뒤 야간 등을 이용하여 한꺼번에 공격함으로써 공격의 효과를 극대화했다* 이렇게 되자, 선단 당 한두 척에 불과했던 호위함은 더이상 유보트들에게 큰 위협이 되지 못했다. 우왕좌왕하다 엉뚱한 곳에 폭뢰를 떨어트리거나 혹은 제일 먼저 공격받아 침몰하곤 했다.

당초 영국군은 소규모의 콘보이가 대규모 선단보다 낫다고 판단했다. 선단이 소규모든 대규모든 상선 한 척 당 붙일 수 있는 호위함의 수가 달라질 리 없는 데다가, 독일 해군의 포켓전함을 염려해서다. 포켓전함은 대구경 함포가 있기에 호위함 몇 척 갖고는 상대할 수 없었다. 고속으로 항행할 수도 있어서 잘못 걸리면 크든 작든 상선대 전체가 전멸할 수 있었다. 설혹 걸리더라도 한번에 다 몰살당하는 경우는 피하자는 차원에서 소규모 선대를 선호했던 거였다. 그런데 포켓전함을 비롯한 독일 해군의 수상함들이 어느 시점에 무력화되면서 이를 더이상 걱정할 필요가 없어지게 되었다.

이제 영국 해군의 분석가들이 다른 대안을 내놓을 차례였다. 그들의 대안은 선단의 크기를 키우는 거였다. 먼저 선단의 규모와 선단이 발견될 확률은 대략 무관했다. 유보트는 효과적인 공격을 위해서 선단 바깥에서 공격하기보다는 호위 함대의 방어선을 뚫고 선단 내부로 들어와 공격하길 선호했다. 이 경우 유보트가 발견될 확률은 선단 외부를 둘러 싸고 있는 호위 함대의 선형 밀도에 비례하기 때문에, 콘보이가 커질수록 유보트가 뚫을 확률이 낮아졌다.** 결정적으로 잠수함이 호위함들의 방어선을 뚫고 수송선단

---

* 이 방법은 나중에 '늑대 떼 전술'이라고 불리게 됐다.

에 돌입했을 때, 격침되는 상선의 수는 선단에 포함된 상선의 수에 무관하다는 사실이 경험적으로 관찰됐다. 독일의 유보트는 보통 열네 발의 어뢰를 싣고 다니는데, 수송선단 공격 1회 당 평균적으로 한 대의 상선을 격침시킬 뿐으로, 규모가 큰 선단이 공격을 받아도 이 숫자는 거의 변하지 않더라는 것.

그리고 이걸로 결국 전쟁에 이겼다.***

** 수송선 아홉 척 당 호위함 한 척을 배치할 수 있다고 해보자. 수송선 한 척이 차지하는 면적을 3이라고 하면 아홉 척은 27의 면적을 차지하며, 이는 대략 반지름이 3인 원과 면적이 같다. 따라서 그 원의 둘레는 약 18이며, 18길이 당 호위함 한 척이 배치되어 있는 상황이다. 한편, 대규모 선단을 꾸려 수송선 수가 서른여섯 척이 되면, 이는 대략 반지름이 6인 원에 해당되며, 그 원의 둘레 36을 네 척의 호위함이 에워싸게 된다. 이제는 9길이 당 한 척의 호위함이 배치되어 선 밀도가 두 배로 높아졌다.

*** 여기서 얘기된 내용보다 항공기 투하 대잠 폭뢰의 폭발 심도를 30미터에서 8미터로 낮춰 폭뢰 한 발 당 피격 잠수함 수를 네 배나 증가시켰다는 점이 더 많이 알려져 있다. 이와 관련해 나중에 혁혁한 전과를 올린 영국 해안 경비대 최초의 대잠 공격은 자국 잠수함 HMS 스내퍼를 유보트로 오인한 결과였다. 놀라울 정도로 정확하게 폭격했고, 폭탄은 스내퍼의 전망탑 정면을 강타했다. 그 결과, 스내퍼는 네 개의 전구가 깨지는 피해를 입었다. 즉 폭탄이 거의 무용지물에 가까웠다는 뜻. 이는 이후 대잠 폭탄과 폭뢰의 효과를 올리기 위한 노력을 촉발시킨 직접적인 계기가 되었다. 스내퍼가 침몰에 가까운 피해를 입었더라면, 이런 일련의 노력이 없었을 수도 있었다는 얘기.

7장

동물적 야성과
이씨네의
기득권 지키기

마이티 게임에
인간의 길을 묻다

이번 장의 주제를 어떻게 설명해야 뇌리에 가장 깊게 남을지 무척 고민된다. 예시로 들만한 사례는 사실 쌔고 넘친다. 남녀 문제로 설명하자면 다음의 한마디로 요약된다.

"상대방이 절대 안 된다고 한 걸 고치지 않는다면, 둘 사이의 미래는 없다. 하지만 약점을 보강하는 것만으로 특별한 사이가 되지는 않는다."

바둑을 예로 들어 설명할 수도 있다.

"상대가 두는 대로 실수 없이 따라 둬봐야 결국 박빙의 승부 끝에 진다. 무모해보이는 수를 통해 적어도 한 번은 상대를 불확실성으로 몰아넣어야 한다."

포커 용어를 빌려 얘기하자면 이렇다.

"하이-로에서 트리플이나 스트레이트 같은 걸 목표삼지 말라. 이길 때는 작게 이기나, 질 때는 크게 진다."

각 분야에 대한 경험이 없다면, 위 말들이 가슴에 별로 와 닿지 않을 듯하다. 그렇다고 계속 다른 분야의 용어로 표현하자니 읽는 여러분도 지루할 테다. 그래서, 아예 새로운 분야 하나를 대상으로 얘기해볼까 한다. 바로 '마이티(mighty)'라고 불리는 게임이다.

이 게임의 유래에 관해서 설만 분분하고, 딱 이거다 싶은 건 없다. 내가 들은 바로는 1970년대 학번들이 자생적으로 만들었다고 한다. 당시 대학생들이 강의를 빼먹고 교정에서 이걸 하느라, '망국 마이티론'이라는 말도 있었다고. 그러고는 대가 끊겨, 1980년대 초반 학번 대에서는 할 줄 아는 사람을 못 만나봤다. 따로 가르쳐주는 사람도 없었음에도, 학부 때 나와 대학 동기 몇 명이 모여서 자생적으로 되살려냈다. 설마 싶겠지만, 진짜다.

마이티는 한 팩의 카드를 갖고 하는 게임이다. 카드 한 팩에는 스페이드, 다이아몬드, 하트, 클로버가 무늬별로 열세 장이 있어 합치면 쉰두 장이다. 여기에 조커 한 장을 더하여 쉰세 장으로 게임을 하게 된다. 다섯 명이 하는 게 정상적인 게임으로, 네 명이나 세 명이 할 수도 있지만 그러면 아무래도 미묘한 균형이 깨져 뭔가 아쉽다. 여기서는 다섯 명이 하는 마이티만 설명한다.[*]

마이티는 기본적으로 스무 장의 그림 카드를 놓고 벌이는 경쟁이다. 그

---

[*] 모든 게임이 그렇지만, 마이티에도 적지 않은 전문 용어 혹은 은어(jargon)가 난무한다. 다섯 명이 하는 마이티를 일컬어 통상 '오마'라고 부르며, '다섯 명이 하는 마이티'처럼 길게 얘기하는 경우는 없다. 여기서는 가능한 한 은어를 쓰지 않고 최대한 풀어서 설명하려고 했지만, 일부 피치 못하게 그대로 옮긴 용어도 있음에 대해 미리 양해를 구한다.

림 카드란 각 무늬의 J, Q, K와 에이스(A), 그리고 10이다. 무늬 당 다섯 장씩 있으므로 총 스무 장이다. 경쟁이라고 했는데, 개인전이 아니라 단체전이다. 두 편으로 나뉘어 그림 카드를 누가 더 많이 가져가는지를 따지는 것.

기본적인 게임 순서는 각 플레이어 당 열 장씩 카드를 나눠 갖는다. 그 다음 시계방향으로 돌아가면서 한 명씩 자기가 들고 있는 카드 중 한 장을 내려놓는다. 그렇게 나온 다섯 장의 카드 중 제일 서열이 높은 카드를 낸 사람이 그 라운드에 있던 모든 그림 카드를 확보한다. 확보한다는 말은 한 판의 게임, 열 번의 라운드가 끝난 후 결과 집계를 하기 위해 옆에 빼놓는다는 의미로, 손에 들고 있던 카드들과 섞을 수 없다. 그렇게 플레이어 당 한 장씩 내려 놓는 라운드를 10회 거치고 나면 한 판의 게임이 끝난다.

이제 '주공'에 대해 설명하자. 주공은 마이티 게임의 프리마돈나다. 또는 각본을 직접 쓰는 연출가 배우, 혹은 곡을 쓰는 연주가 지휘자라고 볼 수도 있다. 한 판의 마이티 게임은 주공이 기획하고 연출하고 직접 연기까지 하는 무대다. 그래서 가장 멋있는 마이티 판은 주공 의도대로 모든 것이 진행되는 판이고, 가장 볼썽 사나운 판은 주공의 의도와 전혀 무관한 방향으로 흘러가버린 판이다.

주공은 스무 장의 그림 카드 중 보통 열다섯에서 열여섯 장, 많게는 스무 장을 모두 지켜내야 이긴다. 나머지 플레이어들이 바보가 아닌 이상 이는 결코 쉽지 않다. 그래서 주공은 세 가지 권리를 갖는다. '기루다', '프렌드', 그리고 세 장의 보너스 카드다. 이름부터 희한하기 짝이 없는 기루다는 마이티 게임에서 매우 중요한 역할을 한다. 스페이드, 하트 등의 네 무늬 중 한 무늬 전체가 기루다로 지정되는데, 특별한 두 장의 카드를 제외하면 어느 카드도 기루다를 이길 수 없다. 이 기루다를 바로 주공이 정한다. 그리고 같은 기루다끼리 우열을 다툴 경우, 숫자가 높은 쪽이 이긴다. 즉 A가 K를 이기고, K는 Q를 이기는 식이다.

주공에게 다음으로 중요한 권리는 프렌드를 가질 수 있다는 점이다. 주공은 자신이 정한 특정 카드를 프렌드로 지정하는데, 프렌드가 되면 목숨 바쳐 주공의 승리를 위해 애를 써야 한다. 한편 주공도 프렌드도 아닌 나머지 세 명을 일컬어 '야당'이라고 부른다. 결국 2대 3으로 벌이는 게임이다. 야당은 그림 카드를 단 한 장이라도 덜 뺏기기 위해 애를 쓴다. 그런데 여기에 제약이 있다. 주공을 포함한 모든 플레이어는 게임 중에 아무런 말도 할 수가 없다. 막상 주공이 지정한 프렌드 카드를 프렌드가 낼 때까지 주공과 세 명의 야당은 누가 프렌드인지 모른다. 프렌드도 절대로 "내가 프렌드야." 하고 미리 얘기할 수 없다.

이 규칙은 매우 엄격하여, 이를 위반하는 것만으로도 마이티 게임에서 쫓겨날 수 있다. 심지어 말은 안 해도 눈빛 등의 방법으로 합리적 추정이 가능한 신호를 보내는 것도 허용되지 않는다. 오직 자기가 들고 있는 카드들과 다른 플레이어들이 내려 놓는 카드만을 보고, 어떤 상황인지 파악해야 한다. 그리고 매 라운드가 끝나면 야당이 뺏은 그림 카드를 제외하고 나머지 낸 카드들은 다 뒤집어놓는다.* 이 게임을 할 때는 앞에 나왔던 카드들을

---

* 주공과 이미 드러난 프렌드가 이긴 그림 카드도 뒤집어놓아 볼 수 없게 해놓는다. 결국 게임이 끝나면 야당이 지킨 그림 카드만 드러나게 되고, 20에서 드러난 그림 카드의 수를 빼면 주공이 지킨 그림 카드 수가 나온다.

다 외워야 한다.

주공의 마지막 권리는 세 장의 보너스 카드를 보고 원하는 대로 바꿀 수 있다는 점이다. 총 쉰세 장의 카드를 열 장씩 나눠 갖고 나면 세 장이 남는다. 이게 보너스 카드다. 주공이 정해지기 전까지 아무도 그 세 장이 무슨 카드인지 볼 수 없다. 주공이 되고 나면, 그 세 장을 자신이 가진 열 장의 카드와 섞은 후, 본인이 원하는 대로 다시 세 장을 버린다. 운이 좋으면 보너스 카드 세 장이 모조리 모두가 바라 마지 않는 귀중한 카드인 경우도 있다.

마이티 게임의 모든 규칙을 얘기하기엔 지면의 부담이 크다. 두 장의 스페셜 카드를 설명하는 것으로 규칙 설명을 마치도록 하자. 첫 번째, 게임 이름이기도 한 '마이티' 카드다. 스페이드 A로 지정된 마이티는 지존 그 자체다. 모든 다른 카드에 이긴다. 두 번째 조커다. 조커는 마이티에게만 지고 나머지 모든 카드에 이긴다. 넘버 2다. 그런데 조커에는 몇 가지 흥미로운 성질이 있다. 가령, 클로버 3을 이용하면 조커를 무력화시킬 수 있다.

마이티 게임을 통해 나는 다양한 사람을 만나봤다. 잘 모르는 사람과 마이티 게임을 한나절 정도 해보면 그 사람이 어떤 사람인지 꽤 알게 된다. 규칙이 왜 이렇게 복잡하느냐며 아예 관심을 보이지 않는 사람부터, 남들이 하는 대로만 따라 하는 사람, 소심하고 겁이 많아서 절대 주공은 하지 않으려는 사람, 주공이 되어 판을 이끌어가기보다는 야당으로 딴지를 거는 데서 희열을 느끼는 사람, 본인이 충분히 주공이 될 수 있는 좋은 카드를 가졌음에도 프렌드로 남기를 원하는 사람, 남들이 생각하지 못한 새로운 기법을 창안해 모두를 놀라게 하는 사람 등 스펙트럼이 다양하다.

그 여러 유형 중, 이른바 돈키호테 유형이 가장 기억에 오래 남는다. 너무 용감하다 못해 무모한 경우다. 원래 이 게임은 자신이 받은 카드의 질에 맞춰 주공과 야당을 적절히 선택해야 최선의 결과가 나온다. 그런데 돈키호테들은 대개 주공을 잡길 원한다. 그러고는 이런 말을 즐겨 한다.

"야당을 해도 질 수 있고, 주공을 해도 질 수 있는데, 같은 값이면 주공을 하다 지는 쪽이 낫다."

이 말은 100% 정답이 아니다. 주공을 하다 지는 경우, 야당으로 지는 것보다 일반적으로 피해가 더 크다. 그래도 그들의 눈에 그 정도 피해쯤은 아무렇지 않게 보이는 모양이다. 그런 유형 중 제일 센 친구들은 여차하면 '런'을 부르고 보너스 카드 세 장을 들어올린다. 런이란 그림 카드 스무 장을 모두 지키는 경우를 뜻한다. 따라서 성취하기 매우 어렵다. 확률적으로 보면 런이 나오는 경우는 채 몇 퍼센트 안 된다. 그럼에도 불구하고, 줄기차게 런을 부르고 카드를 가져간다.

이런 쪽으로 정말 유명한 친구가 하나 있었다. 이 친구가 판에 끼느냐, 끼지 않느냐에 따라 게임의 성격이 확연히 달라질 정도였다. 나머지 우리는 모두 그를 어이없어했고, 동시에 그를 아끼고 존경했다. 한번은 그가 런을 부르고 들고 가더니, '백런'을 당했다. 백런이란 주공이 지키겠다고 선언한 장 수 빼기 열 장조차 못 지킨 경우로, 주공 측의 페널티가 두 배로 커진다. 예를 들자면, 열여덟 장을 선언하고 여덟 장 이하로 지킨 경우가 백런이다. 당시 마이티와 조커 둘 다 들고 있던 나는 최강의 프렌드로서 런 행렬에 동참할 것으로 기대했다가 무참히 짓밟힌 거였다. 하도 어이가 없어서, 판이 끝나고 화를 좀 내면서 물었다.

"도대체 왜 런을 부른 거야?"

"내 카드가 심하게 나쁜 걸 보니, 누군가의 카드가 심하게 좋을 것 같은 느낌이 들었어."

그는 결코 자신의 논리가 이상하다고 생각하지 않는 눈치였다. 이런 부분 외에는 그다지 두드러지지 않던 그는 30년 가까이 지난 지금 동기들 중에 제일 잘 살고 있다.

이런 게 바로 인간의 동물적 야성의 한 단면이 아닐는지.

모험사업가 기질은
확률의 문제가 아니다

동물적 야성(animal spirit)이라는 표현을 최초로 쓴 사람은 20세기 전반부를 풍미했던 케인스라고 알려져 있다. 케인스는 반쯤의 경제학자들에겐 신이나 다름 없는 존재며, 또 나머지 반쯤의 경제학자들에겐 구약성경의 바알과 같은 타도해야 할 우상이다. 1936년에 출간된 그의 책에는 실제로 그러한 표현이 나온다.

"(전략) 아마도 우리가 뭔가를 하겠다고 결정내리는 경우의 대부분은 동물적 야성의 결과에 다름 아니다. 동물적 야성은 가만히 있기 보다는 뭔가 행동으로 옮기려는 즉흥적인 충동과 같은 것으로, 그러한 행동은 결코 수량적인 결과값과 수량적인 확률을 곱해서 얻는 가중평균에 의해 결정되는 것이 아니다. (후략)"

읽어보면 누구라도 생각했을 법한 뻔한 얘기처럼 보인다. 배가 고파져 밥을 먹는다든가, 파티에서 만난 누군가를 꼬셔보려고 할 때, 수학적 기대값을 계산해서 행하는 사람이 누가 있겠는가. 케인스는 그러한 인간의 동물적 야성에 누구보다도 충실하게 부응한 삶을 살았다. 고등학교, 대학교 이래로 동성애에 흠뻑 젖어 미혼으로 지내다, 43세 때 아홉 살 연하의 러시아 발레 무용수 리디아 로포코바와 결혼한 그에게 동물적 야성이란 인간 원초적 본능의 다른 표현이 아니었을까.

지금까지 우리는 합리적인 의사결정의 여러 층위를 살펴보았다. 모든 것이 확실할 때 사용할 수 있는 최적화가 제일 아래 있다면, 그 위에 미래상태의 결과값과 해당 확률이 주어질 때 쓸 수 있는 기대값 극대화가 놓인다. 한편, 미래상태의 결과값은 확실하나 미래상태가 다른 사람의 결정의 함수인 경우가 있다. 이런 경우 게임이론의 우성 대안이나 최악의 최선화 같은 것들이 동원될 수 있었다.

이번 장에서 얘기하려는 것은, '정말로 우리가 미래상태의 확률을 알 수 있는 거냐?'고 되묻는 상황들이다. 모험사업가를 생각해보자. 모험사업가란 일반적인 의미의 사업가 혹은 기업가들과 조금 다른 사람들이다. 자신의 사업 영역이 확정된 시장을 갖고 있고, 사업이란 이유를 불문하고 이익을 많이 내는 것이며, 그러기 위해서는 경쟁자들을 물리치고 시장점유율을 빼앗아 오는 것이 사업의 본질이라고 생각하는 사람들은 내가 얘기하려는 모험사업가가 아니다.

모험사업가란 어느 누구도 가능하다고 하지 않는 새로운 영역을 혁신을 통해 개척해내는 사람이다. 그러한 새로운 영역은 이전에 존재한 적이 없다. 따라서 성공 확률을 미리 얘기한다는 게 어불성설이다. 과거의 경험을 바탕으로 확률을 구하려고 한다면 0%, 즉 불가능하다고 판정하게 될 테다. 존재한 적이 없으니 성공 확률이 0%가 아닐 수 없다. 한편 주관적 확률을 사용하겠다고 하면 할 수는 있다. 하지만 한 번 있는 모험사업의 결과를 주관적 확률로 예측한다고 해서, 그게 얼마나 맞을 수 있을까 생각해보면 막막하기만 하다. 그래서 이러한 모험사업의 결과는 확률로 바라볼 것이 못 되고, 글자 그대로 불확실성으로 접근해야 한다고 케인스 못지 않게 유명한 프랭크 나이트가 얘기했던 것이다.

보통 M&A라고 부르는 기업 인수합병은 새로운 가치를 창출해내는 효과적인 수단이라고 일반적으로 얘기된다. 두 기업을 합쳐 놓으면 시너지가 생기기 때문에 큰 규모의 경제를 달성할 수 있다는 거다. 시너지란 말은 듣기엔 그럴 듯하지만, 막상 그 실체가 뭔지는 대답하기 어려운 개념이다. 좀 더 구체적으로 파고 들어보면, 결국 시너지라고 할 만한 것은 공통 비용 효율화 정도다. 합병 전 각각의 회사에 100명씩 본사 직원이 있었다면, 합병 후의 회사는 150명 정도만 있어도 충분히 잘 돌아가더라는 경험이 그 근거다(이런 말을 대놓고 하진 않지만, 본심은 결국 이거다.).

그런데 인수합병 후에 발생되는 성과가 실제로는 다른 데에 기인하더라는 연구 결과가 있다. 모든 인수합병이 성공적이지는 않지만, 그중 실제로 성과가 발생하는 경우들을 보면 공통점이 있더라는 거다. 구조조정이라는 이름하에 사람들을 해고함으로써 아낀 비용 때문에 결과가 나오는 게 아니고, 그렇게 인수한 회사의 핵심적인 몇몇 사람들의 남다른 기질이 원인이더라는 것. 말할 것도 없이 그들의 모험사업가 기질이다. 그러니까 확률에 개의치 않고, 남들이 보기엔 무모해보이는 일을 포기하지 않고 물고 늘어지는 사람들이 인수합병을 통해서 확보해야 하는 핵심적 자산이라는 얘기다.

이러한 관찰은 실제로 실리콘 밸리에서 벌어지는 일들과 꽤 잘 일치한다. 구글과 같은 공룡 IT기업들은 생긴 지 얼마 안 되는 벤처회사들을 끊임없이 사들인다. 여기에는 일종의 의무 복무 기간 같은 게 있다. 인수를 당하는 벤처회사의 핵심 인력들이 3년 내에는 회사를 그만둘 수 없다는 조건을 붙여 인수한다. 회계 장부에 올라와 있는 유형적 자산, 땅이라든지 건물, 혹은 컴퓨터 소프트웨어 같은 것을 모두 다 가져도, 막상 벤처회사를 일궈낸 모험사업가가 사라지고 나면 거의 한순간에 유형적 자산은 과거의 유물이 돼버린다는 걸 알기 때문이다.

또 다른 연구에 의하면, 남들보다 높은 선두 기업들의 남다른 수익성은 규모의 경제에서 나오는 것이 아니라고 한다. 남다른 수익성의 진정한 원천은 이전에 존재하지 않던 새로운 상품을 만들어내는 능력에 있고, 이를 한 마디로 요약하여 '혁신'이라고 부른다. 그러한 혁신이 유독 그 기업에서 가능한 유일무이한 이유는 바로 거기서 일하는 모험사업가들 때문이다. 조셉 슘페터는 이를 가리켜, "성공은 루틴을 따라가는 것에 있지 않고, 오히려 반대로 그 루틴으로부터 얼마나 벗어날 수 있느냐에 달려 있다."고 얄미울 정도로 적절히 지적하였다.

결국 모험사업가는 차가운 이성적 계산, 즉 기대값 극대화나 게임이론에 의존해 일을 벌이는 사람이 아니다. 대신 온 존재를 던져 불확실성을 껴안고, 다루고, 키워나가는 존재다. 여기서 얘기하는 불확실성이란 경험적이든 주관적이든 확률로 표현되거나 대치될 수 있는 것이 아니다. 그냥 어떤 결과가 나올지 알 수 없는 것이다. 사람이 산소 없이 숨을 쉴 수 없듯이, 모험사업가는 불확실성 없이는 살 수가 없다. 좀 더 정확하게는, 모험사업가는 눈에 보이지 않는 세상의 불확실성을 눈에 보이는 실체로 실현해낸다.

그렇다면 모험사업가는 선천적으로 타고나는 것일까? 그렇지는 않다. 일반적으로 보면, 모험사업가는 부모를 일찍 여의거나 곤궁한 가정에서 유소년기를 보내는 경우가 많다. 한편 고생 없이 풍족하게 산 사람들은 일반적으로 모험사업가가 되지 않는 경향이 있다.

미국의 한 조사 연구에 의하면, 미국에 이민 온 사람들은 출생 국가와 무관하게 초반에 평균적으로 낮은 임금을 받는다고 한다. 이민자들이 언어 등 여러 모로 아직 기반이 다져져 있지 않음을 감안하면 당연한 결과일 수도 있다. 그런데 학교 교육과 직업에 따른 편차를 조정해서 보면, 후반으로 갈수록 오히려 다른 그룹보다 더 높은 수입을 올리더라는 것이다. 스웨덴의 한 연구에서도 자산가나 고등교육을 받은 사람들보다는 육체노동 경험이 있는 사람들로부터 모험사업가가 많이 배출되더라는 사실을 확인되었다.

어떤 사람이 모험사업가냐 아니냐 하는 이분법적 분류는 실익이 별로 없다. 타고날 때부터 정해진 것이 아니니, 누구라도 마음만 먹는다면 모험사업가 기질을 발휘할 수 있기 때문이다. 게다가 모험사업가 기질은 비즈니스 외의 영역에서도 나타날 수 있다. 남들이 보기에 대수롭지 않아 보이는 분야에서 새롭고 혁신적인 뭔가를 이끌어내는 사람이 있다면 바로 그가 모험사업가 기질을 발휘한 것이라는 얘기다. 다시 말해 불확실성을 껴안는 모험사업가 기질은 맘만 먹으면 누구라도 가질 수 있다.

세상을 차가운 확률로 바라보느냐, 뜨거운 불확실성으로 보느냐는 각자 선택할 몫일 뿐. 여러분의 선택이 미래의 여러분을 만들고, 그런 선택을 하는 여러분이 현재의 진짜 여러분이다.

취약한 놈, 강건한 놈,
반취약한 놈

나는 여러 책에서 취약성과 반취약성에 대한 얘기를 줄곧 해왔다. '탈레브 빠' 혹은 '탈레브 팬 클럽 회장'이냐며 일부 사람들이 비죽거리는 얘기도 들려온다. 하지만 어쩌랴. 좋은 얘기는 아무리 반복해도 질리지 않는데. 결정적으로 선택과 의사결정에 대한 얘기를 하면서 이 얘기를 빼놓을 수는 없다.

반(反)취약성은 나와 같은 옵션 트레이더였던 나심 탈레브가 만들어낸 개념이다. 탈레브는 예상치 못한 일이 언제나 일어난다는 사실을 '검은 백조'라고 불러 유명해진 사람이기도 하다. 옵션 트레이더들은 하는 일이 그래서 그런지, 미래의 예측 가능성과 확률, 운, 무작위, 불확실성 등에 대해 저절로 누구보다도 진지하게 고민할 수밖에 없다. 결국 오랜 고민 끝에 그는 반취약성이라는 개념을 창조해냈다.*

그의 철학적 세계관에 따르면, 세상은 3등분된다. 수의 세계에서 3이라는 숫자는 사실 꽤 특별한 지위를 갖고 있다. 그리스 신화를 비롯하여 세계 각국의 신화와 여러 종교에서 숫자 3은 단골손님처럼 등장한다. 제우스, 포세이돈, 하데스 3형제부터, 환인, 환웅, 단군이라는 고조선의 세 시조, 고구려에서 신성시됐던 발이 셋 달린 까마귀 삼족오, 그리고 기독교에서의 성부, 성자, 성령의 삼위일체 등 무수히 많은 예를 찾아 볼 수 있다.

3은 보통 완전무결함 혹은 완벽함을 의미한다. 음악과 춤에서도 3박자 리듬은 신비롭고 특별하다. 이와 직접적으로 비교되는 숫자는 2다. 2는 대립을 나타낸다. 음과 양, 선과 악, 서양과 동양, 문과와 이과, 귀족과 평민, 자본가와 노동자 등 두 가지로 나뉘는 것은 모조리 갈등, 대립, 충돌, 지배와 피지배의 관계로 귀결된다. 그에 비해 3에는 균형과 조화가 있다. 가위바위보 게임을 생각해보자. 셋으로 구성된 이 게임에 영원한 승자란 있을 수 없다. 또한 꼭짓점이 세 개 있는 삼각형은 어떤 식으로든 평면을 이룬다. 반면 꼭짓점이 두 개면 아직 선에 불과하고, 꼭짓점이 네 개인 사각형은 완전한 평면을 이루기가 쉽지 않다. 의자 다리 네 개의 길이가 정확히 일치하지 않으면 기우뚱거리게 됨을 경험한 사람이라면 무슨 말인지 이해가 될 것이다.

그러면 어떻게 3등분 되는지를 얘기하기 전에, 그의 세계관에 무엇이 전제되어 있는지를 먼저 얘기해보자. 탈레브에 의하면, 미래상태를 확률로 표현할 수 있는 방법은 없다. 물론 원하는 대로 숫자를 갖다 붙여볼 수는 있겠지만 그대로 되는 경우는 사실상 없다고 본다. 이 세계관에는 미래상태

✱ 그의 책《안티프레질》에는 반취약성이 무엇인지 구구절절 설명돼 있다. 문제는 그 만만치 않은 두께. 우리말 번역본은 무려 756페이지에 달한다. 그걸 난 여기서 7페이지로 설명할 계획이다.

와 그에 해당하는 결과값만 있을 뿐, 확률은 존재하지 않는다. 여기서 확률을 모른다는 사실이 앞에서 다뤘던 공리적 확률 같은 걸로 대치되는 게 아닐까 하고 오해하면 핵심을 놓치는 거다. 적극적으로 불확실하다는 사실을 받아들여야 이 세계관에 눈을 뜰 수 있다. 확률이 얼마가 될지 알 수 없다는 사실을 '알아야만' 한다. 확률을 철저히 무시하고, 오직 여러 미래상태의 결과값에만 관심을 두는 거다.

3등분된 세상의 첫 번째 부분은 취약한 것들, 즉 취약성을 갖고 있는 것들의 집합이다. 그럼 취약성이란 뭘까? 여러 가지 방식으로 취약성을 정의할 수 있지만, 가장 정통적인 정의는 '불확실성을 만나면 혹은 불확실성이 커지면 망해버리는 성질'이라고 할 수 있다. 위의 정의를 실감하려면, 몇 가지 취약한 것들의 예를 접해보는 것이 가장 이해가 빠를 것 같다.

여러분이 사장으로 있는 회사가 있다고 해보자. 매년 빠른 속도로 성장하고 있고, 이익률도 괜찮다. 고객사는 이름만 대면 누구나 알 수 있는 세계 유수의 기업으로, 생산되는 제품을 100% 다 사간다. 여러분 회사는 누가 보더라도 급성장 중인 최고의 블루칩 회사다. 그런데 이렇게 잘나가는 회사에 바로 취약성이 있다는 거다. 이 회사가 처한 상황에 약간의 불확실성을 준다면 어떻게 될까?* 불확실성을 준다는 건 현재 상태에 약간의 변화를 준다는 의미로 이해해도 좋다. 고객사의 맘이 갑자기 바뀌어 여러분 회사의 제품을 하루 아침에 안 사겠노라고 통보해 온다면 어떻게 될까? 판로가 끊

---

* 수학 용어를 빌려 얘기하자면, 일정 크기 이상의 섭동(perturbation) 혹은 교란을 주는 것으로 이해해 볼 만하다

기면서 회사가 총체적 곤경에 처하게 될 것이다. '에이, 고객사가 하루 아침에 맘을 바꿀 리가 없잖아? 그럴 확률은 0%나 다름없다고.'라고 얘기하고 싶겠지만, 바로 그 부분이 함정이다. 발생할 가능성이 없다고 생각한 일들이 늘 벌어지는 게 우리가 사는 세상이기 때문.

3등분된 세상의 두 번째 부분은 강건성을 갖고 있는 것들의 집합이다. 강건성은 '불확실성을 만나도 크게 달라지지 않는 성질'이라고 정의할 수 있다. 강건한 것들은 현재로부터 급작스러운 변화가 일어났을 때, 앞의 취약한 것들과 달리 크게 망하지는 않는다. 예를 들어보자. 요즘 학생들은 60세 정년이 보장된 직업을 선호한다고 한다. 그런 직업이 강건성을 갖고 있다고 보는 탓이다. 경기가 어려워지거나 회사 실적이 나빠져도 직접적으로 영향을 받을 리 없는 탓에 안정적으로 직장 생활을 할 수 있다고 생각하는 거다.

또 다른 예로 직장 내에서의 정치와 인간관계의 문제를 생각해보자. 승진을 잘하기 위해서는 이른바 '줄'을 잘 서야 한다는 시각이 있다. 반면 그런 것에 개의치 않고 묵묵히 자기 일만 성실히 하는 편이 낫다고 생각하는 시각도 있을 수 있다. 후자는 분명히 전자보다 강건한 쪽에 속한다. 몇 년 주기로 회사의 경영진은 갈리기 마련. 어설프게 줄을 섰다가 통째로 장래가 날아가버릴 수도 있음을 생각하면, 맡은 바 소임에만 충실하겠다는 판단도 납득이 안 가는 것은 아니다.

선택과 의사결정의 관점으로 보자면, 강건한 것들이 취약한 것들보다 분명히 낫다. 그렇지만 완벽하다고 볼 수는 없다. 불확실성이 실현될 때, 망하지도 않지만 흥하지도 않는다는 게 하나의 문제다. 예상치 못했던 일은 계속 벌어지기 마련인데, 강건성을 지향하다 보면 그 흐름으로부터 소외되어버린다. 또 다른 문제도 있다. 내 눈엔 강건해보였지만 사실은 취약한 경우가 적지 않기 때문이다. 이른바 '언노운 언노운'들을 놓치는 경우다. 중간만 가야지 하다 보면, 중간이 되는 게 아니라 결국 중간 아래로 밀리게 된다는 것도 이 얘기의 다른 한 측면이다.

드디어 3등분된 세상의 마지막 부분인 반취약성을 지닌 것들의 집합을 생각해보자. 반취약성은 '불확실성을 만나면 손해를 보는 게 아니라 오히려 이익을 보는 성질'이라고 정의할 수 있다. 반취약성은 한 쌍의 날개로 구성되어 있다. 왼쪽 날개는 변화가 생겨도 큰 손해를 보지 않아야 하는 측면이고, 오른쪽 날개는 변화가 생기면 이익을 보는 측면이다. 아래는 막고, 위는 갖는 것, 그것이 반취약성이다. 취약한 것과 강건한 것, 그리고 반취약한 것 중에 선택할 수 있다면 무얼 선택해야 할까? 말할 것도 없이 반취약한 것들이다. 의사결정을 내릴 때 취약성보다는 강건성, 강건성보다는 반취약성을 지향하는 게 마땅하다고 보는 것이다.

그런데 세 가지 성질의 분류를 절대적인 것으로 받아들이기 보다는, 상대적인 변화, 상대적인 비교의 개념으로 받아들일 필요가 있다. 무슨 얘기인지 좀 더 이해를 돕기 위해 다음 그림을 보자. 가운데 그림이 이를 테면 강건한 상태에 있는 경우다. 좀 더 구체적인 경우를 들라면, 돈 천 만원을 은행에 넣어둔 경우로 생각해도 무방하다. 정말 웬만한 변화에도 그 천 만원은 무관한 상태를 유지할 수 있다. 그런데 가운데 그림에서 왼쪽 그림으로 움직여 가면, 취약한 상태로 옮겨온 거다. 약간의 이익을 보는 듯하지만, 맨 왼쪽의 불확실성을 만나면 거의 모든 것을 잃는다. 예를 들자면, 후순위 채권이나 원금 손실이 가능한 파생증권 같은 걸 매입한 경우다.

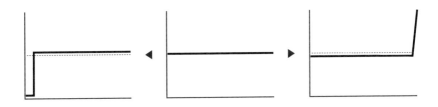

그러면 어떻게 반취약해지는 걸까? 가운데 그림이나 왼쪽 그림에서 오른쪽 그림으로 옮겨갔을 때가 그에 해당된다. 지금 당장은 약간 손해보는 듯 하지만, 알고 보면 크게 차이 안 나는 수준이다. 아래는 튼튼히 막혀 있다. 그러면서 맨 오른쪽의 불확실성이 실현되면 브왈라(Voila), 내 세상이 된단 말이다. 그리고 지면상의 제약으로 직접 그림에 나타내지는 못했지만, 오른쪽으로 갈수록 이익의 크기는 무제한적으로 커진다. 만약 오른쪽 끝뿐만 아니라 왼쪽 끝으로 가면 또 위로 올라가는 상태를 만들 수 있다면? 그렇게 되면 더욱 금상첨화다. 반취약한 상태는 이처럼 변화가 생길수록 이익을 보는 상태다.

혹시, 반취약성과 게임이론이 비슷한 거 아니냐는 생각을 한 독자가 있을지도 모르겠다. 좋은 지적이다. 둘 사이에는 서로 공유하는 부분이 분명 있다. 무엇보다도 둘 다 확률에 의존하지 않는다는 점이 공통적이다. 차이점도 분명히 있다. 게임이론의 최악의 최선화는 최악의 경우에만 관심을 쏟는 보수적이고 신중한 세계관에 기반을 둔다. 반취약성은 최악과 최선 모두에 관심을 기울이는 총합적 세계관의 산물이다. 반취약성의 핵심은 최악보다는 최선 혹은 다수의 선에 있다. 최악을 해결하는 건 사실 강건성 단계에서 다루어야 할 문제다.

반취약성에 대한 얘기를 마무리하면서 영국 케임브리지대에 대한 얘기를 잠깐 해보자. 1209년에 설립된 이 학교는 무려 800년이 넘는 역사를 갖고 있다. 그렇게 오래 존속해온 케임브리지대가 장기 투자를 위해 세계적으로 유명한 투자 자문사 네 곳과 접촉했다. 그리고 당신들이 생각하는 장기간이란 어느 정도냐는 것과, 어떤 방식으로 투자 결정을 내리느냐는 두 가지 핵심적인 질문을 던졌다.

첫 번째 질문에 대해, 자랑스럽게 세 곳의 자문사는 5년이라고 대답했고, 나머지 한 곳은 3년이라고 대답했다. 800년 넘게 존속해온 단체가 보기엔 기도 안찰 대답이다. 그들에게 5년은 단기 중에서도 초단기에 불과하기에. 두 번째 질문에 대해선, 먹물들만 쓰는 온갖 전문용어로 도배해 놓았지만, 결국 몇 년간의 과거 추세를 보고 결정한다는 대동소이한 대답을 네 곳 모두 했다. 과거가 미래의 좋은 참조라고 그들은 믿기 때문이다. 이는 사실 젖과의 포유류, 레밍이 보이는 행태와 유사하다. 그들이 믿고 있는 그런 류의 법칙은 끊임없이 전진하는 데에는 도움이 됐지만, 결국 마지막 가서는 그냥 절벽에 빠져 죽게 만들 뿐이다.

반취약성은 근본적으로 장기간의, 그리고 생존의 관점과 같이 간다.

제로섬 경쟁 vs.
혁신과 창조적 파괴의 돌풍

반취약성의 핵심을 이루는 '불확실성에 기인하는 이익에의 참여', 혹은 좀 더 직관적인 표현으로 '업사이드의 보유'는 사실 저절로 생기는 것이 아니다. 적극적으로 만들어내고 획득해야 한다. 그러한 행위 중에 특별히 눈에 띄는 것이 하나 있다. 바로, '혁신'이라는 이름으로 불리는 행위다.

이미 확고하게 자리를 잡은 기업들에서 혁신을 찾기란 어렵다. 기존 회사들 중에도 혁신을 수행하는 회사가 전혀 없지는 않다. 하지만 그런 회사는 예외적인 존재로 극히 드물다. 그렇게 되는 데에는 분명한 이유가 있다. 보통의 회사는 절대적 의미의 경쟁을 하기보다는 상대적 의미의 경쟁에 신경을 쓴다. 상대적 성과를 추종하면서, 그게 사업이자 경영을 하는 보편적인 방식이라고 생각한다. 이런 회사를 채우고 있는 사람들의 내적 동기는 사실 부러움과 시샘으로 구성되어 있다. 옆의 경쟁자에게 지면 뒤처지는 것이라는 게 이들의 사고방식인 것.

정적인 계 안에서의 상대적 경쟁은 부를 만들어내지 못한다. 사회 전체적인 관점에서의 부는 오직 절대적 경쟁이라 할 만한 혁신에 의해 생성된다. 정적인 계, 즉 경제학이 가정하는 균형 시장에서의 이익은 진짜 이익이 아니라 지대(rent)에 불과하며, 이는 기본적으로 제로섬이다. '보이지 않는 손'으로 유명한 애덤 스미스는 자신의 저서 《국부론》에서, 경쟁과 국가의 경제적 성장은 별개의 것이 아니라 동일한 프로세스의 두 가지 측면이라고 얘기한 바 있다. 그가 얘기한 경쟁이 확정된 영역 내에서의 시장점유율 싸움으로 대변되는 상대적 경쟁이 아님은 누가 보더라도 자명하다. 창조적 파괴에 의한 경쟁이 경제 성장 그 자체라고 지적한 것이다.

그럼에도 대부분의 사람은 혁신을 절대로 쉽게 받아들이지 않는다. 혁신가들은 기득권을 가진 기존 지배 계층으로부터 사회를 불안정하게 만드는 믿을 수 없는 사람들로 매도 당하고, 좀 더 심하면 사기꾼이나 악당으로 그려지곤 한다. 그 과정에서 혁신을 추구하는 이들은 거의 자신의 전 재산과 인생을 걸고 싸운다. 역사적으로 보면, 그러한 혁신이 받아들여지는 데에 평균적으로 19년, 거의 한 세대 정도의 시간이 필요했음을 알 수 있다. 지금은 누구나 당연하게 쓰는 3M의 포스트잇조차도 발명된 후 사람들이 그 쓰임을 인정하기까지 무려 12년이 걸렸다. 말로 하기는 쉽지만, 직접 해보면 결코 쉽지 않은 길이라는 얘기다.

사람들이 혁신을 쉽게 안 받아들이는 가장 큰 이유는 기존의 사회 체제가 이를 방해하기 때문이다. 예를 들어보자. 미국에서 기차가 처음 도입될 때, 마차 사업자, 주막 주인, 말과 건초를 생산하는 농장주 등이 모두 기차를 반대했다. 특히 1830년대 색슨 대통령 시절에는 마차 시스템과 기차 시스템 간의 대립이 정치적으로 큰 이슈였다. 마차를 지지하는 세력은 기차를 독점 기업가의 배만 불리는 수단이라고 낙인 찍었다. 한편 영국에서는 미국과는 다른 종류의 기존 세력이 철도 도입에 반대하는 정치적 운동을 이끌었다. 이들은 땅을 소유한 귀족들, 운하 소유자, 운하 건립을 추진하는 의회 의원 등의 연합체였다.

초기의 자동차 또한 기존 세력의 조직적 저항에 직면해야 했다. 자동차의 장점을 무력화시키기 위한 입법적 시도 중에 1865년에 제정된 '적기 조례'가 유명하다. 이에 의하면 자동차에는 반드시 두 명의 운전자가 있어야 하며, 추가적으로 한 명이 낮에는 붉은 깃발, 밤에는 붉은 등을 들고 차 앞에서 뛰어가면서 차가 온다는 사실을 알려야만 했다. 자동차가 마차보다 속도를 낼 수 없도록 법으로 금지해놓은 것이다. 기존 세력이 혁신을 반대하는 양태는 실로 매우 보편적이다. 중세시대 유럽에서 외과의사는 천한 기능인 취급을 받은 반면, 내과의사는 고귀한 신분으로 간주되었다. 그러다 17세기 말부터 외과의사의 수입과 지위가 올라가자 불안감을 느낀 내과의사들이 폭동 등을 일으켰다. 자신들과 같은 지위를 외과의들에게 허용해서는 안 된다는 게 폭동의 이유였던 것.

기존 체제를 유지하려는 시도에는 좀 더 미묘한 방식도 있다. 영국의 팔방미인 사상가 버트런드 러셀에 의하면, 젠틀맨, 신사라는 개념은 영국의 귀족계급이 만들어낸 것으로, 직접적인 이유는 바로 중간계급을 얌전하게 만들어 자신들의 위치가 위협받지 않도록 하기 위해서였다. 신사는 금전적 이익과 정치적 야망에 대해 무관심한 태도를 보여야 한다고 주장되었고, 이러한 인식은 교묘한 방식으로 대중에게 주입되었다.

영국의 도제 시스템*은 위에서 언급된 반혁신적인 조치들과 대조적이었다. 도제 시스템에서 아이들은 출신과 연동된 혜택을 보장받을 수 없던 터라, 자신의 장래에 대해 불안감을 느낄 수밖에 없었다. 그러한 불안감은 결과적으로 사회 전체적인 창의성과 모험사업가적 기질을 이끌어내는 데 크게 기여했다. 반면 비슷한 시기의 중부 유럽 사례는 영국의 도제 시스템과 좋은 대조를 이룬다. 당시 중부 유럽의 귀족들은 자신들이 가진 정치사회적인 힘을 총동원하여, 신분에 귀속된 지위와 수입이 유지될 수 있도록 했다. 이 국가들은 이를 통해 단기적인 정치적 안정은 획득했을지 몰라도, 중장기적으로는 혁신을 억압한 꼴이 되었고, 결국 다른 나라들에 뒤쳐지는 결과를 가져왔다. 혁신은 항상 신분과 제도의 문제와 부딪히게 된다는 얘기다.

그래서일까. 분야를 불문하고 혁신을 일으키는 사람들은 대개 내부자가 아니라 외부자다. 이에 관한 사례를 들고자 하면 끝도 없다. 카메라 등의 광학 분야의 명가, 캐논의 창업자 미타라이 다케시는 산부인과 의사였다. 군사 테크놀로지는 어떨까? 군함의 스크류 프로펠러를 처음 만든 사람인 존 에릭슨은 해군 장교가 아니었고, 맥심 기관총을 만든 히람 맥심은 육군 장교가 아니었으며, 개틀링 기관총을 발명한 리처드 개틀링은 의대를 졸업한 부동산 중개업자였다. 최근의 예로, 이륙 후 재착륙이 가능한 우주 로켓을 개발한 사람은 기계공학과 전혀 무관한 페이팔의 창업자, 일론 머스크다. 날개 없는 선풍기라는 황당하기 짝이 없는 개념을 실현한 건 미술대학

---

* 기술자의 문하에서 숙식을 같이 하며 스승의 기술을 익히는 시스템을 말한다.

을 졸업한 제임스 다이슨이다.

지나친 전문화는 오히려 혁신의 걸림돌이 될 수 있다. 전문화를 추구하다 보면 시야가 좁아지고 자신이 속한 학계의 이해관계로부터 자유롭지 못하기 때문이다. 이와 관련하여 주목할 만한 사실은, 석사나 박사와 같은 고등교육을 받은 사람이 중요한 발명을 많이 할 것 같지만, 실제로는 오히려 정반대라는 점이다. 진정한 의미의 혁신가들은 사실 대학교육을 받은 적이 없거나, 중도에 자의에 의해 그만둔 사람들이 대부분이다.[**]

애덤 스미스가 얘기한 핀 공장에서의 전문화 얘기가 경제학에서 그토록 강조되는 건 꽤나 흥미로운 일이다. 스미스 자신은 전문화와 정반대의 길을 걸은 사람이기 때문이다. 그의 저술은 실로 다방면에 걸쳐져 있다.《국부론》외에도 윤리, 법률, 천문, 물리, 논리, 형이상학, 음악, 무용, 영어와 이탈리아어 사이의 유사성 등에 대해 글을 남겼다. 말이 나온 김에 한마디 하자면, 애덤 스미스는 시장의 보이지 않는 손과 자유무역만을 얘기한 게 아니라, 국가의 간섭과 윤리의 필요성도 강조했다. 그의 대표작이 왜《국부론》[***]과《도덕감정론》이겠나. 그리고 스미스 본인은《도덕감정론》을《국부론》보다 훨씬 중요한 저작으로 간주했다고 한다. 여기에 더해 그가 옥스포드대를 중도에 그만둔 대학 중퇴자라는 사실까지 알고 나면, 혁신가란 어떤 사람인지가 좀 더 분명해지리라.

[**] 산업혁명 이래로 이 패턴은 늘 유지돼왔다. 스티브 잡스나 빌 게이츠는 그러한 패턴의 대표적인 최근 사례다.

[***] 공식적인 명칭은《국가의 부의 본질과 원천에 대한 탐구》다.

경제학이 인간의 창조성과 불확실성이라는 불편한 주제를 어떻게 해서든지 피하려고 해왔다는 사실을 부인하긴 어렵다. 더불어 혁신을 개별적인 인간과 무관한, 관찰 가능한 결정론적인 변수로 설명하려는 시도들도 별로 성공적이지 못했다. 혁신을 설명하는 데 실패한 변수들을 나열해보면 연구개발비 규모, 직원들의 학력, 과학자와 엔지니어들의 수, 발명을 우선시하는 정책 등과 같은 것들이 나온다. 믿기지 않겠지만 위와 같은 변수들과 혁신 사이에는 유의미한 통계적 관계가 발견되지 않는다.

촌철살인의 풍자와 위트로 유명했던 조지 버나드 쇼가 남긴 다음의 말이 어쩌면 지금까지의 얘기들을 깔끔하게 요약하고 있을지도 모르겠다.

"이성적인 사람은 세상에 자신을 맞추고, 그렇지 못한 사람은 세상을 자신에 맞추려 한다. 그렇기 때문에 모든 진보는 비이성적인 사람들에게 달려 있다."

가문과 신분제의 본질적 성격

우리나라와 외국을 모두 경험한 이들의 말을 들어보면, 유독 우리나라에서 경쟁이 너무 심하고 간판과 호칭에 목을 매는 허례허식이 유별나다고 한다. 성공과 행복에 대한 다양한 절대적 기준을 갖지 못하고, 오직 옆집과의 상대적 비교로 실패와 불행을 규정짓는 것 또한 동일한 근원에서 유래된다. 오죽하면 '사촌이 땅을 사면 배가 아프다.'라는 속담이 있을까. 이러한 상대적 관점은 결코 개인의 행복에 도움이 되지 않음에도 불구하고, 별로 개선될 기미가 보이질 않아 못내 안타깝다.

이러한 인식과 행태는 조선조 500여 년간의 신분제도에서 비롯되었다. 양반계급과 그를 둘러싼 일련의 제도들에서 비롯된 유산들이 아직까지도 부정적 영향을 미치고 있는 것이다. 우리 주변의 중국이나 일본 또한 비슷한 신분제를 경험했음에도 불구하고 현재의 모습에서 많은 차이가 나타나는 것 또한 사실이다. 도대체 조선 신분제도의 어떠한 특수성이 이러한 차이를 가져온 것인지 한번 고민해볼 가치가 있지 않을까 싶다.*

먼저 주목할 점은 조선의 양반은 서양의 기사계급과 같은 영주 귀족이 아니었다는 점이다. 서양의 영주 귀족들은 토지와 그 토지에 부속된 농노들에 대한 전면적인 권리를 확보하고 있었고, 이들의 토지소유권은 후에 근대 시민사회가 성립된 후에도 존속되어 그들 권력의 근간이 되었다. 반면 조선 조의 양반이 갖고 있던 것은 토지에 대한 소유권이 아니라 수조권으로, 국가를 대신해서 지세를 징수하는 권리에 불과했다. 그마저도 임진왜란 전인 명종 때 직전법이 폐지되면서 양반의 토지에 대한 특권적 권리는 사실상 없어지다시피 했다. 토지에 관한 권리에 있어 양반들과 일반 상민들 사이에 실제로 아무런 차이가 없었다는 얘기다.

양반 계급의 특수한 처지를 잘 이해하려면, 중국과 일본의 신분제와 지배계급을 먼저 알아볼 필요가 있다. 중국은 원래 당대 말부터 오대십국의 혼란기를 거치면서 종전의 귀족층이 철저히 지리멸렬해졌고, 이후 송대에 이르러 과거제도에 의해 선발된 사대부 관료들이 지배계층으로 올라섰다. 송의 사대부들은 토지를 소유한 경우가 적지는 않았으나 그것이 필요조건은 아니었다. 사대부는 무엇보다 유학 경전의 해석 능력을 보유한 지식계급이라고 볼 수 있다. 출생에 기반을 두는 폐쇄적, 생득적 신분이 아니고, 모든 사람이 본인의 실력에 의해 획득할 수 있는 개방적, 후천적 지위라는 뜻이다. 주자학의 통치이념을 요약하면 일군만민체제라고 할 수 있는 바, 이 말

＊　미야지마 히로시, 《미야지마 히로시, 나의 한국사 공부》(2013)에 자세한 내용이 기술되어 있다.

은 왕가 외의 모든 사람을 하나의 균일한 집단으로 간주한다는 의미다. 신민들 사이의 계급과 신분의 분화는 인정하지 않겠다는 뜻이기도 하다. 즉 중국의 사대부는 세습되지 않는 지위였다.

그에 비해 일본에는 중국이나 조선보다도 훨씬 엄격한 신분제가 있었다. 천황 일가를 위시한 황족, 귀족계급, 그 밑에 사무라이라는 무사계급, 그 밑에 농민들이 있었고, 이들 간의 신분 이동은 엄격히 금지됐다. 일본의 귀족과 무사계급은 자신들의 관직과 사회적 지위를 후손들에게 세습할 수 있었다.

조선의 양반들은 중국과 일본의 중간쯤에 있다고 볼 수 있다. 중국과 마찬가지로 조선은 과거제도를 운영했고 따라서 양반들은 관직을 세습할 수 없었다. 하지만 양반으로서의 사회적 지위는 세습이 가능했다. 다만 구체적인 양상을 보면 일본 지배계급의 세습과는 또 다른 측면이 있었다. 일본은 장자 세습으로서, 이 말은 장남을 제외한 나머지 후손들은 선대의 관직과 사회적 지위를 유지할 수 없었고, 따라서 지배계급의 수가 거의 늘지 않았다. 반면 조선의 양반은 자신의 세습적 지위를 모든 후손에게 물려줄 수 있었기 때문에, 시간이 갈수록 양반의 수는 자연적으로 늘 수밖에 없는 구조였다.

조선왕조는 송대 이후의 중국을 이상적인 모범으로 삼았고, 그러한 목표를 달성하기 위해 주자학적 이념으로 통치하고자 하였다. 앞에서 얘기한 것처럼, 중국은 세습적 신분으로 편성된 사회가 아니었고, 조선 또한 이를 모방하여 과거제도를 운영하였다. 그런데 한 가지 차이가 있었다. 중국과는 달리, 고려가 조선으로 이행될 때 기존의 지배세력이 거의 다치지 않았다.

그런 탓에 신분제적 의식이 잔존하게 되었고, 주자학적 이념이라는 이상과 세습 신분을 중시하는 현실적 인식 사이의 모순적 갈등을 피할 수 없는 상황이었던 것이다.

조선의 과거는 양반이 아니어도 응시할 수 있었다. 주자학의 일군만민 이념을 도입한 이상, 이는 당연한 일이었다. 일반 농민 같은 상민에게도 응시할 수 있는 자격이 부여됐다. 그런데 현실적인 제약이 있었다. 과거에 급제하기 위해서는 수년 이상 오로지 시험 준비에만 전념할 수 있는 경제력이 필수불가결했다. 제도적으로는 반상의 차이가 없을지라도, 현실적으로는 있었다는 얘기다.

조선의 과거는 매년 시행되었고, 시기적으로 약간의 편차가 없지는 않지만 평균적으로 매년 스물아홉 명 정도의 급제자가 배출되었다. 급제한 후 대략 30년 정도 관직에 있을 수 있다고 가정하면, 총 900명 정도의 급제자가 조선의 중요 관직을 나눠 가졌다고 볼 수 있다. 조선의 인구는 구한말 2천만 명에 이르렀고, 18세기에는 이미 전체 인구 중 양반의 비율이 70%를 넘었다. 따라서 전체 양반의 수는 대략 천만 명으로 추정할 수 있고, 여자 및 어린이들을 제해도 수백만 명이 급제라는 목표에 목을 매고 있었다고 볼 수 있다. 수백만 명에 달하는 잠재적 후보군이 900여 개의 자리를 놓고 피 터지는 경쟁을 벌이는 게 조선의 양반들이 처한 상황이었다는 것.

토지에 대한 권리가 미약한 탓에 경제적으로 자립할 수 있는 입장도 아니었고, 장자 세습이 아닌 탓에 양반의 수는 계속 증가했고, 능력을 발휘할 수 있는 유일한 창구가 극소수만 선발되는 과거제도라고 할 때, 경쟁의 강도는 갈수록 세질 수밖에 없었다. 양반계급은 과거시험에서 비교우위를 누릴 수 있었지만, 내부적 경쟁이 워낙 치열하여 어떤 집안이라도 우러러볼 만한 사회적 지위를 장기간 유지하기가 매우 어려웠다.

게다가, 일본과는 달리 신분 간의 이동이 가능했기에 모든 계층이 신분 상승에 대한 기대감을 갖고 있었다. 18세기 이후 양반의 비율이 전 인구의 70~80%에 이르게 된 데에는 이러한 비교적 자유로운 계급 간 이동이 주요한 원인이었다. 전 인구의 70% 이상인 양반을 조선의 지배계급이라고 부르는 것도 좀 이상하다. 이 사실은 조선이 순수한 의미의 신분제 국가는 아니라는 것을 상징적으로 보여준다. 워낙 경쟁이 치열하다 보니, 상대적 우위를 확보한 양반들이 그렇지 못한 양반들과 스스로를 차별화하기 위하여 자신의 지위를 명시적으로 나타내려는 과시적 욕구에 대한 집착이 비정상적으로 강화되었다. 겉으로 드러나는 호칭에 목매게 되었다는 뜻.

결론적으로 조선의 양반들은 자신들의 에너지를 긍정적인 방향으로 쏟아부어 돌파구를 찾으려 하기보다는, 무한 경쟁의 장에서 떠밀리지 않기 위해 한 평생 악 쓰는 입장에 놓여 있었다. 잘될 수 있는 업사이드를 다양하게 찾는 모양새가 아니라, 현재의 지위를 어떻게 해서든지 지키는 데에만 몰두하는 피동적 상태였다는 것. 이런 것이 바로 취약한 상태의 대표적인 예가 아니면 무엇이랴. 그런데 요즘의 우리는 그런 상태에 있지 않다고 자신할 수 있을까?

제도가 선택을 사실상 좌우한다

러시아의 대문호 톨스토이가 쓴 소설 《안나 카레니나》에 "행복한 가정은 모두 비슷해보이지만, 불행한 가정은 제각기 다른 이유로 불행하다."는 표현이 나온다. 사람들의 행복에 대한 기준이 전형적인 한 가지 상태뿐이라면 충분히 있을 법한 얘기다. 그렇지만 행복이 오직 한 가지 상태뿐이라면 그것 또한 취약한 일이 아닐 수 없다. 이는 원뿔을 악착같이 기어올라가서 꼭짓점에 도달하자마자 다시 굴러떨어지는 것과 같다. 앞에서 언급했던 '변화가 일어날수록 나빠지는 성질'이라는 취약성의 정의를 떠올려보면 당연한 일이다.

행복한 가정을 이루는 방법은 의외로 단순하다. 행복을 다양한 방식으로 정의하는 것이다. 경제적 여유와 사회적 지위 등 천편일률적인 기준을 따라갈 것이 아니라, 자신의 일에 대한 보람, 화목한 집안 분위기, 취미 생활, 봉사 활동 등을 통해 행복감을 누리는 거다. 이렇게 되면 취약한 상태에서 반취약한 상태로 변환이 일어난다. 행복은 결국 행복의 정의에 대해 각 가정이 어떤 선택을 하느냐에 따라 달린 문제다. 그렇게 되면, "행복한 가정은 모두 제각각 다른 모습을 보이지만, 불행한 가정은 모두 비슷해보인다." 고 고쳐 써야 할지도 모를 일이다.

이게 전부는 아니다. 행복해지기 위한 선택을 하고 싶어도 달리 선택할 길이 없는 경우도 있기 때문이다. 조선조 양반들을 생각해보자. 양반들이 과거급제 외에 다른 쪽으로 에너지를 쏟아부을 탈출구가 있었을까를 생각해보면, 그리 간단치 않다는 걸 알게 된다. 중국이라는 벽에 부딪혀 외부적으로 뻗어나갈 엄두가 나지 않았고, 그렇다고 나라 전체적으로 소농화되다보니 농업에서 집약적인 기술을 발휘할 여지도 없었고, 그외 공업, 상업은 기존 체제의 안정을 해친다는 이유로 억압되는 상황 속에서 달리 무슨 희망이 있었겠는가 말이다. 조선이 갖고 있던 제도 자체가 이미 양반들의 선택을 강제한 것은 아닐는지?

선택의 책임은 각 개인에게 있지만, 모든 게 개인의 자유로운 결정으로 귀결될 문제는 아니라는 거다. 여기서 하나의 신화가 등장한다. 문화라는 것이 이러한 각 개인의 결정에 영향을 미친다고 하는 주장이 그것이다. 구호를 외치거나 정신교육을 받아서 개인의 태도가 변화되는 경우가 실제로 얼마나 될까? 그게 가능하다면 모든 종류의 중독을 치유하는 일이 그토록 어려울 리가 없지 않을까?

문화는 직접 관찰할 수 있는 대상이 아니다. 개별적인 사람들의 행동을 집합적으로 관찰한 후 그런 게 배후에 있을 거라고 짐작할 따름이다. 사실, 좀 더 합리적인 설명은 제도가 먼저 선행하고 그로 인해 각 개인들의 결정과 행동이 나타나게 된다는 쪽이다. 이런 관점을 갖게 되면 생기는 장점이 적지 않다. 무엇보다 사람들의 결정과 행동이 바람직하지 못하다고 판단할 때, 구체적으로 이걸 어떻게 고쳐나갈지에 대한 직접적인 단초를 얻을 수 있다.

구체적인 예로써 이게 무슨 의미인지 설명해보자. 통행량이 많은 자동차 교차로를 지나는 일은 몹시 짜증나는 일이다. 길이 뻔히 막혀 있음에도 통행 신호가 나오면 무조건 길을 막아서고 본다. 그러고 나면 교차로가 막혀버려 다른 방향의 차들이 자기 신호 때 전혀 가지 못한다. 그런 꼴을 뒤에서 보고 나면, 억울한 마음에 나 때문에 교차로가 또 막힐 걸 뻔히 알면서도 차를 들이대고 본다. 이렇게 한번 꼬이고 나면, 누군가 나서서 교통정리를 하지 않는 한 저절로 풀리지 않는다.

문화가 개인의 선택을 결정짓는다고 생각하는 사람이라면 어떤 해결책을 내놓을 수 있을까? 별다른 수 없다. 그저 공익광고 많이 내보내고, 정신교육 많이 하는 게 전부다. 물론 이런 걸로 사람들의 행태가 바뀌지는 않는다. 어쩔 수 없이 현장에 경찰관을 파견하여 직접 교통정리를 하게 한다. 그때는 잠깐 되는 듯하지만, 경찰관이 자리를 뜨는 순간 다시 엉망진창이 돼버린다.

이것보다 깔끔한 해결 방법이 있다.* 우선 신호등의 위치를 바꾸는 것이다. 현재의 신호등은 교차로를 넘어서서 설치되어 있다. 그러다 보니, 차들

---

* 최동석,《똑똑한 사람들의 멍청한 짓》(2014)에 나오는 얘기를 참조하였다. 참조할 만한 내용이 많은 좋은 책이다.

이 정지선을 넘어가더라도 신호등을 보는 데 아무 지장이 없다. 그렇게 조금씩 더 앞으로 나온 차들이 결국은 교차로를 메워버린다. 그런데 신호등의 위치가 교차로 넘기 전의 횡단보도 옆인 경우, 정지선을 넘어가면 신호 자체를 볼 수가 없다. 내가 갈 수 있는 상황인지 가면 안 되는 상황인지조차 모르게 되는 것이다. 내가 운전자라면 그런 위치에 서 있고 싶지는 않다. 교차로에 함부로 진입하기 보다는 교차로 진입 전의 정지선에 멈춰 서도록 하는 하나의 자연적 압력이 된다.

이렇게 해놓아도 개의치 않고 교차로로 진입하는 차가 있을 수 있다. 이들에 대해서는 엄격한 벌칙을 부과하는 거다. 독일에서는 이 두 가지 방법을 모두 사용한다. 그래서인지 독일의 도로교통 질서 수준은 깜짝 놀랄 정도로 높다. 이걸 보고, "아, 독일 사람들의 교통문화가 선진적이구나." 하면 빗나가도 한참 빗나간 얘기가 되어버린다. 독일 사람들이 그토록 높은 수준의 행태를 보이는 이유는 높은 교통질서 문화 때문이 아니다. 그런 행태가 나타나도록 사회제도가 그물처럼 엮여 있기 때문. 행태를 결정짓는 것은 문화가 아닌 제도다.

8장

신과
게임을
해야 한다면

제 탓이요, 제 탓이요, 저의 큰 탓이옵니다

대학교 4학년 1학기 때 엄청 바쁘게 지냈다. 아무도 쓰지 않는 학부 졸업논문을 써야 하는 탓이 제일 컸다. 다른 교수들은 형식적으로 진행하는 논문 과목에서 유독 진짜로 논문을 쓰도록 하는 지도 교수를 만났던 것. 그렇지만 내 선택은 아니었다. 그저 가나다 순에 의해 정해진 것이었을 뿐. 석사과정 수준의 내용을 혼자서 소화하느라 정말 고생 많이 했다.

학부 지도 교수와는 연초부터 해프닝의 연속이었다. 졸업을 1년 앞두게 되니 일종의 진로 상담도 받고 싶은 마음에 겨울방학 때 댁으로 처음 방문 인사를 갔다. 그런데 서초동 우성아파트가 그렇게 여러 개가 있다는 건 추호도 생각 못했다. 오후 2시에 찾아뵙겠다고 전화하고 결국 아파트 벨을 누른 건 거의 3시간이 지난 오후 5시. 그래도 따뜻하게 맞아주신 탓에 차를 앞에 두고 담소를 나누게 됐다.

"그래, 권 군은 앞으로 무얼 전공하고 싶나?"

"예, 저는 CAD에 관심이 있습니다."

"…"

당연히 자기 전공을 얘기할 것으로 기대하고 있다가 과 내 다른 전공 얘기가 나오자 분위기가 싸해졌다. 학부 지도 교수는 학부생들의 일반적인 진로 상담에는 별로 관심이 없다는 걸 그 자리에서 깨달았으나, 이미 엎질러진 물이었다.

여름 방학 초에 논문 중간 발표 준비한다고 진을 다 빼고 나니 1학기 성적표가 나왔다. 그런데 이게 웬일. 중간고사에서 1등한 과목의 학점이 B+로 나왔다. 기말고사에서 큰 무리 없이 모든 문제를 다 푼 기억이 났다. 이런 학점이 나올 아무런 이유가 없었다. 보통 기말고사를 보고 나면 시험 점수를 게시해서 확인시킨 후 학점이 나온다. 마침 이 과목은 기말시험 점수 게시를 하지 않았다. 뭔가 착오가 있었을 거라고 생각하고 과목 담당 조교를 찾아갔다.

당시 박사과정이자 과 선배였던 조교는 학점이 이상한 것 같다는 내 말에 시큰둥해 하며 기말고사 시험지 묶음을 들고 왔다. 내가 제출한 답안지 위에는 형편 없는 점수가 쓰여 있었다. 들여다 보니, 채점이 이상했다. 문제를 풀 때 좌표축을 정의하는 방식에 따라 최종 답은 다른 표현이 나올 수 있다. 그런데 그런 고려 없이 결과가 다르다는 이유 하나 만으로 0점 처리를 해버린 거였다. 아무리 학부 4학년이 박사과정에 비해 여러모로 미천해도 이 채점은 잘못된 것이라고 얘기할 수 있는 거였다. 그리고 제대로 채점됐을 때의 내 학점은 A+였다.

본인의 채점 실수를 인정 안 할 수 없게 되자, 그는 담배 있냐고 물었다.

'분위기 이상한데…' 하고 느끼며, 담배 한 개비를 내밀었다. 한 모금 깊게 빨고 나더니, 그가 물었다.

"너, 이거 A+ 맞으면 전체 졸업 학점이 얼마나 올라가지?"

"(잠시 생각 후) 3학점 짜리 과목이니까, 0.02 정도일 것 같은데요."

"그지? 별로 큰 차이가 아니란 말이야. 너 0.02 올리고 직업 바꿀래, 아니면 그냥 가만히 있을래?"

이미 시간이 지나서 지금 학점 변경을 하려면, 과목 담당 교수가 학교 본부에 시말서를 제출해야 된다는 거였다. 그럼에도 불구하고 학점 0.02를 올리겠다고 하면, 이 바닥에서 아무것도 하지 못하도록 손봐주겠다는 노골적인 협박이었다. 눈앞이 새하얘진 나는 아무 말도 못하고 실험실을 나올 수밖에 없었다. 너무 억울하고 분해서 눈물이 다 찔끔 났다.

하지만 하소연을 할 데가 없었다. 과목 교수나 지도 교수를 찾아가서 얘기한들 결과가 달라질 것 같지 않았다. 그렇다고 학교 본부에 직접 읍소하여 학점을 바로 잡은 뒤 직업을 바꿀 용기는 더욱 나지 않았다. 대학 4년 동안 배운 게 기계공학뿐인데, 갑자기 무슨 다른 직업을 가진단 말인가. 하지만 그 사람들이 있는 대학원으로 진학하는 건 죽기보다 싫은 일이었다. 그해 여름, 한국과학기술원 석사과정에 지원한 데에는 그런 이유도 있었다. 준비 안 된 채로 면접시험을 보는 바람에 교수들에게 정말 많이 혼났지만 기적적으로 합격했다. 여름을 그렇게 보내고 나니, 몸과 마음이 너덜너덜한 만신창이가 돼버렸다.

4학년 2학기, 마지막 학기에는 뻥 뚫린 가슴으로 왔다 갔다 했다. 갈 곳이 확정되어 있으니 뭘 해도 큰 의미가 없었다. 학교에 나가지 않는 날도 있었다. 그렇게 한 달 여, 친구에게서 연락이 왔다. 내가 수강 중인 과목 교수가 누구든 계속 결석하면 학점을 주지 않겠노라고 강의 시간에 선언했다는 것이었다. 과목 교수는 정년이 몇 년 안 남은 노교수로, 깐깐하기 그지 없었다. 퍼뜩 놀라 다음 강의 시간부터는 꼬박 자리를 지켰다.

경고를 받은 시점부터는 100% 출석했지만, 딱 한 번의 출석이 모자랐다. '왜 내게 이런 일이?' 하는 회오가 밀려들었다. 만약을 대비해서 여유 있게 수강 신청을 했더라면 이 과목에서 학점을 받지 못해도 졸업할 수 있겠지만, 정확히 졸업 학점만큼만 신청한 터였다. 그러니까 여기서 F를 맞으면 수강 학점이 모자라 그해 겨울에 졸업할 수 없는 상황이었다. 그러면 자동으로 과기원 석사과정 입학은 취소되고, 다음 학기에 졸업을 하면 1급 현역으로 곧바로 입영통지서가 날라올 거였다. 그러고 나면 정말이지 직업을 바꾸지 않을 재간이 없었다.

감당이 안 되는 일이 벌어지자, 절로 하느님 소리가 나왔다. 아무 데도 매달릴 데가 없었다. 혹시나 하는 마음에 노교수를 찾아뵸다. 연구실 앞에서 몇 시간이고 서서 기다리다가 그냥 무시당하기를 수차례 겪었다. "정말 잘못했습니다. 살려주세요." 외에는 달리 할 말도 없었다. 그러나 노교수는 꿈쩍도 않으셨다. 지푸라기라도 잡는 심정으로 지도 교수를 찾아갔다. 싸늘하기 그지 없었다. 자교 대학원 버리고 과기원 진학하겠다는 학부 지도 학생이 처한 곤경은 알 바 아니었다. 그냥 물러나오는 수밖에 없었다.

날이면 날마다 노교수 방 앞에 서서 석고대죄의 심정으로 용서를 구했다. 처음에는 눈길도 주지 않던 노교수가 12월 어느 날 방으로 따라 들어오라고 하셨다. 정말 큰 실수를 했고, 잘못을 뉘우치고 있으며, 한 번만 기회를 주시면 앞으로 정말 열심히 살겠노라고 떠듬떠듬 말씀드렸다. 연세에 걸맞지 않는 꼬장꼬장하면서도 맑은 눈빛을 가진 노교수가 드디어 입을 여셨다.

"몇 년 전인가 자네 선배 중에도 자네 같은 친구가 하나 있었어. F를 받으면 졸업을 못 하게 된다고 와서 우는데, 내가 그냥 원칙대로 F를 줘서 결국 졸업을 못 했어. 자네가 버릇 없는 친구는 아닌 것 같아. 하지만 내가 이번에 자네를 구해주면 몇 년 전에 제때 졸업 못 한 그 친구한테 내가 볼 면목이 없네. 자네가 한 행동에 대해 자네가 책임을 질 수밖에 없겠네."

그런 얘기를 듣고, 이제 더이상 무슨 말로 용서를 구할 수 있겠는가. 눈앞이 캄캄할 따름이었다. 당연히 부모님께선 이 상황을 모르셨다. 졸업 못 하게 되었다는 얘기를 무슨 수로 드린단 말인가. 상의를 해야 한다면 우선은 어머니였다. 아버지는 무척 엄하고 엄격하신 분이었기에. 그런데 그해 고혈압 판정으로 한 번 쓰러지신 적 있는 어머니께 감히 말씀드릴 엄두가 나지 않았다. 어떤 벌이든 달게 받겠다는 자포자기의 심정이 되었다. 저녁 퇴근 후 혼자 안방에서 신문 보시는 아버지께 모든 걸 말씀드렸다. 불호령에 당장 집 밖으로 쫓겨나도 다 내 잘못한 탓이라고 각오하고 있었다.

놀랍게도 아버지께선 화를 내지 않으셨다. 어머니가 아느냐고 물으신 후, 어머니에게는 얘기하지 말라고 하셨다. 노교수를 본인이 직접 찾아뵙고 용서를 구하겠노라고 댁이 어딘지 알아오라고 말씀하셨다. 혼자서 끝까지 끙끙거리지 않고 당신께 와서 얘기를 털어놓은 건 잘한 일이라고도 하셨다. 솔직한 심정으로, 아버지가 찾아간들 달라질 것 같지는 않았다. 하지만 무엇인들 못 해보랴는 생각도 들었다. 무엇보다도 아버지께 너무나 죄송스러웠다. 정말이지 부끄러워서 죽고 싶었다.

과 사무실에 노교수 댁을 문의하니 가르쳐줄 수 없다고 했다. 학교 연구실로 직접 찾아가는 수밖엔 없었다. 한 학기 내내 내가 한 것처럼 그날 아버지는 나와 함께 연구실 문 앞에 서서 노교수를 기다리셨다. 두 분이 방에서 얘기를 나누는 동안 바깥 복도에 서 있는 내 입에선 절로 기도가 나왔다.

'정말 잘못했습니다. 제가 너무 부족한 거 잘 압니다. 그래도 하느님, 이번 한 번만 살려주세요. 구해주시면 평생 하느님 말씀 잘 듣고 하느님 뜻 따라 살겠습니다. 믿어주세요. 안 살려주셔도 제가 할 말이 없다는 거 압니다. 안 들어주셔도 하느님 원망하진 않겠습니다. 제가 잘못한 일입니다. 그래도 하느님, 정말 한 번만 살려주세요. 고생하시는 어머니, 아버지께 너무나 죄송스럽고 면목이 없습니다.'

한 30분이 지났을까, 아버지가 방에서 나오셨다. 얼굴이 어두우셨다. 역시나 하는 생각이 들었다. 어쩌겠는가, 내 잘못이거늘. 아버지께서 입을 여셨다. 당신의 자식이 아직 어려 큰 실수를 범했노라고, 너그러이 용서를 구한다고 말씀드렸더니, 몇 년 전 선배 얘기를 교수께서 하셨다 했다. 아이가 태어나서 처음으로 집 떠나 혼자 지방에 가서 살게 되고, 또 워낙 각별한 사이인 엄마가 병을 얻어 아프다 보니 방황을 한 모양이라고 말씀드렸더니, 애가 효자냐고 한마디 물으셨다 했다. 그러곤 더 말씀 안 하시고 창밖을 한참 쳐다보다가 그만 나가보라고 해서 나왔다 하셨다.

며칠 후에 과 사무실을 통해 연락이 왔다. 노교수께서 나를 부르신다는 거였다. 한걸음에 달려갔다. 교수께서는 D를 주겠노라고 말씀하셨다. 이유를 따로 말씀하지는 않으셨다. 그리고 나보다도 출석이 모자라는 두 명의 동기들도 차별을 할 수 없으니 그들도 D라는 사실을 전하라고 하셨다. 온 존재를 걸고 감사의 인사를 드리고 방을 나왔다. 졸업을 포기하고 있던 동기 두 명은 영문도 모르는 채, 그래서 졸업했다.

하느님이 기도를 들어주신 것일까? 아버지께서 우연히 얘기하신 어머니 아픈 얘기가 노교수의 마음을 건드린 걸까? 노교수께선 당신의 모친 생각에 아련해지셨던 것일까? 그때 입은 은혜를 내 살아 생전에 세상에 어떻게 갚을 수 있을지. 한 가지 틀림 없는 사실은, 이 모든 허물은 남을 탓할 게 아니라는 것.

제 탓이요, 제 탓이요, 저의 큰 탓이옵니다.

마차 사고가 생각하는 갈대에게
끼친 영향

지금까지 읽은 독자들이라면 충분히 짐작할 수 있겠지만, 확률은 의사결정에서 틀림 없이 중요한 변수 중의 하나다. 괜히 이 책의 1장과 2장이 온전히 그 주제에 할당된 게 아니다. 그리고 7장에서는 확률을 구하려고 드는 것이 무의미한 불확실성을 다뤘다. 확률이 필요하다고 얘기한 후, 이어 확률이 필요치 않다고 얘기한 셈이다. '그래서 어쩌란 말이냐?'고 생각할 독자도 없지는 않을 것 같다. 긍정과 부정을 한 차례씩 거쳤으니, 이젠 다시 시초로 한번 돌아가보는 것도 의미가 없지는 않으리라.

확률의 최초의 선구자가 누구냐에 대해 약간의 논쟁이 있기는 하지만, 그중의 한 명에 이 사람이 있다는 사실을 부인할 수는 없다. "인간은 자연 가운데서 가장 약한 하나의 갈대에 불과하다. 그러나 그것은 생각하는 갈대다."라는 말로 유명한 17세기 프랑스의 팔방미인, 블레즈 파스칼이다. 공식적으로 파스칼은 수학자, 물리학자, 발명가, 작가, 그리고 기독교신학자로 불린다. 그의 사후에 출간된《팡세》라는 책의 서두에 바로 이 문장이 나온다. 그리고, 이 '생각하는 갈대'라는 표현은 파스칼에게 영원한 명성을 가져다주었다. 그의 다른 업적은 몰라도, 이 표현은 누구라도 한 번쯤은 들어봤을 것이다.

파스칼은 신동이라 불리는 게 전혀 아깝지 않을 재주를 어려서부터 보였다. 10대 소년 때 기하학에서 자신의 이름이 붙은 정리를 증명하였고, 15세 때부터 프랑스 수학자들간의 정기적 주간 모임에 참석하도록 초대받았으며, 20대에는 진공에 대한 실험으로 이름을 날렸고, 31세에 기계공학에서 파스칼의 원리라고 부르는 유체 정역학 법칙을 정립하였다. 한편, 프랑스의 법복귀족이었다가 나중에 세금 징수관으로 일했던 아버지의 숫자 계산을 돕겠다는 일념으로 파스칼린이라고 불리는 기계식 계산기를 20세 때 직접 발명하기도 했다. 비록 가격이 너무 비싸 극소수 부자들의 과시적 소비 대상에 그치긴 했지만, 혁신적인 물건이었다.

지금으로 치면 일종의 연예인급 유명 인사였던 파스칼을 가만히 내버려둘 수 없는 곳이 있었다. 바로 사교계였다. 젊음과 세련된 매너, 남다른 두뇌, 다방면에 걸친 지식 등을 겸비한 그의 곁을 여인들은 떠나려 하지 않았다. 그의 20대는 사치와 화려함, 그리고 퇴폐로 가득했다.

당시의 사교계라면 빠질 수 없는 것이 있었다. 바로 도박과 내기였다. 파스칼은 유명한 한 도박 문제를 우연한 기회에 접하게 되었고, 이내 흥미를 갖게 되었다. 이를 제대로 분석하려면 그 안에 내재된 수학적 구조를 제대로 파악하는 것이 필수적이었다. 그렇기 때문에, 수리적 능력이 남달랐던 그가 흥미를 보인 건 어찌 보면 당연한 일이었다. 파스칼은 변호사면서 수학자로도 활동한 피에르 드 페르마와 편지를 주고받으며 함께 도박 문제를 풀어나갔고, 결국 그에 대한 엄밀한 답을 얻었다. 이게 바로 실제의 확률 계산에 대한 역사적 최초 사례 중의 하나다.

여기까지의 얘기로 보자면, 남다른 두뇌의 소유자가 겪을 수 있는 드물지만 한편으로는 또 뻔한 삶에 대한 얘기처럼 들린다. 그런데 이게 전부가 아니다. 전혀 생각하지 않던 방향으로 파스칼의 삶이 90도 턴해버렸기 때문이다. 파스칼은 32세 때, 마차 사고를 겪었다. 그리고 얼마 후 파스칼은 강렬한 종교적 환영을 보게 되었다. 그때 그는 노트를 하나 남겼는데, 이는 "불, 아브라함의 신, 이삭의 신, 야곱의 신, 학자나 철학자의 신은 아니야. (후략)" 하는 말로 시작된다. 그가 늘 입고 다니던 옷에 꿰매 넣어져 있어서 그의 사후에야 존재가 알려진 이 노트는 후에 파스칼의 《회상록》이라고 불리게 되었다.

하루 아침에 사람이 달라진 파스칼은 그로부터 8년 뒤 요절할 때까지 사교계로부터는 완전히 발을 돌리고 얀센주의 가톨릭에 온전히 귀의했다. 세속적인 탕아의 삶을 살던 사람이 하루 아침에 성스러운 종교적 삶을 선택해버린 거였다. 그러면서 그는 '생각하는 갈대'만큼은 아니어도 꽤 그를 유명하게 만든 글을 또 하나 남겼다. 그의 유고작 《팡세》에 나오는 이른바 '파스칼의 내기'가 그것.

이미 도박의 확률을 최초로 다룬 걸로 유명한 파스칼인데 여기에 무슨 대단한 점이 있는 걸까 하는 생각이 들지도 모르겠다. 그럴 만한 이유가 있다. 그 이유는 바로 파스칼의 내기가 신의 존재에 대한 확률적 논증이라고 알려져 있기 때문이다. 도박을 분석할 때 써먹었던 그 도구를 이번에는 종교에 들이댄 거다. 수학의 신동다운 발상이라 아니 말할 수 없다.

파스칼의 내기의 배경은 이렇다. 우선 불확실한 두 가지 상태가 있다. 하나는 신이 존재하는 것이고, 다른 하나는 신이 존재하지 않는 것이다. 우리의 이성적 능력으로는 신이 존재하는지 아닌지를 확실하게 알 방법이 없다. 더불어 신이 존재할 혹은 존재하지 않을 확률을 정확히 구할 방법 또한 있는 것 같지 않다. 그런 상태에서 각 개인은 신앙을 가질 것인지, 혹은 속인으로 남을 것인지의 선택을 해야 한다. 살아 있는 한 이 선택을 피할 방법은 없다고 파스칼은 가정했다.

파스칼은 여기서 다음과 같이 논리를 폈다. 신은 무한한 능력을 갖고 있다. 그리고 당연히 신앙을 갖고 있는 자에게는 영원한 복을 내리고, 그렇지 않은 자에겐 무한한 벌을 내린다. 여기서 신앙을 가지는 선택을 한다고 해보자. 신이 존재한다면 영원한 복이 생기고, 그렇지 않다면 약간의 세속적인 즐거움을 잃는 손해를 보지만 영원한 복에 비하면 아무것도 아니다. 반대로 신앙을 갖지 않는 선택을 해보자. 신이 존재하지 않는다면 약간의 세속적인 즐거움을 누리게 되겠지만, 신이 존재한다면 영원한 벌이 기다리고 있다. 약간의 세속적인 즐거움은 영원한 벌에 비하면 없는 거나 마찬가지다. 그러니 합리적인 사람이라면 신앙을 갖는 것이 당연하다는 결론을 내릴 수 있다.

파스칼의 내기를 의사결정의 표준적인 용어로 정리하면 이렇게 된다. 두 개의 미래상태, 즉 (신이 존재함, 신이 존재하지 않음)이 있고, (신앙을 가짐, 신앙을 가지지 않음)의 두 가지 대안이 있다. 기대값 극대화를 쓰려면 우선 두 미래상태 각각의 확률을 알아야 하나, 이는 불가능하다. 게임이론의 최악의 최선화를 적용해보면 어떨까? 그 경우 신앙을 갖는 대안을 택하게 된다. 신앙을 가지지 않는 쪽의 최악보다 신앙을 가지는 쪽의 최악이 훨씬 낫기 때문. 그러니까 파스칼의 내기의 결론과 게임이론의 최악의 최선화는 같은 대안을 선택하라고 얘기한다. 이렇게 보면 파스칼의 내기는 게임이론과도 일정 부분 선이 닿아 있음을 알게 된다.

	신이 존재함	신이 존재하지 않음
신앙을 가짐	영원한 복 (+∞)	세속적 금욕 (−1)
신앙을 가지지 않음	영원한 벌 (−∞)	세속적 쾌락 (+1)

그럼 7장의 반취약성 원리와는 아무런 관계가 없을까? 파스칼의 내기에서 신앙을 갖는다는 대안은 아래를 막고 위를 가지라는 반취약성의 정신과 정확히 일치한다. 그러니까 파스칼의 내기의 결론에서는 반취약성도 발견된다. 여러 다른 원리들을 동원했음에도 같은 대안이 선택된다면 이는 의사결정의 관점에서 바람직한 일.

군이 하고자 하면, 파스칼의 내기를 기대값 극대화로도 풀어낼 수 있다. 신이 존재할 확률이 절대적인 0이 아니라면, 기대값 극대화의 관점에서도 신앙을 갖는다는 대안을 택하게 된다. 유한한 쾌락이나 금욕에 최대의 확률인 1을 곱한다 해도 그 값은 여전히 유한한 값이다. 반면 무한한 복이나 벌에 유한한 확률을 곱하면 결과는 여전히 무한대가 나오기 때문. 보기에 따라선 파스칼을 주관적 확률을 구사한 사람으로 볼 여지도 있다. 인류 최초의 확률 전문가가 당시에 그런 견해를 보였다는 건 흥미로운 일이다. 파스칼의 내기는 원래 이런 논리로 유명세를 탔다. 당시에는 게임이론도 없었고, 2013년에 세상에 나온 반취약성은 더더욱 없었던 탓일 수도 있을 듯하다.

파스칼의 내기에 대한 사람들의 반응은 모 아니면 도. 어떤 이는 망치로 두들겨 맞은 것 같은 큰 충격을 받고, 어떤 이는 "뭐야, 이게?" 하는 정도의 대수롭지 않다는 반응을 보인다. 신앙의 문제를 도박이나 내기에 준하는 수준으로 격하시켰다고 분개하는 이들도 있다. 파스칼의 내기는 신의 존재를 증명한 게 아니라는 반론도 있다. 파스칼이 이를 통해 신의 존재를 증명하려고 한 것은 아니었기 때문에 마지막의 반론은 조금은 부당하다. 파스칼이 하고 싶었던 얘기는, 충분히 논리적인 사람이라면 신앙을 갖는 것이 온전히 합리적인 선택이라는 걸 얘기하고 싶었을 따름이기에.

몬티 홀이 진행한
〈우리 거래합시다!〉

확률을 다룬, 특히 베이스식 확률을 설명한 책이라면 빠지지 않고 나오는 사례를 하나 소개하자. 미국의 텔레비전 쇼 사회자였던 몬티 홀이 미국의 텔레비전 방송채널 NBC와 ABC에서 거의 30년 가까이 진행한 게임 쇼 〈우리 거래합시다!(Let's make a deal)〉가 그 대상이다. 무슨 거래를 하는 건지 게임 쇼의 조건을 먼저 알아보자.

우선 게임 참가자가 한 사람 있고, 세 개의 닫힌 문이 그 사람 앞에 있다. 셋 중 하나의 문 뒤에는 엄청난 상이 놓여 있고 나머지 두 개의 문 뒤에는 변변치 않은 상이 놓여 있다.* 상징적으로 10억 원의 상금과 천 원짜리 지폐가 상으로 제공된다고 가정하자. 참가자가 문을 하나 선택해서 열면, 그 문

---

* 본래의 쇼에서는 큰 상과 별 볼 일 없는 상으로 새 차와 염소가 사용됐다.

뒤에 놓여 있는 상금을 갖게 되는 것이 이 게임의 기본적인 규칙이다.

참가자는 아무런 정보가 없는 상태에서 무작위로 세 개의 문 중 하나를 고른다. 이때 참가자가 10억 원이 놓여 있는 문을 고를 확률은 얼마나 될까? 간단하다. 이때의 확률은 1/3이다. 각각의 문 뒤에 10억 원이 놓여 있을 확률이 서로 다를 수 있는 아무런 근거나 정보가 없기 때문에 서로 동등하다고 봐야 한다. 따라서 1이라는 전체 확률을 경우의 수, 즉 문의 수 3으로 나눈 값이 확률이 된다. 여기까지는 누구라도 짐작할 수 있는 내용으로, 이게 전부라면 특별히 흥미로울 게 없다. 이런 정도의 게임을 30년 가까이 텔레비전에서 다뤘을 리는 만무하지 않을까? 뭔가 그 이상의 게임 규칙이 있었을 것으로 짐작할 만하다.

게임의 핵심적인 규칙은 지금부터다. 우선 참가자가 1번, 2번, 3번 문 중 임의대로 하나의 문을 고른다. 그러면 진행자가 게임에 개입한다. 참가자가 고른 문 뒤에 뭐가 있는지는 보여주지 않은 상태에서 다른 문 하나를 열어 보여주는 거다. 이 문 뒤에는 물론 10억 원이 아닌 천 원권이 놓여 있다. 이 상태에서 진행자는 참가자에게 제안한다. 원하면 다른 문을 고를 기회를 주겠다고 말이다. 참가자는 원래의 선택을 고수할 거냐, 아니면 마음을 바꿔 다른 문을 선택할 거냐의 결정을 해야 한다.

상황을 더 구체적으로 설명해보자. 참가자가 1번을 골랐다고 하자. 1번 뒤에 뭐가 있을지는 확실하지 않다. 이때 진행자는 1번 문은 열지 않은 채, 2번 혹은 3번 문을 열어서 참가자에게 보여준다. 열린 문 뒤에는 틀림 없이 천 원짜리가 놓여 있다. 가령 2번을 열어 보여줬다고 하자. 참가자가 최종적으로 결정해야 하는 사항은 1번 문 선택을 고수할 거냐, 아니면 3번 문으로 바꿔서 고를 거냐가 된다. 어느 쪽이든 최종 결정을 하고 나면, 진행자는 그렇게 최종적으로 결정된 문을 열어 보여준다. 그 뒤에는 10억 원 아니면 천 원이 놓여 있고, 무엇이 놓여 있느냐에 따라 참가자의 최종 상금이 결정된다!

선택을 바꾸는 것이 유리할까, 아니면 원래의 선택을 유지하는 게 나을까? 혹은 바꾸든 말든 결과는 무관한 걸까? 직관적으로 생각하면, 바꾸든 말든 상관이 없을 것처럼 느껴진다. 왜 그런지를 설명해보라고 하면 다음과 같은 이유를 댄다. 우선 처음 선택할 때의 10억 원 당첨 확률은 앞에서 얘기한 바와 같이 1/3이다. 그런데 진행자가 세 문 중에 천 원 지폐가 놓여 있는 문 하나를 열어 보여주었다. 그리고 나면 이제 닫힌 문은 두 개고, 그 뒤에는 10억 원과 천 원이 각각 놓여 있다. 따라서 처음보다 확률은 1/2로 올라갔지만, 남아 있는 두 문의 10억 원 당첨 확률은 여전히 반반이므로, 바꿔도 그만, 안 바꿔도 그만이라는 거다.

이제 정답을 얘기하자. 위의 직관적인 설명은 아쉽게도 틀렸다. 여러분이 택해야 하는 바른 결정은 바꾸는 거다. 바꿈으로써 10억 원 당첨 확률을 두 배 높일 수 있다. 바꾼다고 해서 무조건 10억 원이 당첨된다는 보장 같은 것은 없다. 운이 좋게도(혹은 운이 나빠서) 원래 선택한 문 뒤에 10억 원이 있었다면, 결과적으로는 바꾸지 않는 편이 나았을 수도 있다. 하지만 여기서 얘기하는 바는 이러한 상황에 반복적으로 놓인다고 할 때, 확률적으로는 바꾸는 쪽이 더 낫다는 거다. 다시 말해 바꾸는 쪽의 기댓값이 바꾸지 않는 쪽의 기댓값의 두 배다.

왜 그렇게 되느냐고? 처음에 참가자가 1번 문을 골랐을 때, 그 문 뒤에

10억 원이 있을 확률은 1/3이고, 천 원이 있을 확률은 2/3다. 10억 원이 놓여 있는 경우, 진행자는 2번 혹은 3번 문을 열어 보여줄 거고, 이때 참가자가 바꾸면 결국 천 원을 받게 된다. 반면 1번 문 뒤에 천 원이 있는 경우, 진행자는 2번이나 3번 중 나머지 천 원이 놓여 있는 문을 열 수밖에 없다. 그러고 나면, 열리지 않은 나머지 문 뒤에는 반드시 10억 원이 있을 수밖에 없다. 이때는 선택을 바꾸면 100% 확실하게 10억 원에 당첨된다. 이 두 경우를 합쳐서 바꿀 경우의 10억 원 당첨 확률을 계산하면 아래와 같다.

$$\text{바꾸는 경우의 당첨 확률} = \frac{1}{3} \times 0\% + \frac{2}{3} \times 100\% = \frac{2}{3}$$

여기서 한 가지 확실히 해야 하는 사항이 있다. 문을 열어보이는 진행자의 행위로 인해 원래 참가자가 선택한 문의 당첨 확률이 변하지는 않는다는 사실이다. 2번 문을 열어보이건 3번 문을 열어보이건 간에, 원래 선택한 1번 문의 당첨 확률은 무조건 1/3이다. 그러니까 그냥 원래 선택에 남아 있기보다는 바꾸는 쪽이 더 높은 당첨 확률을 가진다고 볼 수 있다. 독자 여러분이여, 이런 기회가 주어지면 주저하지 말고 선택을 바꾸시라!

이 문제는 그렇게 어려운 문제가 아니다. 조건부 확률에 대한 기본적인 개념만 있다면 누구라도 쉽게 답을 얻을 수 있다. 그럼에도 불구하고, 통상 '몬티 홀 문제'라고 불리는 이 상황에서 바꾸지 말아야 한다거나 혹은 위의 설명과 확률이 틀렸다고 주장하는 사람이 적지 않다. 그중에는 대학교수나 통계학 박사도 다수 포함되어 있다. 그들의 주장은 안타깝지만 틀렸다. 바꾸는 게 유리하다는 위의 결론은 앞에서 설명된 게임 규칙이 그대로 준수되는 한 절대로 유효하다.

방금 전에 한 말이 생각보다 굉장히 중요한 의미를 갖는다. 만약 위에서 설명된 게임 규칙이 엄격하게 준수되지 않는다면 다른 결론이 나올 수 있다. 가장 이해하기 쉬운 경우로, 두 번째 기회가 언제나 주어지는 게 아니고 진행자의 판단에 따라 주어지는 경우를 상상해보자. 어떤 때는 선택을 바꿀 기회를 주고, 또 어떤 때는 이유 없이 그런 기회를 주지 않는다고 하자. 이런 경우에도 여전히 무조건 선택을 바꾸는 쪽이 유리할까?

위 질문에 대한 답을 짧게 하자면 "그렇지 않다."다. 예시적으로 왜 그렇지 않은지를 보자. 앞의 정상적인 게임과는 달리 이제는 진행자의 판단에 따라, 두 번째 기회를 줄 수도 있고 아닐 수도 있다. 이때 진행자가 아주 고약한 사람이라고 가정해보자. 그 경우 진행자는 가능하면 10억 원의 상금보다는 천 원의 상금을 주려고 한다. 그래서 참가자가 10억 원을 우선 고르면 그때는 두 번째 기회를 주고, 참가자가 처음 고른 게 천 원이면 또 다른 기회를 주지 않고 그냥 문을 열어버린다고 하자. 이런 진행자를 만났음에도 불구하고, 위의 결론대로 무조건 선택을 바꿀 경우 참가자의 상금은 언제나 천 원에 그치게 된다.

진행자가 위와 같을지 모르기 때문에 주어진 두 번째 기회 때 원래의 선택을 고수하는 편이 낫겠다고 생각을 했다면 그것 또한 오산이다. 진행자가 정반대 성향일 수도 있기 때문. 천 원짜리를 먼저 고르면 바꿀 기회를 주고, 10억 원을 먼저 고르면 그냥 문을 열어주는 성향의 진행자를 만났다고 해보자. 그 경우 두 번째 기회 때 바꾸면 100%의 확률로 10억 원을 받을 수 있다.

문제는 이거다. 무조건 두 번째 기회를 준다는 규칙이 준수되지 않는 한 어떻게 하는 것이 최선인지 얘기하기 어렵다는 거다. 기본적으로 게임 참가자는 진행자가 어떤 성향의 진행자인지 알 재간이 없다. 진행자가 나쁜 생각을 품고 있는지 아니면 천사 같은 생각을 하는지, 혹은 아무 생각 없이 그냥 되는 대로 하는지, 미리 알 수 있는 방법이 없다는 거다. 혹시 이 게임 쇼가 오랫동안 방송됐다면 쇼 진행자의 성향을 과거의 경험을 통해 간접적으로 유추해볼 수 있을지도 모른다. 그렇다고는 해도, 과거에 보인 성향대로 이번에 또 한다는 보장이 있을까? 안타깝지만 그런 건 없다.

만약 이 게임이 내 삶에서 단 한 번만 할 수 있는 신과 나와의 게임이라면 어떨까? 우리의 삶 자체가 초월적 존재와 벌이는 한 판의 게임이라면? 살면서 단 한 번 하는 게임이기에 첫 번째 선택 이후 두 번째 바꿀 기회를 줄지 안 줄지 미리 알 수 있는 방법이 없다. 또한 첫 번째 선택 후 다른 문이 열리면서 바꿀 기회를 주겠노라는 목소리를 들었을 때 바꾸는 게 나을지 아닐지 확신하기 어렵다. 왜냐고? 그 존재가 천사 같을지 아니면 악마 같을지 알 수 있는 방법이 없기 때문.

여러분은 우리의 삶이 신과의 게임이 아니라고 확신할 수 있는가?

당신은 자유의지를 갖고 있나요?

신과의 게임 얘기가 나온 김에 본격적인 게임을 하나 더 보자. 이 게임은 캘리포니아대 연구소 소속의 물리학 박사였던 윌리엄 뉴컴이 생각해낸 것으로,[*] 하버드대 철학 교수 로버트 노직 등에 의해 널리 알려졌다. 개인적으로 나는 노직의 책《아나키, 국가, 유토피아》를 읽고 깊은 인상을 받아, 그 후 그의 글을 찾아 읽던 중 이 게임을 접하게 되었다.

게임의 규칙은 이렇다. 여러분 앞에 두 개의 상자가 놓여 있다. 말할 것도 없이 상자 안의 내용물을 볼 수 없다. 그렇지만 각 상자 안에 어떤 것이 들어 있을지에 대한 정보는 아래 표와 같이 주어졌다. 상자 A에는 200만 원이 들어 있고, 상자 B에는 20억 원이 들어 있거나 혹은 아무것도 들어 있

---

[*] 그래서 통상 뉴컴의 역설이라고 불린다.

지 않다. 그리고 상자 B에 20억 원이 들어 있는 미래상태 1과 아무것도 들어 있지 않은 미래상태 2의 확률은 모른다. 단지 둘 중 하나의 상태가 발생될 거라는 사실만 알 뿐이다.

	미래상태 1	미래상태 2
상자 A	200만 원	
상자 B	20억 원	0원

이제 여러분은 다음의 두 가지 중의 하나를 선택할 수 있다. 상자 B만을 갖거나, 아니면 상자 A와 상자 B 둘 다 갖는 거다. 상자 B를 갖거나, 혹은 상자 A를 갖는 게 아니라는 사실에 주목하자. B만 갖거나, 혹은 A와 B 둘 다 갖는 선택을 할 수 있다는 사실을 정확히 인지하고 나면 사람들은 다음과 같은 반응을 보이기 십상이다.

'바보가 아닌 다음에야, 당연히 A와 B 둘 다 갖는 선택을 해야 하는 거 아니야?'

더이상 다른 조건이 주어지지 않는다면 위와 같은 반응은 사실 당연하다. 그런데 이 게임에는 한 가지 조건이 더 붙어 있다. 모든 것을 예측하고 알 수 있는 초월적 존재가 게임에 개입하는 거다. 이 존재는 사람들이 어떠한 생각을 하고 어떤 결정을 내릴지를 미리 알 수 있다. 그리고 틀린 예측을 한 경우가 과거에 단 한 번도 없었다. 그런 존재를 신으로 봐야 할지, 혹은 일종의 슈퍼 컴퓨터로 구성된 초월적 인공지능으로 볼지는 각자가 생각할 바다. 무엇이 되었건 간에 그의 전지(全知)적 능력*을 의심하지는 말자.

이 존재는 일종의 도덕관념을 갖고 있다. 욕심을 부리는 자에게 불이익을 주려고 하고, 분수를 지키려는 자에게 큰 상을 내리고 싶어 한다. 그래서 여러분이 위의 선택을 하기 전에 미리 상자 B에 무엇을 넣을지를 결정해놓았다. 여러분이 상자 둘 다를 갖는 선택을 할 것으로 예상되면 상자 B에 아무것도 넣지 않으며, 반대로 여러분이 상자 B만 갖는 선택을 할 것으로 판단되면 이번에는 상자 B에 20억 원을 넣는다. 그러니까 상자 B의 미래상태가 완전히 무작위적인 것이 아니라, 여러분이 하게 될 선택에 따라 달라질 거라는 거다.

초월적 존재가 여러분이 선택을 하는 순간에 상자 B의 내용물을 결정하는 게 아니라는 걸 깨달을 필요가 있다. 초월적 존재는 여러분이 선택을 하기 전에 이미 상자 B의 내용물을 결정해서 넣어두었다. 시간적으로 분명히 먼저다. 그런 후에, 여러분이 상자를 앞에 놓고 고심 끝에 결정을 내린다. 어느 쪽을 택하겠는가 하는 결정은 전적으로 여러분의 몫이다. 다시 강조하건대, 이 초월적 존재는 당신의 결정을 미리 알 수는 있지만 당신의 결정을 바꿀 능력은 없다. 이제 여러분이라면 어떤 선택을 하겠는가?

이 게임을 접하면 일군의 사람들은 거의 그 즉시 상자 둘 다 갖겠다고 대답한다. 왜 그런 결정을 했느냐고 물으면 별로 어렵지 않게 다음과 같이 대답한다. 내가 둘 다 선택할 것으로 예상했다면 초월적 존재는 상자 B에

＊ 영어의 omniscience라는 단어에 해당된다. Omniscience는 전능, 즉 omnipotence와 다른 구석이 있는 개념이다. 전능자는 내 생각을 바꿔 놓을 수도 있다. 하지만 전지자는 그럴 수 없다.

아무것도 넣지 않았을 거고, 내가 상자 B만을 선택할 걸로 예상했다면 초월적 존재는 상자 B에 20억 원을 넣어두었을 거다. 그때 내가 둘 다 갖는 선택을 할 때와 상자 B만을 갖는 선택을 할 때, 최종적으로 내가 갖게 되는 돈을 계산해보면 다음의 표와 같다. 게임이론의 관점으로 보면, 둘 다 갖는 쪽이 상자 B만을 갖는 쪽에 대해 우성 대안이다. 초월적 존재가 나에 대해 어떠한 예측을 하든간에, 나로서는 둘 다 갖는 쪽의 금액이 상자 B만 갖는 선택보다 더 낫다. 그러니까 당연히 둘 다 가져야 된다고 보는 것이다.

	둘 다 선택을 예상	상자 B만 선택을 예상
둘 다 갖는다	200만 원	20억 200만 원
상자 B만 갖는다	0원	20억 원

또 다른 일군의 사람들은 전혀 다른 대답을 내놓는다. 이들에 의하면 둘 다 선택하면 안 되고 상자 B만을 갖는 것이 합리적인 결정이다. 이유는 이렇다. 초월적 존재는 우리의 선택을 100% 확실하게 예측할 수 있는 능력을 갖고 있다. 따라서 내가 둘 다 선택하는 경우, 그를 미리 예측하여 상자 B에 아무것도 넣어두지 않았을 거다. 미래상태 1의 확률이 0%, 미래상태 2의 확률이 100%다. 또한 내가 상자 B만을 선택하는 경우, 이 또한 미리 예측하여 이번에는 상자 B에 20억 원을 넣어두었을 거다. 확률로 표현하면 미래상태 1은 100%, 미래상태 2는 0%의 확률을 갖는다.

미래상태에 대한 확률이 결정될 수 있다면, 의사결정 원칙의 전가의 보도, 기대값 극대화가 사용가능해진다. 그래서 내가 둘 다 선택하는 경우 내가 받게 될 돈의 기대값을 계산해보면,

$$둘\ 다\ 선택\ 시\ 받는\ 돈 = 200만\ 원 + (\ 20억\ 원 \times 0\% + 0원 \times 100\%)$$
$$= 200만\ 원$$

내가 상자 B만을 선택하는 경우 받게 될 돈의 기대값을 계산해보면,

$$상자\ B만\ 선택\ 시\ 받는\ 돈 = 20억\ 원 \times 100\% + 0원 \times 0\% = 20억\ 원$$

이다. 따라서 상자 B만을 선택할 때의 돈의 기대값이 둘 다 선택할 때보다 크기 때문에 상자 B만을 선택해야 한다는 결론을 내리게 된다.

지금까지 무슨 일이 벌어졌는지 요약하면 이렇다. 게임이론의 우성 대안 원칙과 기대값 극대화 원칙은 의사결정론에서 금과옥조처럼 여기는 두 가지 원칙이다. 그런데 그 두 가지 원칙이 정면으로 충돌하는 상황이 벌어진 거다. 이 충돌을 논리적으로 해결할 수 있는 타협안은 아직 알려지지 않았다. 수많은 사람에게 이 게임을 제시해보면, 대략 반 정도의 사람들은 둘 다 선택하고 나머지 반 정도의 사람들은 상자 B만을 선택한다.

더욱 놀라운 것은, 양 진영의 사람들에게 다른 쪽의 원리를 설명해주었을 때다. 우성 대안의 관점으로 이 게임을 바라보는 사람들에게, 기대값 극대화의 관점으로 보면 정반대의 선택을 해야 한다고 얘기해주었다고 해보자. 이런 경우 "기대값 극대화가 뭔지 알고 있고, 그건 합리적인 원칙이라고

생각해요. 하지만 이 게임의 경우 그래도 상자 둘 다를 택하는 게 더 옳다고 생각해요." 하는 반응을 접하기가 일쑤다. 반대의 경우도 마찬가지다. 기대 값 극대화의 관점으로 선택한 사람들에게 우성 대안의 관점을 얘기해주면, 그것도 일리가 있지만 그래도 이 경우에는 상자 B만을 택하는 것이 마땅하 다고 대답하곤 한다.

이 게임의 핵심은 결국 둘 중 하나를 택하는 우리의 선택이 전적으로 우 리의 자유의지에 따른 것이냐, 아니면 초월적 존재의 간접적인 조종에 의한 것이냐에 달려 있는 듯하다. 보는 관점에 따라 상자 B만 갖겠다는 선택을 우리의 자유의지가 결정했다고 볼 수도 있고, 그러한 선택을 하도록 초월적 존재에 의해 강요당했다고 볼 수도 있다. 결과적으로 같은 행동이라고 하더 라도 자신의 세계관에 따라 전혀 다른 인식을 할 수도 있다는 것이 이 게임 이 알려주는 또 하나의 시사점이 아닐까 싶다.

일설에 의하면 이 게임을 생각해낸 뉴컴 자신은 상자 B만을 선택하는 쪽을 택했다고 한다. 반면 노직은 자신의 논문에서 본인은 둘 다 갖는 쪽이 더 마땅하다는 생각을 피력한 바 있다. 내 생각이 궁금한가? 나는 상자 B만 을 선택하는 쪽이다. '당신은 조종당하고 있을 뿐이라고요!' 하고 우성 대안 파가 소리 높일지라도, 나의 선택은 내 의지의 결과임을 의심하지 않는다. 그 말은 우성 대안파가 그들의 자유의지에 의해 그들만의 선택을 하는 것 또한 가능한 일이라고 생각한다는 얘기다. 모든 것이 시계태엽 장치처럼 결 정되어 있다면, 그런 걸 삶이라고 부를 수는 없는 일 아니겠는가.

전차의 선로 변경 시
고려해야 할 문제들

    지금은 사라졌지만, 트램이라고 부르는 전차가 서울 시내를 주행하던 시절이 있었다. 묘하게도 철학에는 이 전차의 선로 변경에 관련된 문제만을 집중적으로 연구하는 일명 트롤리학*이라는 분야가 존재한다. '그게 무슨 장난스러운 얘기냐?'고 생각할지도 모르지만 실제로 심각한 주제다. 우리가 어떠한 결정을 내릴 때 트롤리학이 상정하는 상황을 맞닥뜨리지 않는다는 보장이 없기 때문이다. 그리고 이런 질문을 통해 무엇이 윤리적인 선택인가에 대해 진지하게 고민해보게 된다.

---

*   영어의 trolleyology를 번역한 결과다. 트램과 트롤리는 약간 다른 대상인데, 원래 문제는 트램으로 기술되어 있었다. 트램은 고속으로 질주하는 기차만큼 위험한 운송 수단은 아니다. 예외는 없지 않아, 유명한 건축가 안토니 가우디는 1926년에 트램에 치어 죽었다. 그런데 이 문제가 영국에서 미국으로 건너가면서 트롤리로 소개되면서 트롤리학이 되어버린 것. 트롤리 하면 기차가 생각나기보다는 슈퍼마켓의 카트가 떠오른다.

트롤리 문제는 필리파 보즌켓이 1967년 《옥스퍼드 리뷰》에 발표한 논문에서 유래되었다. 이후 지선 문제라고도 알려진 이 문제의 원래 상황은 이렇다.

"당신은 브레이크가 고장난 트램의 운전사다. 그리고 빠른 속도로 움직이고 있는 트램의 선로에는 다섯 사람이 선로에 묶인 채 누워 있다. 이대로 계속 가다가는 다섯 사람은 치어 죽게 될 판이다. 한편 본선에 연결된 지선이 하나 있고 지선에는 한 사람이 선로에 묶여 있다. 당신이 레버를 잡아당기면 본선에서 지선으로 옮겨갈 수는 있다. 그 경우 지선에 묶여 있는 사람이 대신 트램에 치이게 된다. 이럴 때 당신은 어떤 선택을 하겠는가?"

아주 단순화시켜서 문제를 이해하자면, 다섯 명의 목숨과 한 명의 목숨 중 어느 쪽이 더 중요하냐고 묻는 것으로 이해해볼 수 있다. 내가 아무런 행위도 하지 않는다면 다섯 명이 죽는다. 반면 내가 선로 변환기의 레버를 잡아당기면 한 명이 죽는다. 공리주의적 관점을 갖는다면 답은 뻔하다. 한 명의 목숨보다는 다섯 명의 목숨이 더 중요하다. 그러므로 레버를 잡아당겨서 다섯 명의 목숨을 구해야 한다. 이러한 결론은 이 책의 맨 앞에 나왔던 기댓값 극대화 원칙을 적용한 것으로 이해해볼 수 있다.

그런데 $-5+1=-4$보다는 $+5-1=+4$인 편이 더 낫다고 얘기하는 건, 사람의 목숨을 야구 경기에서의 아웃과 비슷한 것으로 보겠다는 얘기다. 병살타를 치기보다는 번트를 대서 한 명만 죽이자는 것과 다를 바 없다.[*] 야구 경기

---

[*] 야구를 통계적으로 철저하게 분석하는 세이버 매트릭스 전문가들에 의하면, 야구 경기에서 번트를 대는 행위도 정당화하기 어렵다. 번트를 댔을 때의 득점 기댓값이 오히려 내려가기 때문이다.

라면 그럴 수 있다. 하지만 실제 사람 목숨에 대해 과연 그렇게 얘기하는 것이 정당할까? 원래 전차가 달려오던 대로라면 솜털 하나 다치지 않았을 지선에 묶여 있던 사람과 그의 가족도 위의 단순한 결론에 동의할까? 그렇게 얘기하기 쉽지 않다.

트롤리 문제의 핵심 쟁점은 거의 천 년 전부터 신학과 철학에서 다뤄져 왔다. 그중 대표적인 인물이 13세기의 가톨릭 도미니크회 수사였던 토마스 아퀴나스다. 란둘프 백작의 일곱 번째 아들로 태어난 그는 어려서부터 용기와 절제를 최고의 덕목으로 꼽을 정도로 남다른 도덕성과 보기 드문 지적 능력을 보여주었다. 그는 속세를 누비면서 설교하고 말씀을 전파하는 도미니크회 수사가 되길 원했지만 그의 가족은 세상과 거의 접촉을 하지 않는 베네딕트회 수사가 되길 원했다. 토마스가 말을 듣지 않자, 그의 형들은 그를 납치하여 2년 동안 성에 가둬두었고, 심지어 매력적인 창녀를 그의 거처에 들여보내 금욕의 맹세를 깨트리게 하려고 했다. 토마스는 여인을 보자 벌겋게 달아오른 부지깽이를 휘둘러 내쫓았다고 한다.

아퀴나스는 기본적으로 의도적인 살인은 결코 정당화될 수 없다는 의견을 가졌다. 하지만 한 가지 예외를 인정했다. 바로 정당방위의 경우였다. 내가 어떤 사람으로부터 생명의 위협을 받고 있을 때, 나의 목숨을 구할 수 있는 '유일한' 방법이 가해자를 죽이는 경우라면, 내 행위의 '의도'는 자기방어에 있지 결코 살해하는 데 있지 않다. 이런 경우라면 도덕적으로 문제를 삼을 수 없다고 본 것이다.

이를 가리켜 '이중 효과의 원리'라고 한다. 이중 효과인 이유는, 먼저 하나의 행위가 직접적으로 '의도한' 효과가 있고, 이로부터 파생된 효과로 의도한 것은 아니지만 '예견된' 효과가 있기 때문이다. 직접적으로 의도된 효과와 간접적으로 예견된 효과 사이에는 질적인 차이가 있다는 얘기다. 이런 관점을 트롤리 문제에 대입해보자면, 레버를 당겨 지선으로 돌입하는 건 그 지선에 있는 사람을 죽이려는 '의도' 때문이라기보다는 본선에 있는 다섯 명의 목숨을 살리려는 '의도'로부터 '예견된' 일에 불과하다고 볼 수 있다. 적극적으로 권장할 만한 일은 아니지만, 피치 못할 사정이기에 도덕적 책임을 물을 수 없다는 논리다.

이러한 관점은 사실 폭넓게 퍼져 있다. 전쟁이라는 특수한 상황에서 군사시설을 폭격하다 보면 민간인 사상자가 나올 수도 있다. 그러한 민간인 희생을 피하기 위해 폭격을 할 수 없다고 얘기하기는 어렵다. 이때의 사상자는 '의도된' 일이기 보다는 '예견된' 일이다. 그렇지만 민간인을 목표로 폭격을 하는 것은 여전히 도덕적으로 허용될 수 없다. 왜냐하면 이는 민간인의 사망을 '의도'하기 때문이다.

그럼에도 불구하고, 이중 효과의 원리가 모든 사람을 끄덕이게 만들 정도로 설득력이 있는 것은 아니다. '의도된' 결과와 '예견된' 결과의 차이가 정말로 그렇게 결정적인 것인지 납득 못하는 사람도 꽤 있기 때문이다. "말장난에 불과하다."라는 비판도 있을 수 있다. 의도는 외부에서 관찰이 불가능한 심리적 상태이기 때문에 고의로 해놓고도 그럴 의도는 없었다고 하지 말란 법이 없다. 우리가 관찰할 수 있는 행동의 관점으로 보자면 어쨌거나 레버를 당긴 건 당긴 거니까.

만약에 내가 트램 운전사가 아니고, 선로 옆에 서 있는 사람이라면 어떻게 될까? 선로 옆에 선로 변환기가 놓여 있고 내가 행동을 취하면 본선으로 달려가던 트램을 지선으로 보낼 수 있는 상황이라면? 이 경우 아까보다 레버를 당기는 행위를 정당화하는 게 조금 더 어려워질 것 같다. 트램 운전사의 경우 트램을 세우지 못하는 것에 대해 어느 정도의 책임이 있고, 그렇기 때문에 피해를 줄이기 위해 레버를 당겼다는 말에 약간이나마 공감이 간다. 반면 옆에 서 있는 사람은 트램의 폭주에 전혀 책임이 없는 제삼자 아니겠는가. 아퀴나스는 본인의 정당방위만이 윤리적으로 허용될 수 있다고 말했을 뿐, 제3자의 개입으로 인한 '의도되지 않은, 하지만 예견된' 살인도 허용될 수 있다고 얘기한 적은 없었다.

다음과 같은 변종 상황은 어떨까? 매사추세츠공과대의 주디스 톰슨이 만들어낸 상황에서는 지선이 없고 오직 본선만 있다. 그리고 당신은 본선 위를 지나는 육교 위에 있고, 육교 난간에는 뚱뚱한 한 사람이 기대서 있다. 당신이 아무 행동도 취하지 않는다면, 트램은 그대로 돌진하여 선로 위에 묶여 있는 다섯 명의 사람은 죽는다. 하지만 당신이 육교 위의 뚱뚱한 사람을 밀어버리면 트램은 그 사람만 치고 멈춰 설 것이다.[*] 이 경우라면 더욱 정당화되기 어렵다. 왜냐하면 한 사람의 생명이 다른 사람의 생명을 구하는 '수단'으로 사용되고 있기 때문.

이외에도 트롤리 문제에는 많은 변종이 있다. 선로 위에 회전판이 있고,

---

[*] 뚱뚱하다는 신체적 조건이 여기서는 꽤나 중요하다. 그렇지 않으면 트램이 그 사람을 치고 나서도 멈추지 않아 다시 그 뒤의 다섯 명을 연달아 칠 수도 있기 때문. 나중에 이 변종의 변종에서는 사람의 외관에 대한 언급은 정치적으로 옳지 않다는 지적에 따라 뚱뚱한 사람이 배낭에 무거운 짐을 지고 있는 사람으로 바뀌기도 했다.

트램이 달려 오는 쪽에는 다섯 명이, 반대쪽에는 한 명이 묶여 있을 때 옆에 서 있는 사람이 레버를 잡아 당기면 회전판이 돌아가 한 명이 치이게 되는 상황이라든지, 지선을 따라 계속 진행하면 다시 본선으로 연결되는 루프선 상황이라든지, 지선에 한 사람만 묶여 있는 게 아니라 그 뒤에 다시 다섯 명이 묶여 있는 상황 등 나열하자면 끝이 없다. 그리고 트롤리 문제에 있어서 모든 사람이 만족해할 만한 선택이 존재하는 것 같지는 않다.

어쩌면 모든 의사결정 문제 또한 같은 상황에 처해 있는 것일지도 모른다. 결국 내가 어떠한 윤리적 가치관을 가질 것인가가 문제가 될 뿐.

신은 주사위 놀이를 하지 않는다

이제 드디어 이 책 마지막 장의 마지막 절이다. 확률에 대한 얘기로 시작해서, 확률을 얘기할 수 없는 상황을 거쳐, 신과 같은 초월적 존재에 대한 얘기까지 해왔다. 그러고 나니 문득 궁금해진다. 신의 세계에도 확률이 존재할까? 초월적 존재에 대해서도 확률을 얘기할 수 있을까? 이렇게 되면, 얘기가 먼 거리를 한 바퀴 돌아 제자리로 온 셈이다. 확률에 대해 다시 한번 사색해 보는데, 변증법적 과정을 거쳤기에 처음과는 다른 차원의 일이다. 하나의 주제에 대해 얘기를 하면서 이보다 더 근사한 방식으로 마무리하기란 쉽지 않을 듯하다.

확률은 틀림없이 근대 이후에 성립된 개념이지만, 확률과 관련성이 없지 않은 운이라는 개념은 유사 이래로 존재해왔다. 행운을 나타내는 영어 단어 포춘(fortune)은 로마 신화에서 운을 관장하는 여신 포르투나에서 비롯되었으며, 포르투나는 그리스 신화의 행운과 운명의 여신 티케에 해당한다.

고대 그리스에서는 홍수나 가뭄 같은 재해나 원인을 알 수 없는 일이 인간 사회에 벌어지면 이를 모두 티케의 탓으로 여겼다. 불합리한 일, 불확실한 일, 불안정한 일은 모두 그녀의 소관이었다. 티케는 예측 불가능하고 변덕스러운 성격을 갖고 있다고 믿어졌는데, 그래서인지 그녀는 장님으로 묘사되었다. 볼 수 없으니 가끔씩 전혀 엉뚱한 일을 저지를 수밖에. 운과 불확실성, 그리고 변덕의 상징답게, 다른 그리스 신화의 신들과는 달리 티케는 제우스와 아프로디테의 딸이라는 설, 헤르메스와 아프로디테 사이에 낳았다는 설, 혹은 오세아누스와 테티스가 부모라는 설 등 계보마저 불확실하다.

주사위 굴리기나 제비뽑기 같은 운에 달린 방식에 의존했던 건 비단 그리스, 로마 신화에 한정된 것이 아니다. 성경에도 이러한 예가 무수히 많이 등장한다. 하나만 예를 들면, 예수를 배신한 유다의 후임으로 바르사빠스와 마티아 둘 중의 하나를 정해야 할 때, 기도드린 후 제비를 뽑아 마티아가 당첨됐다는 얘기가 사도행전에 나온다. 우리가 복권이라고 번역하는 로또라는 단어는 예전에 주술사들이 점을 칠 때 쓰던 나무토막에서 유래했다. 주사위를 던져서 결정하겠다는 것은 운에 맡긴다는 뜻으로, 여기서 운에 맡긴다는 의미는 불확실한 상황에서 저절로 신의 뜻이 드러나리라는 의미였다.

우리가 예측할 수 없는 영역의 일은 신의 소관이라는 고대의 생각은 근대에 들어오면서 여러 각도에서 공격받기 시작했다. 그중 대표적인 것이 칼뱅주의에서 나타나는 예정설이다. 이에 의하면 사람은 이미 선택받은 자와 그렇지 못한 자로 나뉘며, 이 구별은 이미 결정되어 있다고 믿어졌다. 신의 구원은 이미 예정되어 있기 때문에 각 개인이 뭔가를 한다고 해서 달라질 수 있는 게 아니라는 뜻이다.

이런 관점으로 보면, 제비를 뽑아 신의 뜻이 발현되기를 기대하는 것은 대단한 신성모독이 아닐 수 없다. 스스로 이미 선택되었다고 믿는 사람들은 모르겠으나, 그렇지 않은 사람들로서는 난감한 감정을 느꼈을 것 같다. 당시 가난한 사람들이 주로 후자로 간주되었다는 사실을 감안하면 더욱 그렇다. 칼뱅주의자들은 모험과 도박, 그리고 내기를 무척 혐오하는데, 불확실성을 신의 의지의 발현으로 보지 않고 신의 존재가 부인되는 불경스러운 예외적 상황으로 인식했기 때문이다.

또 다른 각도의 공격은 자연과학에서 비롯되었다. 물리학이 발달하면서 예전에는 알 수 없는 것으로 치부되던 자연현상이 이제는 물리적 법칙에 의해 '지배'되고 '설명'되는 것으로 바뀌어갔다. '왜' 그런 일이 벌어지는가 하는 종교적 질문은 '어떻게' 별의 움직임을 묘사하고 예측할 수 있는가 하는 세속적 질문으로 대치되었다. 일부 사람들은 그러한 물리역학적 법칙을 무한 확장하여, 세상은 악마와 같은 존재가 모든 일을 기계적으로 조종해나가는 곳이라는 의견을 표출하기도 했다. 한편으로 같은 현상에 대해 전혀 다른 관점을 갖는 경우도 있었다. 자연계가 몇 개의 우아한 수학적 공식으로 표현될 수 있다는 데에서 조화로운 신의 섭리를 발견하는 사람들도 있었다.

이성과 수학적 논리가 밝히지 못할 것은 세상에 없을 거라는 순진한 낙관은, 20세기 초에 암초를 만나고야 말았다. 대표적인 것 중의 하나가 하이젠베르크의 불확정성 원리다. 이에 의하면 소립자의 위치와 운동량을 동시에 측정할 방법이 없다. 전자의 위치를 정확하게 측정하려고 드는 만큼 운동량은 부정확해지며, 반대로 운동량을 정확히 측정하려고 들면 이번엔 위치가 불확실해진다. 전자가 어디에 있을지 확실하게 알 수 없고, 다만 전자가 공간상에 위치할 확률만을 알 수 있을 뿐이라는 거다. 이를 두고 사람들은 세상이 결국 무작위적인 확률에 의해 지배된다는 증거라는 식으로 받아들이기도 했다.

위와 같은 생각에 깊은 혐오감을 표출한 사람이 있었으니, 바로 알버트 아인슈타인이다. 그는 확률론적 양자역학에 대해 너무나 유명한 "신은 주사위 놀이를 하지 않는다."와 "신은 교묘하지만 심술궂지는 않다."라는 말을 남겼다. 이에 대해, 양자역학을 옹호하던 닐스 보어는 "신이 어떻게 우주를 관장하는지를 규명하는 것은 우리(물리학자)의 일이 아니다."라고 쏘아붙였다. 나중에 아인슈타인은 "종교를 수반하지 않는 과학은 절름발이고, 과학을 수반하지 않는 종교는 장님이다."라는 말로 신에 대한 자신의 생각을 정리하기도 했다. 기독교의 신앙을 이성적인 진리로 이해하려는 합리주의적 종교관*을 아인슈타인이 갖고 있었던 반면, 보어는 종교와 결별한 자연과학적 세계관을 갖고 있었음을 알 수 있다.

틀림 없는 사실은 세상에는 우리가 알지 못하는 것들이 있다는 점이다. 정확히 예측할 수 없는 것들이 있다는 얘기다. 예전에는 여기서 신의 존재를 찾았고, 한때는 신의 부재로 낙인 찍었다. 그런데 요즘은 확률이라는 도구로 나타낼 따름이다. 거기에다가 '통계적 법칙'이라는 거창한 수식어를 갖다 붙이면 뭐든지 우리가 알고 있는 것으로 돌변한다. 하지만 우리의 인식 능력은 결코 무제한적이지 않다. 그런데도 우리가 통계적 법칙으로 처리

---

* 이를 이신론(deism)이라고 한다.

하는 비인격적인 무작위성 안에 신의 손길이 미치지 않는다고 확신할 수 있을까? 제비뽑기의 결과가 전지한 존재의 선택이 아니라는 보장이 있는가?

이중 어떠한 관점을 갖는가는 다시 각 개인의 선택의 문제로 귀결된다. 나로 말하자면, 신앙을 갖는 선택을 한 셈이다. 그건 내 자유의지의 산물이다. 내가 알고 있는 신은 내가 그의 단순한 기계적 장난감이 되길 원치 않으신다. 능력이 없지는 않으시나, 나를 직접 조종하길 원하지 않으신다. 나의 적극적인 선택으로 그의 뜻을 따르길 원하시는 거다.

마지막으로 선택에 관한 곱씹어볼 만한 두 가지 예화로써 이 책을 마칠까 한다. 하나는 뷔리당**의 당나귀라고 부르는 얘기다. 당나귀 앞에 똑같은 짚더미 두 개를 똑같은 거리에 놓아두면 무슨 일이 벌어질까? 당나귀는 둘 중 어느 것이 더 나은지를 결정하지 못하여 결국은 굶어 죽게 된다고. 물론 실제 당나귀 중에 그런 당나귀가 있을 리는 없다.

다른 하나는 인공지능에 대한 얘기다. 무인 자동차나 무인 항공기 등에 필수적인 인공지능의 방식 중에는 전문가들의 의견을 미리 축적시켜 답을 찾는 방식도 있다. 그런 무인차가 장애물을 만날 경우 어떻게 될까? 반쯤의 전문가는 왼쪽으로 차를 돌리라고 조언했을 거고, 반쯤의 전문가는 오른쪽으로 차를 돌리라고 충고했을 거다. 그런 조언들을 충실히 다 반영하여 결정하면 무슨 일이 벌어질까? 전문가들의 의견을 평균내면 직진하라는 결론이 나온다. 물론 실제 사람 중에 그대로 장애물에 직진할 사람은 없다.

** 14세기의 물리학자, 철학자인 장 뷔리당으로부터 유래되었다. 뷔리당은 인간의 자유의지를 부정한 것으로 유명하다.

■ 맺는 말

　대안과 옵션, 선택과 의사결정에 대한 책을 쓰고 나니, 나는 어떤 선택과 결정을 해왔나 뒤돌아보게 됐다. 그러다 보니 내가 무엇을 추구해왔는지 어렴풋이 깨닫게 되었다. 이에 이 책을 마무리하며 여기서 한번 이를 정리해보고자 한다. 인생 전반전에 대한 짧은 한 페이지짜리 줄거리. 앞으로 다가올 인생 후반전의 고비마다 찾아보고 '맞아, 내가 이런 경기를 펼치기로 했었지.' 하고 다시 스스로를 추스를 수 있는 기록.

　나이 50을 바라보는 입장에서, 살아온 삶을 돌이켜보고 이에 대한 얘기를 한다는 것은 조심스러운 일이다. 나의 조모와 외조모, 그리고 처조모는 모두 구순에 유명을 달리하셨다. 100세 시대라는 말이 유행인 요즘, 아직 갈 길이 반 정도는 더 남지 않았겠는가. 그럼에도 불구하고, 이런 글을 남기는 이유는 내 얘기들이 누군가에게 타산지석 가이공옥이 될 수 있지 않을까 해서다. 궁극적인 선택은 결국 의사결정에 대한 이론보다는 한 사람의 가치관에 의해 결정되는 것임을 알고 있기에.

나는 무엇보다도 공정함과 올바름을 추구해왔다. 바른 길이 아니라고 생각되면 주위 사람들이 뭐라던 가지 않았고, 옳은 길이라고 생각되면 혼자여도 굴하지 않고 그 길을 걸었다. 그 과정이 순탄치만은 않았지만, 그럼에도 여태껏 대과 없이 여기까지 왔으니 감사한 일이다.

앎과 지식에 대한 사랑은 항상 내 삶의 중심에 있었다. 밤 하늘의 별들에 대한 호기심과, 천상의 화음과 조화로운 수에 대한 감탄과 옛날 사람들의 이야기에 대한 궁금증으로 내 소년 시절은 채워졌다. 그때에 비해 몸은 낡고 눈은 어두워졌지만 그 소년의 지혜에 대한 목마름은 커져만 왔다.

허공에 붕 뜬 피상적인 인간으로 만들 수도 있었던 위의 두 가지에도 불구하고, 두 발을 땅에 단단히 딛고 있게 해준 것은 바로 도전과 실행만이 궁극의 잣대라는 신념이었다. 국난이 닥치면 먼저 칼을 집어 든 무인들의 정신, 성공할 때까지 천여 번의 시행착오를 거친 자전거 수리공의 정신, 안 되는 이유만 열거하는 부하에게 "당신, 해봤어?" 하고 묻는 모험사업가의 정신은 내 삶의 뼈대와도 같은 것이었다.

이와 같이 살아오도록 지켜보아주시니, 하느님, 감사합니다.

■ 참고문헌

강병남,《복잡계 네트워크 과학》, 집문당, 2010.

게르트 기거렌처, 강수희 옮김,《지금 생각이 답이다》, 추수밭, 2014.

게르트 기거렌처, 안의정 옮김,《생각이 직관에 묻다》, 추수밭, 2008.

게르트 기거렌처, 전현우·황승식 옮김,《숫자에 속아 위험한 선택을 하는 사람들》, 살림,
        2013.

계승범,《우리가 아는 선비는 없다》, 역사의아침, 2011.

고석태,《야구의 뒷모습》, 일리, 2012.

고자카이 도시아키, 방광석 옮김,《민족은 없다》, 뿌리와이파리, 2003.

권오상,《금융의 대량살상무기》, 탐진, 2013.

권오상,《기업은 투자자의 장난감이 아니다》, 필맥, 2013.

권오상,《파생금융 사용설명서》, 부키, 2013.

권오상,《노벨상과 수리공》, 미래의창, 2014.

권오상,《돈은 어떻게 자라는가》, 부키, 2014.

권오상,《엘론 머스크, 미래를 내 손으로 만들어》, 탐, 2015.

권오상,《전투의 경제학》, 플래닛미디어, 2015.

김교빈·이현구,《동양철학에세이》, 동녘, 1993.

김남수,《모두 하나가 되게 하소서》, 천주교수원교구, 1998.

김대식·김두식,《공부 논쟁》, 창비, 2014.

김도균,《전쟁의 재발견》, 추수밭, 2009.

김동환,《시스템 사고》, 선학사, 2004.

김상욱, 《시스템사고와 시나리오 플래닝》, 충북대학교출판부, 2010.

김수환, 《우리가 서로 사랑한다는 것》, 사람과사람, 1999.

김양렬, 《의사결정론》, 명경사, 2012.

김용운·김용국, 《프랙탈-혼돈 속의 질서》, 동아출판사, 1992.

김종대·조명진·에르빈 오버마이어, 《유로파이터 타이푼》, 디펜스21, 2013.

김종대, 《서해전쟁》, 메디치미디어, 2013.

김창호 엮음, 《내가 아는 것이 진리인가》, 웅진출판, 1995.

김충영 외, 《군사 OR 이론과 응용》, 두남, 2004.

김형석, 《서양철학사 100장면》, 가람기획, 1994.

남창훈·박재석, 《연합함대》, 가람기획, 2005.

노병천, 《도해 세계전사》, 한원, 1989.

니시우치 히로무, 신현호 옮김, 《빅데이터를 지배하는 통계의 힘》, 비전코리아, 2013.

니얼 퍼거슨, 구세희 옮김, 《위대한 퇴보》, 21세기북스, 2013.

니얼 퍼거슨 외, 김정혜 옮김, 《눈먼 자들의 경제》, 한빛비즈, 2011.

다할미디어 편집부, 《김수환 추기경의 고해》, 다할미디어, 2010.

대니얼 골든, 이기대 옮김, 《왜 학벌은 세습되는가》, 동아일보사, 2010.

대니얼 길버트, 최인철·김미정·서은국 옮김, 《행복에 걸려 비틀거리다》, 김영사, 2006.

댄 애리얼리, 장석훈 옮김, 《상식 밖의 경제학》, 청림출판, 2008.

데보라 J. 베넷, 박병철 옮김, 《확률의 함정》, 영림카디널, 2000.

데이비드 살스버그, 최정규 옮김, 《천재들의 주사위》, 뿌리와이파리, 2003.

데이비드 에드먼즈, 석기용 옮김, 《저 뚱뚱한 남자를 죽이겠습니까?》, 이마, 2015.

데이비드 오렐, 김원기 옮김, 《경제학 혁명》, 행성B웨이브, 2011.

도현신, 《임진왜란, 잘못 알려진 상식 깨부수기》, 역사넷, 2008.

래리 고닉 외, 이중환 옮김, 《통계학 길잡이》, 국제, 2002.

레너드 코페트, 이종남 옮김, 《야구란 무엇인가》, 민음인, 2009.

레브 니콜라예비치 톨스토이, 박병덕 옮김, 《인생론/참회록》, 육문사, 1995.

레이 커즈와일, 김명남·장시형 옮김, 《특이점이 온다》, 김영사, 2007.

로버트 노직, 백락철 옮김, 《아나키, 국가, 유토피아》, 형설출판사, 1994.

레스터 서로우·로버트 하일브로너, 조윤수 옮김,《경제학은 무엇을 말할 수 있고 무엇을 말할
　　수 없는가》, 부키, 2009.

로버트 쉴러·조지 애커로프, 김태훈 옮김,《야성적 충동》, 랜덤하우스, 2009.

로버트 후크, 김동훈 옮김,《통계학자와 거짓말쟁이》, 새날, 1995.

로저 트리그, 최용철 옮김,《인간 본성에 관한 10가지 철학적 성찰》, 자작나무, 1997.

로제 폴 드르와, 이기언 옮김,《101가지 철학 체험》, 샘터, 2003.

루키우스 안나이우스 세네카, 김천운 옮김,《세네카 인생론》, 동서문화사, 2007.

루키우스 안나이우스 세네카, 천병희 옮김,《인생이 왜 짧은가》, 숲, 2005.

리처드 H. 탈러, 최정규·하승아 옮김,《승자의 저주》, 이음, 2007.

마르쿠스 툴리우스 키케로, 허승일 옮김,《키케로의 의무론 그의 아들에게 보낸 편지》, 서광
　　사, 1989.

마이클 루이스, 윤동구 옮김,《머니볼》, 한스미디어, 2006.

마이클 샌델, 이창신 옮김,《정의란 무엇인가》, 김영사, 2010.

마이클 올킨, 김량국 옮김,《읽기만 해도 술술 풀리는 확률의 세계》, 해바라기, 2002.

마크 뷰캐넌, 김희봉 옮김,《사회적 원자》, 사이언스북스, 2010.

마크 뷰캐넌, 김희봉 옮김,《우발과 패턴》, 시공사, 2014

마크 뷰캐넌, 이효석·정형채 옮김,《내일의 경제》, 사이언스북스, 2014.

마크 블로그, 연태훈·옥우석 옮김,《위대한 경제학자들》, 동인, 1994.

마크 스카우젠·케나 테일러, 권선주 옮김,《경제학의 퍼즐과 패러독스》, 인간사랑, 2003.

마틴 반 크레벨트, 이동욱 옮김,《과학기술과 전쟁》, 황금알, 2006.

매튜 스튜어트, 이원재·이현숙 옮김,《위험한 경영학》, 청림출판, 2010.

모리오 아키라, 유주현 옮김,《밸류에이션》, 이콘, 2010.

모모타 겐지, 김정환 옮김,《애플과 구글이 자동차 산업을 지배하는 날》, 한스미디어, 2014.

모튼 데이비스, 홍영의 옮김,《게임의 이론》, 팬더북, 1995.

미야지마 히로시,《미야지마 히로시, 나의 한국사 공부》, 너머북스, 2013.

미야타 아햐치로, 김영철 옮김,《경영학 100년의 사상》, 일빛, 2001.

미첼 월드롭, 김기식·박형규 옮김,《카오스에서 인공생명으로》, 범양사, 2006.

미타니 고지, 김정환 옮김,《경영전략 논쟁사》, 엔트리, 2013.

박범조,《실물옵션과 불확실성하의 가치평가》, 시그마프레스, 2009.

발터 크래머·괴츠 트렌클러·데니스 크래머, 박영구·박정미 옮김,《상식의 오류 사전 747》, 경당, 2007.

배리 J. 네일버프·애비너시 딕시트, 이건식 옮김,《전략의 탄생》, 쌤앤파커스, 2009.

베서니 맥린·조 노세라, 윤태경·이종호 옮김,《모든 악마가 여기에 있다》, 자음과모음, 2011.

벤처야설팀,《벤처야설: 창업편》, e비즈북스, 2013.

브루스 부에노 데 메스키타, 김병화 옮김,《프리딕셔니어 미래를 계산하다》, 웅진지식하우스, 2010.

브루스 부에노 데 메스키타·알라스테어 스미스, 이미숙 옮김,《독재자의 핸드북》, 웅진지식 하우스, 2012.

스타인 베블렌, 이완재·최세양 옮김,《한가한 무리들》, 동인, 1995.

스튜어트 다이아몬드, 김태훈 옮김,《어떻게 원하는 것을 얻는가》, 8.0, 2011.

스튜어트 크레이너, 박희라 옮김,《경영의 세기》, 더난출판사, 2001.

스티븐 랜즈버그, 김세진 옮김,《경제학자 철학에 답하다》, 부키, 2012.

스티븐 랜즈버그, 이무열 옮김,《발칙한 경제학》, 웅진지식하우스, 2008.

스티븐 레빗, 스티븐 더브너, 안진환 옮김,《슈퍼 괴짜경제학》, 웅진지식하우스, 2009.

스티븐 제이 굴드, 이명희 옮김,《풀하우스》, 사이언스북스, 2002.

신기주,《사라진 실패》, 인물과사상사, 2013.

신시아 A. 몽고메리, 이현주 옮김,《당신은 전략가입니까》, 리더스북, 2014.

신완선,《리얼 옵션》, 더난출판사, 2012.

신채호, 박기봉 옮김,《조선상고사》, 비봉출판사, 2006.

아니시우스 보에티우스, 정의채 옮김,《철학의 위안》, 성바오로출판사, 1993.

알렉스 아벨라, 유강은 옮김,《두뇌를 팝니다》, 난장, 2010.

앤드류 하지스, 유세진 옮김,《1에서 9까지》, 21세기북스, 2010.

앨버트 라슬로 바라바시, 강병남·김명남 옮김,《버스트》, 동아시아, 2010.

양욱,《하늘의 지배자 스텔스》, 플래닛미디어, 2007.

에드워드 슐츠, 김범 옮김,《무신과 문신》, 글항아리, 2014.

에른스트 페터 피셔, 박규호 옮김,《슈뢰딩거의 고양이》, 들녘, 2009.

에릭 라이너트, 김병화 옮김,《부자 나라는 어떻게 부자가 되었고 가난한 나라는 왜 여전히
　　　가난한가》, 부키, 2012.

에이드리언 울드리지·존 미클스웨이트, 서지원 옮김,《경영의 대가들》, 더난출판사, 2012.

에이드리언 울드리지·존 미클스웨이트, 유경찬 옮김,《기업의 역사》, 을유문화사, 2004.

엠 아이 핀리, 이용찬 옮김,《헤로도투스: 역사》, 평단문화사, 1987.

와타나베 타카히로, 기미정 옮김,《도해 게임이론》, AK, 2014.

요셉 피이퍼, 강성위 옮김,《정의에 관하여》, 서광사, 1994.

요시나가 요시마사, 임승원 옮김,《괴델 불완전성 정리》, 전파과학사, 1993.

월터 블록, 이선희 옮김,《디펜딩 더 언디펜더블》, 지상사, 2007.

월터 키켈 3세, 차백만 옮김,《전략의 제왕》, 21세기북스, 2011.

윌리엄 A. 서든, 최은정 옮김,《미래를 알고 싶은 욕망을 파는 사람들》, 스마트비즈니스,
　　　2010.

유범준,《실물옵션분석》, 울산대학교출판부, 2005.

유신,《인공지능은 뇌를 닮아가는가》, 컬처룩, 2014.

윤수영,《세속 경제학》, 삼양미디어, 2007.

윤영수·채승병,《복잡계 개론》, 삼성경제연구소, 2005.

이근,《기업간 추격의 경제학》, 21세기북스, 2008.

이노우에 마사요시, 강석태 옮김,《카오스와 복잡계의 과학》, 한승, 2002.

이덕일,《한국사 그들이 숨긴 진실》, 역사의아침, 2009.

이동진 외,《어떻게 결정할 것인가》, 미래의창, 2014.

이상훈,《전략전술의 한국사》, 푸른역사, 2014.

이언 에어즈, 안진환 옮김,《슈퍼크런처》, 북하우스, 2009.

이언 해킹, 정혜경 옮김,《우연을 길들이다》, 바다출판사, 2012.

이에인 딕키 외, 한창호 옮김,《해전의 모든 것》, 휴먼앤북스, 2010.

이영선,《경제기적의 비밀》, 경향BP, 2012.

이영직,《란체스터의 법칙》, 청년정신, 2002.

이월형 외,《국방경제학의 이해》, 황금소나무, 2014.

이정전,《경제학을 리콜하라》, 김영사, 2011.

이주한,《노론 300년 권력의 비밀》, 역사의아침, 2011.

이주한,《한국사가 죽어야 나라가 산다》, 역사의아침, 2013.

이진경,《철학의 모험》, 푸른숲, 2000.

이희진,《전쟁의 발견》, 동아시아, 2004.

장하준, 김희정 옮김,《장하준의 경제학 강의》, 부키, 2014.

장하준, 김희정·안세민 옮김,《그들이 말하지 않는 23가지》, 부키, 2010.

장하준, 이순희 옮김,《나쁜 사마리아인들》, 부키, 2007.

장하준·아일린 그레이블, 이종태·황해선 옮김,《다시 발전을 요구한다》, 부키, 2008.

정시몬,《철학 브런치》, 부키, 2014.

제프 앵거스, 황희창 옮김,《메이저리그 경영학》, 부키, 2009.

조엘 베스트, 노혜숙 옮김,《통계라는 이름의 거짓말》, 무우수, 2003.

조지 소로스, 황숙혜 옮김,《조지 소로스 금융시장의 새로운 패러다임》, 위즈덤하우스, 2008.

조지 G. 슈피로, 심재관 옮김,《케플러의 추측》, 영림카디널, 2004.

조지 G. 슈피로, 전대호 옮김,《수학의 사생활》, 까치, 2008.

조지 존슨, 김재완 옮김,《양자컴퓨터》, 한승, 2007.

조지프 슘페터, 변상진 옮김,《자본주의·사회주의·민주주의》, 한길사, 2011.

조지프 히스, 노시내 옮김,《자본주의를 의심하는 이들을 위한 경제학》, 마티, 2009.

조하현·이승국,《카오스와 금융시장》, 세경사, 2002.

존 브리그스·데이비드 피트, 김광태·조혁 옮김,《혼돈의 과학》, 범양사출판부, 1990.

존 앨런 파울로스, 이상근 옮김,《수학자, 증권시장에 가다》, 까치, 2003.

존 케네스 갤브레이스, 장상환 옮김,《갤브레이스가 들려주는 경제학의 역사》, 책벌레, 2002.

존 홀런드, 김희봉 옮김,《숨겨진 질서》, 사이언스북스, 2001.

짐 콜린스, 이무열 옮김,《좋은 기업을 넘어 위대한 기업으로》, 김영사, 2002.

차동엽,《내 가슴을 다시 뛰게 할 잊혀진 질문》, 명진출판사, 2011.

천윤환 외,《게임이론과 워게임》, 북스힐, 2013.

최동석,《똑똑한 사람들의 멍청한 짓》, 21세기북스, 2014.

최무진,《과학적 의사결정과 선진사회》, 한올출판사, 2008.

칼 폴라니, 홍기빈 옮김,《거대한 전환》, 길, 2009.

케이스 데블린, 전대호 옮김,《수학의 언어》, 해나무, 2003.

크레이그 히크맨, 김해검·이경일 옮김,《전략 게임》, 오름, 2006.

테리 번햄, 서은숙 옮김,《비열한 시장과 도마뱀의 뇌》, 갤리온, 2009.

토마스 아퀴나스, 박전규 옮김,《인간의 사고》, 서광사, 1988.

토머스 머턴, 정진석 옮김,《칠층산》, 바오로딸, 1996.

토머스 J. 크로웰, 이경아 옮김,《워 사이언티스트》, 플래닛미디어, 2011.

페르 박, 이재우·정형채 옮김,《자연은 어떻게 움직이는가》, 한승, 2012.

폴 J. 나힌, 안재현 옮김,《당신이 10년 후에 살아 있을 확률은?》, 처음북스, 2014.

폴 스트레턴, 김낙년·천병윤 옮김,《세계를 움직인 경제학자들의 삶과 사상》, 몸과마음, 2002.

폴 존슨, 김주한 옮김,《기독교의 역사》, 포이에마, 2013.

폴 크루그먼, 김이수 옮김,《우울한 경제학자의 유쾌한 에세이》, 부키, 2002.

폴 크루그먼, 박정태 옮김,《자기 조직의 경제》, 부키, 2002.

폴 크루그먼, 안진환 옮김,《불황의 경제학》, 세종서적, 2009.

프리드리히 폰 하이에크, 민경국 옮김,《자본주의냐 사회주의냐》, 문예출판사, 1990.

필립 볼, 이덕환 옮김,《물리학으로 보는 사회》, 까치, 2008.

히가시타니 사토시, 신현호 옮김,《경제학자의 영광과 패배》, 부키, 2014.

J. 스콧 버거슨, 안종설 옮김,《대한민국 사용후기》, 갤리온, 2007.

J. C. 브래드버리, 정우영 옮김,《괴짜 야구 경제학》, 한스미디어, 2011.

Aaronson, Scott, Quantum Computing Since Democritus, Cambridge University Press, 2013.

Akerlof, George A. and Rachel E. Kranton, Identity Economics, Princeton University Press, 2010.

Arbesman, Samuel, The Half-Life of Facts, Current, 2012.

Ashley, Gerald, Uncertainty and Expectation, Wiley, 2003.

Baker, George P. and George D. Smith, The New Financial Capitalists, Cambridge University Press, 1998.

Barney, Jay and William S. Hesterly, Strategic Management and Competitive Advantage, 3rd edition, Prentice Hall, 2009.

Besanko, David, et al, Economics of Strategy, 5th edition, Wiley, 2010.

Biddle, Stephen, Military Power, Princeton University Press, 2004.

Blainey, Geoffrey, The Causes of War, 3rd edition, Free Press, 1988.

Boer, Peter F., Opportunity, Xlibris Corporation, 2010.

Boer, Peter F., The Real Options Solution, Wiley, 2002.

Bostrom, Nick, Superintelligence: Paths, Dangers, Strategies, Oxford University Press, 2014.

Bram, Uri, Thinking Statistically, CreateSpace, 2013.

Brams, Steven, Superior Beings, 2nd edition, Springer, 2006.

Brenner, Reuven Gabrielle A. Brenner and Aaron Brown, A World of Chance, Cambridge University Press, 2008.

Brenner, Reuven, Rivalry, Cambridge University Press, 1987.

Brown, Aaron, Red-Blooded Risk, Wiley, 2012.

Brown, Aaron, The Poker Face of Wall Street, Wiley, 2006.

Burger, Edward B. and Michael Starbird, Coincidences, Chaos, and All that Math Jazz, Norton, 2005.

Christensen, Clayton M., The Innovator's Dilemma, Harper Business, 2011.

Day, George S. and David J. Reibstein, Wharton on Dynamic Competitive Strategy, Wiley, 1997.

Devaney, Robert L., Chaos, Fractals, and Dynamics, Addison-Wesley, 1990.

Drucker, Peter F., Management in the Next Society, Truman Talley Books, 2002.

Dunbar, Nicholas, The Devil's Derivatives, Harvard Business Review, 2011.

Easley, David and Jon Kleinberg, Networks, Crowds, and Markets, Cambridge University Press, 2010.

Ekeland, Ivar, The Broken Dice, The University of Chicago Press, 1993.

Ellis, Joseph H., Ahead of the Curve, Harvard Business School Press, 2005.

Feld, Brad and Jason Mendelson, Venture Deals, 2nd edition, Wiley, 2012.

Fortnow, Lance, The Golden Ticket, Princeton University Press, 2013.

Gilbert, Nigel, Agent-Based Models, SAGE Publications, 2008.

Gilboa, Itzhak, Making Better Decisions, Wiley-Blackwell, 2011.

Gilboa, Itzhak, Rational Choice, MIT Press, 2010.

Gilboa, Itzhak, Theory of Decision under Uncertainty, Cambridge University Press, 2009.

Gros, Caludius, Complex and Adaptive Dynamical Systems, 2nd edition, Springer, 2011.

Guthrie, Graeme, Real Options in Theory and Practice, Oxford University Press, 2009.

Hansen, Lars P. and Thomas J. Sargent, Robustness, Princeton University Press, 2007.

Hartley III, Dean S., Topics in Operations Research: Predicting Combat Effects, INFORMS, 2001.

Hazlitt, Henry, Economics in One Lesson, Three River Press, 1979.

Hofstadter, Douglas R., Godel, Escher, Bach, Basic Books, 1999.

Hudson, Barbara A., Understanding Justice, Open University Press, 1996.

Isaacs, Rufus, Differential Games, Dover, 1965.

Johnson, Neil F., Paul Jefferies and Pak Ming Hui, Financial Market Complexity, Oxford University Press, 2003.

Johnson, Neil, Simply Complexity, Oneworld, 2007.

Jordan David et al, Understanding Modern Warfare, Cambridge University Press, 2008.

Kaplan, Michael and Ellen Kaplan, Chances are, Penguin Books, 2007.

Knight, Frank H., Risk, Uncertainty, and Profit, Signalman Publishing, 2009.

Korner, T. W., The Pleasures of Counting, Cambridge University Press, 1996.

Krugman, Paul, The Conscience of a Liberal, Norton, 2007.

Kruschke, John K., Doing Bayesian Data Analyses, Academic Press, 2011.

Kurzweil, Ray, How to Create a Mind, Penguin Books, 2013.

Laplace, Marquis de, A Philosophical Essay on Probabilities, Dover, 1951.

Lee, Peter M., Bayesian Statistics, 3rd edition, Hodder Arnold, 2004.

Lerner, Josh, The Architecture of Innovation, Oxford University Press, 2012.

Levitt, Steven D. and Stephen J. Dubner, Freakonomics, Penguin, 2005.

Levitt, Steven D. and Stephen J. Dubner, Think like a Freak, William Morrow, 2014.

Lewis, H.M., Why Flip a Coin?, Wiley, 1997.

Lewis, Michael, The New New Thing, Norton, 2000.

Luenberger, David G., Linear and Nonlinear Programming, 2nd edition, Addison Wesley, 1973.

Mandelbrot, Benoit B., The (Mis)Behaviour of Markets, Profile Books, 2004.

Mandelbrot, Benoit B., The Fractalist, Pantheon Books, 2012.

Mcgrayne, Sharon B., The Theory that would not die, Yale University Press, 2011.

Mehrling, Perry, Fischer Black and the Revolutionary Idea of Finance, Wiley, 2005.

Metrick, Andrew and Ayako Yasuda, Venture Capital and the Finance of Innovation, 2nd edition, Wiley, 2011.

Milward, Alan S., War, Economy and Society 1939-1945, University of California Press, 1977.

Morecroft, John, Strategic Modelling and Business Dynamics, Wiley, 2007.

Morse, Philip M. and George E. Kimball, Methods of Operations Research, Dover, 2003.

North, Michael J. and Charles M. Macal, Managing Business Complexity, Oxford University Press, 2007.

O'Hanlon, Michael E., The Science of War, Princeton University Press, 2009.

Ormerod, Paul, Butterfly Economics, Faber and Faber, 1998.

Page, Scott E., Diversity and Complexity, Princeton University Press, 2011.

Paul, Jim and Brendan Moynihan, What I learned Losing a Million Dollars, Columbia Business School, 2013.

Pearl, Judea, Causality, 2nd edition, Cambridge University Press, 2009.

Perla, Peter P., The Art of Wargaming, Naval Institute Press, 1990.

Peterson, Martin, An Introduction to Decision Theory, Cambridge University Press, 2009.

Poast, Paul, The Economics of War, McGraw Hill, 2006.

Prigogine, Ilya, Is Future Given?, World Scientic Publishing, 2003.

Quidlen, Ruthann, Confessions of a Venture Capitalist, Warner Business Books, 2000.

Rebonato, Riccardo, Plight of the Fortune Tellers, Princeton University Press, 2007.

Rebonato, Riccardo, Volatility and Correlation, 2nd edition, Wiley, 2004.

Ries, Eric, The Lean Startup, Crown Business, 2011.

Ross, Sheldon M., Applied Probability Models with Optimization Applications, Dover, 1992.

Ross, Sheldon M., Introduction to Probability Models, 6th edition, Academic Press, 1997.

Rumelt, Richard P., Good Strategy Bad Strategy, Crown Business, 2011.

Savage, Leonard J., The Foundations of Statistics, Dover, 1972.

Savage, Sam L., The Flaw of Averages, Wiley, 2009.

Schelling, Thomas C., Micromotives and Macrobehavior, Norton, 1978.

Schwartz, Dan, The Future of Finance, Wiley, 2010.

Shleifer, Andrei, Inefficient Markets, Oxford University Press, 2000.

Siegel, Eric, Predictive Analytics, Wiley, 2013.

Silver, Nate, The Signal and the Noise, The Penguin Press, 2012.

Skidelsky, Robert, John Maynard Keynes, Macmillan, 2003.

Smit, Han T. J. and Lenos Trigeorgis, Strategic Investment, Princeton University Press, 2004.

Smith, Ron, Military Economics, Palgrave Macmillan, 2011.

Smith, Vernon L., Rationality in Economics, Cambridge University Press, 2008.

Sterman, John D., Business Dynamics, Irwin McGraw Hill, 2000.

Strogatz, Steven H., Nonlinear Dynamics and Chaos, Perseus Books, 1994.

Taleb, Nassim N., Antifragile, Random House, 2012.

Taleb, Nassim N., Dynamic Hedging, Wiley, 1997.

Taleb, Nassim N., Fooled by Randomness, Texere, 2001.

Taleb, Nassim N., The Bed of Procrustes, Random House, 2010.

Taleb, Nassim N., The Black Swan, Random House, 2007.

Thiel, Peter, Zero to One, Crown Business, 2014.

Thorp, Edward O., Beat the Dealer, Vintage, 1966.

Trigeorgis, Lenos, Real Options, MIT Press, 2000.

Van Creveld, Martin, Supplying War, 2nd edition, Cambridge University Press, 2004.

Warren, Kim, Competitive Strategy Dynamics, Wiley, 2002.

Warwick, Kevin, Artificial Intelligence: The Basics, Routledge, 2011.

Washburn, Alan and Moshe Kress, Combat Modeling, Springer, 2009.

Washburn, Alan R., Two-Persons Zero-Sum Games, 3rd edition, INFORMS, 2003.

Weatherall, James O., The Physics of Wall Street, Houghton Mifflin Harcourt, 2013.

Whittle, Peter, Probability via Expectation, 4th edition, Springer, 2000.

Wiggins, Stephen, Introduction to Applied Nonlinear Dynamical Systems and Chaos, Springer, 1990.

Winston, Wayne L., Introduction to Mathematical Programming, 2nd edition, Duxbury, 1995.

Winston, Wayne L., Mathletics, Princeton University Press, 2009.

◆ 이 책의 내용은 금융감독원의 공식적인 견해와 무관하며, 저자의 개인적인 견해에 불과함을 분명히 밝힙니다.

최고의 선택을 이끌어내는 8가지 생각 도구

이기는 선택

초판 1쇄 발행 2016년 4월 25일

지은이 권오상

펴낸이 민혜영
펴낸곳 카시오페아
주소 서울시 마포구 월드컵북로 400 문화콘텐츠센터 5층 출판지식창업보육센터 8호
전화 070-4233-6533 | **팩스** 070-4156-6533
홈페이지 www.cassiopeiabook.com | **전자우편** cassiopeiabook@gmail.com
출판등록 2012년 12월 27일 제385-2012-000069호
디자인 WooJin(宇珍)

© 권오상, 2016

ISBN 979-11-85952-44-4 03190

이 도서의 국립중앙도서관 출판시도서목록(CIP)은 서지정보유통지원시스템 홈페이지(http://seoji.nl.go.kr)와
국가자료공동목록시스템(http://www.nl.go.kr/kolisnet)에서 이용하실 수 있습니다.
(CIP제어번호 : 2016009130)

* 잘못된 책은 구입한 곳에서 바꾸어 드립니다.
* 책값은 뒤표지에 있습니다.